그대가
부처인 것을

혜림선사가 전하는 수행 이야기

그대가
부처인 것을

펴 낸 날   2019년 11월 13일

지 은 이   혜림선사(慧林先師)
펴 낸 이   이기성
편집팀장   이윤숙
기획편집   정은지, 한솔, 윤가영
표지디자인   이윤숙
책임마케팅   강보현, 류상만
펴 낸 곳   도서출판 생각나눔
출판등록   제 2018-000288호
주   소   서울 잔다리로7안길 22, 태성빌딩 3층
전   화   02-325-5100
팩   스   02-325-5101
홈페이지   www.생각나눔.kr
이 메 일   bookmain@think-book.com

- 책값은 표지 뒷면에 표기되어 있습니다.
  ISBN 979-11-90089-91-3(03220)
- 이 도서의 국립중앙도서관 출판 시 도서목록(CIP)은 서지정보유통지원시스템 홈페이지
  (http://seoji.nl.go.kr)와 국가자료공동목록시스템(http://www.nl.go.kr/kolisnet)에서
  이용하실 수 있습니다(CIP제어번호: CIP2019043511).

그대가 부처인 것을

혜림선사가 전하는 수행 이야기

慧林先師 지음

자연은 그러한 편 가르기가 존재하지 않는다.
두가 동등한 같은 편으로 오직 진화를 위한 자신의 선택만이 존재할 뿐이다.
주 만물은 진화가 목적이며 그것이 생명을 유지하게 만드는 원동력이다.
구상에 모든 생명체들은 해탈을 위해 살아가고 있으며 해탈을 목표로 살아가고 있을 뿐이다.
람 또한 해탈을 위해 마시고 먹고 자고 행동할 뿐인 것이다.

생각나눔

차/례

제1부

나를 알고 싶은가?
그러면 나를 버려라

제2부

업보는
그냥 버릴 수 없다

제3부

한 알의 밀알이
밀밭을 만든다

제4부

생각,
생각을 바꾸어야 한다

책을 엮으며

제1부

나를 알고 싶은가?
그러면 나를 버려라

산다는 것은 무상無常함이 뿌리이다

온고지신이란 말이 있듯 인생이란 먼저 살아간 이들이 경험한 것들을 다시 경험하거나 아니면 그에 준하는 것들로 이어지는 것이라 봐도 될 것이다. 혹자 내가 보고 느낀 것을 새로운 경험이라 말하겠지만, 사실을 과거에 그러했던 것들의 변이된 모습에 지나지 않는다는 사실이다.

오롯이 새것은 존재하지 않는다는 것이다. 다만 스스로 그것이 새것이라 여길 뿐인 것이다.

산다는 것 또한 늘 새것, 새날이라 여기지만 사실 과거 그러했던 것들의 조합으로 새것처럼 보이는 과거, 그러했던 날들의 재현에 불과한 것이다.

오롯이 새날이 된다는 것은 과거 그러했던 업보들에서 벗어나야 비로소 가능한 것으로 윤회의 수레를 벗어야 참된 새날이 되는 것이다.

이를 수행자들은 해탈이라 말한다. 중생에게 새날은 존재하지 않는 것이다. 해탈에 이르지 못한다면 새날은 존재하지 않는 것이다. 새날처럼 보이는 업보에 기인한 과거 그러했던 날들의 연속일 뿐이란 사실이다.

업보에 기인한 윤회의 수레가 돌아가고, 업보의 기안한 수많은 날이 다가오고, 업보에 기인한 수많은 인연만이 다가오고 있을 뿐인 것이다.

새것이란 애당초 없는 것이다.

그럼에도 우리는 새것을 찾아보려고 세상을 휘젓고 다니고 있는 것이다.

먼저 낙산사를 배경으로 전해오는 설화부터 꺼내 보기로 한다.

옛날 세달사世達寺의 장사莊舍가 맹주 내리군㮈李郡(지금의 영월)에 있었다. 경주에 있는 세달사에서 승려 조신을 보내 장사를 관리하게 했는데, 조신이 장사에 부임하다가 우연히 마주친 군수의 딸을 보고 한눈에 반해 짝사랑을 하게 된다.

마음은 간절했지만 양갓집 규수다 보니 자신의 힘으로 어찌할 수 없는 처지였다. 이루어질 수 없는 사랑에 마음 아파하던 조신은 낙산사 관음보살이 영험하다는 말을 듣고 관음보살에 매달려 볼 심산으로 관음전에 들어 기도를 시작했다.

그러나 지극정성 간절한 기도에도 아랑곳하지 않고 짝사랑하던 여인은 혼처가 생겨 그만 혼인을 하게 된다.

조신은 가슴이 미어지고 아파 도저히 그냥 있을 수 없었다. 피눈물을 흐리는 심정으로 원망과 회한을 가슴에 담고 관세음보살에게 기도를 하게 된다.

간절함이 얼마나 지극했던지 온몸이 땀에 흠뻑 젖었다. 그리고 가랑이를 타고 내려 그가 정근을 하며 선 좌복까지 물기가 흥건했다. 땀 냄새가 코를 찔렀고, 눈에선 하염없이 눈물이 흘러내렸다. 사랑이란 것이 무얼까? 그녀를 떠나보냈다는 것에 가슴이 미어지며 찢어지는 듯했다. 무상하고 덧없었다. 삶에 의욕도 없었고, 부보살의 가피도 없는 듯했다.

사랑의 간절함이 얼마나 깊었던지 땀으로 젖은 방석에 눈물과 콧물이 뒤섞여 비릿한 내음을 맞으며 조신은 그만 쓰러져 잠이 들고 말았다.

그런데 문득 짝사랑하던 낭자가 환한 미소를 머금은 얼굴로 그를 찾아와 반가이 웃으며 말을 했다.

"저는 일찍이 스님을 잠시 뵌 이후로 한시도 잊지 못하고 늘 마음에 두고 살았습니다. 그러나 부모님의 말씀을 거역하지 못해 다른 사람에게 시집을 가게 되었지만 이제 이렇게 다시 스님을 찾아왔습니다. 스님께서 허락하신다면 지금이라도 부부의 연을 맺어 한평생을 의탁하려 합니다."

조신은 기쁜 마음을 감출 수 없었다. 너무나 기쁜 나머지 두 손을 움켜잡고 고향으로 한걸음에 내달렸다.

하늘을 날아갈 듯 가벼운 걸음이었다. 오늘부터 행복 시작, 불행 끝이라 여겼다.

열심히 살았다. 어여쁜 각시 먹여 살리려고 피나는 노력을 했다. 소작농도 해 보았고, 내키지 않았지만 남의 집 머슴도 살았다. 산중에 들어 화전을 일구어 보기도 했다.

무상한 시간을 흘러갔다.

아내를 만나 이십여 년 살면서 다섯의 아이를 두었지만, 의지와 다르게 가세는 점점 기울어 찢어지는 가난에 누더기 한 벌이 전부였고, 단칸 방도 없어 일곱 식구가 유랑 걸식하기에 이르렀다.

이것이 조신의 오늘 모습이었다.

엄동설한 추운 겨울에 명주 해현령蟹縣領을 지나는데 큰아들이 그만 추위와 굶주림을 이기지 못하고 굶어 죽고 말았다.

부부는 찢어진 옷소매에 싸늘하게 식은 자식을 안고 닭똥 같은 눈물을 흘리며 아들을 어루만졌다.

"사는 것이 참으로 덧없구나."

언 땅을 손으로 후비며 눈물을 뚝뚝 흘렸다. 손끝에 헤어져 피가 흘러내렸지만, 자식을 언 땅에 누인다 생각하니 가슴이 미어질 뿐이었다.

그러나 삶과 죽음은 다른 것 큰아들을 길옆에 묻어야만 했다.

슬픈 가슴을 추스르며 나머지 자식을 데리고 산을 넘고 개울을 건너 우곡현羽曲懸에 이르게 되었다. 낙곡을 본지 언제인지 쇠약한 몸을 이끌고 더 이상 갈 수 없었다. 조그마한 초막을 지어 바람을 피했지만, 너무나 허약해진 몸에 비럭질할 힘도 남아 있지 않았다.

그저 열 살 난 여식이 빌러 오는 밥으로 겨우 연명하는 것이 전부였다.

그러던 어느 날 밥을 빌러 갔던 딸년이 개에게 물려 뚱뚱 부은 다리를 질질 끌며 돌아와 하염없이 통곡을 하는 것이었다.

이 모습을 지켜본 조신은 긴 탄식을 했다.

"참으로 빌어먹을 복이구나. 원수 같은 복이야…"

남편이 탄식을 하자 여자가 얼굴을 부라리며 말을 했다.

"내가 처음 당신을 만났을 때는 얼굴도 아름답고 몸매도 고왔는데 한 가지 음식이라도 당신과 나누어 먹고 한 벌의 옷이라도 당신과 나누어 입으려 했고, 이 십 여 년 살아오면서 정이 쌓이고 쌓여 산과 바다 같았습니다. 소작농에, 삯바느질에, 부엌데기도 부끄러워 않았으며 천군만호의 유랑걸식도 부끄러워하지 않았습니다. 이제 몸도 병들고, 자식들은 유랑걸식에 기한에 떨고 병에 시달리니 부부의 애정이 삭풍이 되어 돌아오는군요. 우리가 어쩌다가 이 지경에 이른 지는 모르겠으나 당신은 나 때문에 고통스러워하고, 나는 당신 때문에 상처받고 괴로우니 이것이 우환이며 원수의 복인 것 같습니다. 부끄럽지만 우리가 함께 굶어 죽는 것보다는 서로 헤어지는 것이 도리인 것 같습니다. 제발 이제 헤어집시다."

조신은 이 말을 듣고 크게 기뻐하며 각각 아이 둘씩 나누어 헤어지기로 하였다.

여인이 말했다.

"저는 고향으로 돌아가려 합니다."

이십여 년 살아온 정을 생각하니 눈물이 흘러내렸다. 참으로 덧없는 삶이라 여기며 막 돌아서 나오려다 깨어 보니 한 가닥 꿈이었다.

불단 위 촛불은 깜박깜박 빛을 다해가며 몸을 둥글게 말며 흘러내리고 산등에 걸린 초승달은 실낱같은 빛을 내며 산 그림자 키우는데, 저 먼 오리 밖 마을에선 아득히 닭 우는 소리가 "꼬끼오." 하고 들려오는 것이다.

깜짝 놀라 자신의 몰골을 돌아보았다.

머리털은 까칠까칠한 것이 어제 모습이고, 병들어 초췌한 몰골에 남루한 누더기, 두 손으로 이끌던 자식은 어디로 갔는지. 망연 실색 도무지 낯설기만 했다.

조신은 관음보살상을 쳐다봤다.

온화한 미소에 양지를 받든 모습이 너무나 자애롭고 인자해 보였다.

"나무 관세음보살."

조신은 사랑이란 감정 탐염貪染의 감정이 봄눈 녹듯 사라지고 오히려 부끄럽고 쑥스러운 생각이 들어 도저히 법당에 앉아 있을 수 없었다.

날이 밝자 혜현령에 묻은 맏아들이 궁금해 견딜 수가 없었다. 한걸음에 달려가 그곳을 파보니 자그마한 돌부처 하나가 나왔다. 조신은 이것을 물로 잘 씻어 인근 절어 모셔 두고 세달사로 돌아가 장사직을 사임했다.

그리고 사재를 털어 정토사淨土寺라 절을 짓고 착한 일을 하며 살았다는 설화다. (『삼국사기』 삼권. 「불교영험설화」)

춘원 이광수가 「조신의 꿈」이란 제목의 소설로 엮었다는 사실을 우리는 너무나도 잘 알고 있다.

꿈이란 잠이 들어야 꿀 수 있는 것이다.

그러나 보는 관점에 따라 꿈에 대한 해석은 얼마든지 달라질 수 있다. '꿈을 가져라.'라고 한다면 희망을 갖고 살라는 의미가 된다. 삶에서 무언가 기대치가 없다면 희망이 없어지고, 그 삶은 힘들어진다. 작은 고통에 쉽게 무너질 수밖에 없는 것이다. 그러나 희망이 있다면 비록 큰 고통이라도 작게 느껴지고 헤쳐 나아갈 수 있는 용기가 생겨나는 것이다.

희망이란 삶에서 중요한 것이다. 꿈이 있느냐 없느냐, 희망이 있는가 없는가는 그가 훗날 이룰 성공의 크기에서도 다른 것이다.

기대치가 큰 것과 작은 것은 분명히 다르다. 당연히 있고 없는 것도 다르다.

그러나 물질적인 성공이나 눈에 보이는 가시적인 성취를 구하는 것이 아니라면 이야기는 달라질 수 있다.

지구의 나이를 50억 년이라 한다. 여기에 인류가 생겨난 것이 400만 년 전의 일이고, 내가 태어난 것은 100년도 안 된 일이다. 50억 년에 비추어 보면 400만 년은 티끌 같은 시간이며, 인류의 역사 400만 년의 시간에 나의 삶이란 100년을 본다면 또한 티끌 같은 시간에 불과하다.

이러한 역사를 하루 24시간에 빗대 본다면 인류가 태어난 것은 지구 나이 50억이란 시간에 빗대어 23시 59분의 일이고, 인류의 역사 400만 년의 시간에서 내 인생이라 말하는 나의 삶인 100년이란 또한 23시 59분 59초의 일에 지나지 않는다.

우리가 위대하다고 말하는 인류의 역사란 것도 지구의 나이에 비하면 찰나에 지나지 않는다. 또한, 우리의 삶 100년이란 더더욱 찰나에 불과한 것이다.

이러한 관점에서 본다면 슬퍼하고 아파하며 고통스럽고 힘들어하는 우리의 삶이란 것이 찰나의 시간이며, 찰나의 환영에 불과한 것이다. 그냥 잠시 꿈이며, 공화이며, 환영·환상일 뿐인 것이다.

울고 웃고 온갖 일들이 매일매일 일어나고 한없이 길게 느껴지는 100년의 인생이란 것이 그냥 하룻밤의 꿈에 지나지 않는 것이다.

그냥 꿈인 것이다.

정의正義나 불의, 옳고 그름이 모두 꿈인 것이다. 옳음도 옳지 않음도, 있고 없음도, 사랑하고 미워함도 그러하며, 예쁘고 미움도 또한 그러한 것이다. 모든 것이 꿈에 지나지 않는 것이다. 그냥 찰나의 환영이며 스쳐 가는 영상일 뿐인 것이다. 본래부터 존재하지 않는 것이다.

사실 우리가 진리라 말하고 진실이라 말하는 모든 것들이 환영을 보고 실체라 오인한 것에 지나지 않는다는 것이다.

옛날 중국 천태산 국청사에 한산寒山과 습득拾得이란 두 스님이 살았다. 하루는 그 절에 다니는 신도 한 분이 아들 결혼식이 있어 부족한 공양간 일손을 도와 달라며 주지 스님에게 청을 했고, 절이란 곳이 각자 맡은 소임이 있다 보니 한산과 습득 두 스님이 공양간 담당이라 일손을 돕기 위해 신도 집으로 가게 되었다.

결혼식이 진행되었다. 잠시 후 신부가 들어오는 것을 보니 그 며느리는 삼 생전에 장자의 할머니였다.

두 스님은 중생들의 삶이란 것이 오직 생사 속에 윤회일 뿐이란 것이 너무나 우스워 서로 얼굴을 쳐다보며 껄껄 웃었다.

잠시 후 장자가 며느리를 데려와 조상님께 고한다며 사당에 절을 시키면서 북을 치는데, 한산과 습득이 보니 그 북은 3년 전 장자의 고모가 죽어서 소로 환생을 했고, 그 소를 잡아먹고 나서 가죽을 벗겨 만든 것이었다.

두 스님은 또 웃고 말았다.

"당 위에 치는 북은 그대 시고모의 껍질
솥에 익어가는 저 고기 그대 살인가.
삼 생전 할미는 오늘의 며느리.
내가 오늘 웃지 않으면 어느 때 웃겠는가."
이 두 스님은 하루 종일 이죽이죽 웃으며 다녔다고 한다.

어느 날 주지 스님이 멀리 갔다가 산 아래 목장을 지나 돌아오는데, 한산과 습득이 소 떼와 더불어 놀고 있었다.

한산히 먼저 소 떼를 향해 "이 도반道伴들아, 소 노릇 하는 기분이 어떠하신가? 시주 밥을 먹고 놀기만 하더니 기어코 이 모양이 되었구나. 오늘은 여러 도반과 함께 법문을 나눌까 하여 왔으니 이름을 부르는 대로 이쪽으로 나오시게나."

첫 번째 동화사 "경진 율사!" 그 소리에 검은 소 한 마리가 "음 메~." 하며 앞으로 나오더니 앞발을 꿇고 머리를 땅에 대고 나서는 한산히 가리키는 위치로 가는 것이었다.

다음은 천관사 "현관법사!" 이번에는 누런 소가 "음 메~." 하고 대답하더니 절을 하고는 첫 번째 소를 따라갔다. 이렇게 서른여 번을 되풀이하였다. 이 서른여섯 마리의 소는 전생에 스님들의 환생還生인 것이었다.

그들은 시주 물만 축내며 공부를 게을리 한 과보로 환생해 소가 된 것이었다고 한다.

한편 그 고을에는 여구윤이란 사람이 지방 관리로 임명되어 왔는데, 그만 우연히 병을 얻게 되었다. 불행하게도 어떠한 약과 의술로도 효과가 없었다.

이를 알게 된 풍간 선사가 그의 병을 깨끗이 고쳐 주었다. 이에 여구윤은 크게 사례하며 설법을 청했습니다. 하지만 풍간 선사는 "나보다는 문수와 보현께 물어보시오."라고 했다.

"두 분께서는 어디 계신지요?"

"국청사에서 불 때고 그릇 씻는 한산과 습득이 바로 그분들입니다."

그리하여 자사는 예물을 갖추고 국청사로 한산과 습득을 찾아가 보았다.

한산과 습득은 화로를 끼고 앉아 웃으며 떠들고 있었다.

그들에게 절을 올리자 한산은 자사의 손을 잡고 웃으며 말했습니다.

"풍간이 실없는 소리를 지껄였군. 풍간이 바로 아미타불인 줄 모르고 우리를 찾아오면 뭘 하나?"

이 말을 남기고 한산과 습득은 절을 나와 한암굴로 들어가 버렸는데, 그들이 굴로 들어가자 입구의 돌문이 저절로 닫히고 그 후로 두 사람을 본 사람은 아무도 없다고 전한다.

이 이야기는 「한산 습득」 설화 중에 한 구절이다.

조신을 빗대 꿈을 말하고 「한산 습득」 일화로 인과에 벗어나지 못한 삶을 엿보았다. 석가모니도 성불하기까지 수많은 전생轉生(생을 바꾸어 가며 태어난다는 의미)을 살았다. 한때는 원숭이의 왕으로 태어나기도 했고, 또 한때는 선혜 선인으로 환생했으며, 도솔천 호명 보살로 수행도 했다. 수많은 시간을 윤회하고 전생 轉生 하면서 업인이 성숙하기만 기다렸다는 것이다.

성불이란 것 깨달음에 이른다는 것은 한생의 노력으로 성취되는 것이 아니라 수많은 생을 윤회하며 공덕을 쌓아야 하고, 또한 간절한 염원이 있어야 겨우 성취할 수 있는 것이라 한다.

그뿐만 아니라 그저 그렇게 우리네 삶과 같이 돈과 명예라는 것에 골몰해 살아가다가 어느 날 갑자기 무상함을 느꼈다 해서 단박에 얻어지는 물건은 더더욱 아닌 것이다.

그것이 새로운 계기가 될 수는 있을 것이다. 관념이란 무상에 뿌리를 두고 있기 때문이다. 생각이란 나를 움직이는 원동력이지만, 그 생각의 실체는 무상함일 뿐이고 영원하지 않다는 것이 모습일 뿐이란 사실이다.

그럼에도 윤회는 계속된다는 것이다. 무상함이 실체이지만 그 덧없는 것이 윤회의 수레바퀴를 돌리고, 그 수레바퀴에 갇혀 윤회의 틀을 벗어나지 못하는 것이 오늘을 살고 있는 우리들인 것이다. 결국, 우리가 중생이며, 중생의 삶을 살고 있는 것이다.

생각을 바꾸어 볼 필요가 있다.

삶이란 이름으로 이 세상에 태어났다는 것은 그가 삶을 통해 꼭해야 할 일 그 무엇이 있기 때문일 것이다.

그것이 무엇일까? 꼭 해야 할 일, 삶을 통해 꼭 해야 할 일이 무엇일까? 냉정히 생각해 보자. 그저 인연이 있으니 왔을 것이며, 나도 모르게 이 땅에 태어났으니 그냥 즐겁게 살다 가면 그만이라 생각한다면 단견短見에 지나지 않는다.

사실 즐겁게 산다고 말하지만 '즐겁다'고 생각하는 시간은 잠시이고 대부분의 시간이 무의미하거나 아니면 즐겁지 않은 시간들이다. 다만 즐거워 보려고 노력하는 시간일 뿐인 것이다.

즐거워 보려고 노력하는 삶에서 벗어나 즐거운 삶이 되지 못한다면 윤회의 수레는 영원히 멈추지 않을 것이고, 윤회가 거듭될수록 점점 하생下生(지금의 삶보다 더 못한 삶으로 태어나는 것)하게 되어서 '나'라는 본인의 삶도 점점 나락을 향해 가게 될 것이다. 이를 계기로 나와 공업共業(공동으로 지은 업)을 이루고 있는 세상의 업보도 점점 혼탁해질 수밖에 없다는 것이다.

역설적으로 들릴지는 모르겠지만, 세상이 점점 혼탁해지는 것은 개개인의 윤회가 하생하게 되어 생겨나는 공업共業의 현상인 것이다.

반대로 우리의 삶이 윤회에서 해탈解脫해 성도成道하거나 설령 그러한 과果를 이루지 못한다고 하더라도 최소한 업연이 맑혀져 상생上生(지금보다 나은 삶으로 태어나는 것)을 하게 된다면 세상은 혼탁해짐을 멈추고 점점 살기 좋은 맑고 향기로운 세상으로 변해 갈 것이다.

결국 '나'라는 한 개인의 삶이 상생을 한다면 살기 좋은 세상, 더 나은 세상을 만들어 가는 것이며, 내가 하생을 한다면 살기 나쁜 세상 더 안 좋은 세상을 만들어 가고 있다는 것이다.

이것이 나의 문제인 것은 맞지만 좀 생각을 넓혀 보면 우리 모두의 문제이며, 우리 모두가 만들고 있는 공업共業의 문제인 것이다. 네가 잘해야 세상이 바뀌는 것이 아니라 내가 잘해야 내가 바뀐다. 이러한 내가 모이고 모여 세상이 바뀌게 되는 것이다.

사실 어려운 이야기로 들릴지는 모르지만, 지금부터 내가 바뀌는 이야기, 나를 바꾸는 이야기를 엮어 보려 한다. 좀 천천히 읽고, 천천히 생각하며, 천천히 담아가길 바랄 뿐이다. 그리고 입맛에 맞지 않는다고 책장을 덮어 버리지 말고 다시 한 번 생각하며 천천히 곰삭혀 보길 바란다.

단맛에 익숙한 사람은 쓴맛이 보약이며, 쓴맛에 길든 사람에겐 단맛이 몸에 이로운 약인 것이다. 꼭 입에 맞는 음식만 고집한다면 편식에 지나지 않아 건강을 해치듯, 수행이란 내면의 세계를 맑혀 나는 찾아가는 것이고 이 과정 또한 그러하다고 생각한다.

상식, 지식이란 이름의 알음알이로 따져 옳고 그름의 눈으로 보지 말고, 내면의 소리에 귀 기울이며 참다운 나를 어디에서 찾아야 하는가, 진정 내가 바뀌는 길이 무엇이고 어떻게 하는 것이 나를 바꾸는 길인가를 생각하면서 천천히 읽어 주길 간절히 바란다.

생각 벗기

"허심청법虛心聽法."이란 말이 있다. 가득 찬 그릇을 비우지 아니하면 담을 수 없듯 마음을 온전히 비우고 상대방의 이야기를 들어야 한다는 말이다. 사실 우리 중 마음을 온전히 비우고 남의 이야기를 듣는 이는 별로 없다. 요즘 우리네 삶이란 것이 넘쳐나는 정보의 홍수 속에서 당연히 거를 것은 걸러야 하고, 필요한 것만 취해야 하는 시대이기 때문이다.

'선별청법選別聽法'의 시대인 것이다.

약아가는 세상이라고 할까? 너무나 많은 정보 때문이랄까? 뭐, 그렇다 보니 진실을 이야기하면 '설마'라는 꼬리표를 달고 보는 것이 당연한 것이 되었다. 오히려 거짓인 경우 화려한 포장과 잘 다듬어진 수식어에 속아 진실로 착각하는 어리석음을 곧잘 범하는 것이 요즘을 사는 우리들인 것이다.

그렇다면 마음을 비우고 법을 듣는다는 것은 어떤 의미를 담고 있는 것일까? 비운다는 것은 내가 가지고 있는 모든 것을 내려놓는 것을 의미한다. 그릇을 비우듯 온전히 내려놓는 것이다. 아름과 지식과 상식도 무심결에 만들어진 습관까지도 온전히 내려놓는 것을 의미한다.

'네가 말해봐. 내가 필요한 만큼 주워 담을 거야.'란 마음가짐으론 허심이 아닌 것이다. 온전히 비우는 것만이 온전히 담는 것이다.

새 된장을 새 항아리에 담고, 새 술을 새 포대에 담는 것과 같이 과거에 찌든 구태가 없어야 온전히 버리는 것이다.

그리고 짚을 태워 항아리 안을 온전히 소독하지 않으면 안 되는 것이다.

버리려 노력하는 것이 아니라 온전히 새 포대 새 그릇이 되어야 하는 것이다.

허심이란 의미도 그러하다. 내려놓으려 하는 것이 아니라 온전히 내려놓으며 온전히 새것이 되지 않으면 구태일 뿐 담을 수 없고, 담는다 해도 결국 새 맛을 낼 수 없는 것이다.

요즘 사람들은 담는 것에 너무나 익숙해서 수없이 구겨 넣고 또 넣고 하면서 그것을 지식이며, 정보라 말한다. 그리고 새것이라 말한다.

이런 정보라는 것들, 이러한 부류의 새것이란 것들은 남들에게 좀 아는 척하는 용도일 수는 있겠지만, 자기 내면의 참나에겐 아무런 도움이 되지 않는다는 사실이다. 그저 지식이란 아름의 쓰레기일 뿐인 것이다.

온전히 내려놓아야 한다. 아니 최소한 그러하려고 노력해야만 한다. 그러한 행위를 통해 온전히 내려놓는 것을 배워야만 한다.

지금 우리네 지식이란 화려한 포장지를 벗겨 보면 포장지만도 못한 내

용물들이 가득하다. 은은한 자연스러운 향기보다 진하고 톡 쏘는 자극적인 향기가 가득하고, 무의식적으로 점점 더 진한 향기만이 좀 더 진실에 가까워진다고 생각한다.

본의 아니게 우리는 참보다 거짓이 빛을 발하는 그러한 나를 만들고, 그러한 세계를 만들어가며 그것이 잘 사는 것이라 여기며 살아가고 있는 것이다.

단적인 예로 여인네를 보자. 화장이 지나쳐 분장을 하지 않은 여인이 없다. 화려한 옷으로 치장을 하고, 볼륨을 위해 패드를 덧댄다. 그리곤 아름답다고 말한다.

남정네도 마찬가지다. 헤어스타일을 위해 머리털을 심고, 명품이라 말하는 온갖 장신구를 몸에 두르곤 부를 과시하며 길거리를 으스대며 걸어간다.

이것은 아름다움이 아니라 아름다워 보이려 노력하는 가식에 불과한 것이다.

본질에서 본다면 위선이며, 가식일 뿐이다.

그러면 무엇이 이처럼 가식이 넘쳐날 수밖에 없는 사회를 만들어 가는 것일까?

인간을 동물학적으로 분석한 어느 책에서 읽은 이야기가 생각난다. 원숭이로 실험을 해 보았다. 사방이 1㎢의 울타리를 만들고 거기에 풍족한 삶을 누릴 수 있을 정도의 원숭이 개체 수와 풍족한 양의 먹이를 공급해 주며 관찰해 보았다. 그들은 서로에게 우호적이며 다툼이란 일어나지 않았고, 심지어 어미 잃은 남의 새끼에게 젖을 물리기까지 하는 것이었다.

똑같은 조건의 울타리에 그보다 두 배 많은 개체 수의 원숭이를 넣어 보았다. 얼마 지나지 않아 싸움이 일어났고 서로 할퀴며 심지어 자학을 한다든지, 힘이 약한 남의 새끼를 훔쳐 위해를 가한다든지 하는 장면이 목격되었다.

내 것도 부족하다는 의미이다.

가식이 있다는 것은, 곧 자신을 드러내 보이지 않겠다는 의도이고, 자신을 숨긴다는 것은 상대방을 믿지 못한다는 것이다. 믿지 못하는 이유는 그가 나에게 언제든 해가 되고 적이 될 수 있기 때문이다.

우리 모두는 사회라는 규범에 얽매여 있을 뿐 내면에서는 늘 서로를 의심하며 위해를 가해 올까 두려워하고 있는 것이다.

원숭이들이 자학하며 약자에게 위해를 가하듯, 생물학적으로 인간이란 종들도 서로가 서로에게 두려움을 느끼며 가식으로 대하는 것은 종의 개체 수가 이미 적정 한계치를 넘어섰다는 증거는 아닐까?

자연은 자연스러운 것이다.

자연스럽다는 것은 자연스러워야 한다.

큰 나무가 일찍 싹을 틔우지 않는 것이 자신보다 작은 생명이 햇볕을 받아 싹을 틔우고 꽃을 피울 시간을 주는 것이라 하며, 송화가 암꽃이 수꽃보다 높게 피는 이유는 근친상간을 피하기 위해서라 한다.

우량품종을 얻으려면 당연한 결과이다. 그것이 진화이며, 발전이며, 공생인 것이다.

어느 학자가 지구라는 별에 자연을 파괴하지 않으며 다른 생명체들과 조화롭게 살아갈 수 있는 적정 인간 개체 수를 4억이라 말하는 것을 들었다. 그런데 우리 별의 인간이란 특정 종은 50억보다도 많다.

이처럼 하나의 종이 번성한다는 것은 다른 종의 희생이 있었기 때문이다. 그들의 희생으로 인해 하나의 종이 번성해 가고 있는 것이다.

주가가 폭등하면 폭락한다는 것은 당연한 일이다. 산이 높으면 골이 깊고, 공이 높이 뛰어 오르면 반드시 급히 떨어지게 마련이라는 단순한 이론을 우리 모두 잘 아는 사실이다.

좀 아이러니한 이야기일 수 있겠으나 지구상에 인간이라는 종이 지금처럼 번성한 것이 불과 일백 년의 이야기다. 정확한 기록은 없지만, 이성계가 조선을 개국할 당시만 해도 조선의 인구가 대략 3~400만 정도이었고, 500년이 흘러 조선말 19세기경 약 일천4~500만 정도 되었다고 한다.

조선왕조 오백 년 동안에 4배의 인구가 증가한 것이라면 21세기의 우리는 불과 100년밖에 지나지 않았지만, 남북한 합한 인구가 7,500만이나 된다. 불과 백 년 동안에 5배가 증가한 것으로, 과거 오백 년의 증가에 비하면 실로 엄청나게 급증한 것이다.

이처럼 인구가 급등한 것은 산업혁명이 일어났고 의학의 비약적인 발전으로 항생제가 만들어지고 유전자의 고리가 풀리어 씨앗의 혁명이 일어나면서부터인데, 이를 주식 그래프로 나타낸다면 주가가 단기간에 급등한 모양새와 같은 것이다.

마치 종목이라며 작전세력이 끼어들어 바닥이던 주가를 몇 배, 몇십 배로 끌어 올려놓은 꼴에 해당한다.

주가란 급등하면 반드시 급락하고, 공이 높이 뛰어오르면 반듯이 급히 떨어져 내린다는 것은 기정사실이다. 다만 언제 떨어지느냐를 모를 뿐인 것이다.

인간이란 종도 이와 같다.

불과 일백 년이란 짧은 시간에 산업사회가 만들어지고, 의학이 발전해 두려운 존재로만 여기던 괴질들이 사라지고, 씨앗의 혁명이라 불리는 유전자의 고리가 밝혀짐으로 우성의 유전자만 엮어 만든 조작된 풍성한 먹거리가 생겨나 농업의 생산량을 몇 배로 끌어 올렸다.

결국, 이처럼 새로운 농업과 의학 그리고 산업이라는 풍성해진 일상들이 종의 개체 수를 폭발적으로 늘리는 계기가 된 것이다.

그러나 하나의 종이 급성장함으로 인해 하루에 팔십여 종, 일 년이면 3만여 종의 생명체들이 지구상에서 멸종해가는 피할 수 없는 아픔도 만들었다. 결국, 이것은 한 종이 번성함으로 생겨난 자연 파괴인 것이다.

자연은 자연스러워야 한다. 대자연은 자연스럽게 자연스러워지는 것을 의미한다. 우리의 삶도 이제 자연스러워질 시간이 다가오고 있음을 알아야 한다. 급등한 주가처럼 골이 깊은 산처럼, 높이 튀어 오른 공처럼 급히 떨어져 내릴 수 있음을 잊지 말아야 한다.

그러나 우리 모두는 기계문명의 비약적인 발전으로 인해 스스로 최고라는 망상에 빠져 뒤를 돌아다보는 자성의 시간을 잊어버리고 만 것이다. 너무 바빠서 그럴 시간이 없는 것이다.

아니 사실 스스로 모른 척하고 있을 뿐인 것이다.

그리고 이것이 자신과 우리를 위해 잘 사는 일이라 착각하고 있는 것이다.

그림을 그릴 때 채색지를 사용한다면 이미 바탕색이 정해져 있으므로 그릴 수 있는 그림이 한정되게 마련이다. 이미 칠해진 바탕색에서 벗어나 그림을 그릴 수 없는 것이다. 그러나 아무런 채색이 되지 않은 흰 백지라면 바탕색이 정해져 있지 않기 때문에 어떤 채색이나 어떠한 그림도 그릴 수 있는 것이다.

사람도 이와 같다. 잡다한 생각이나 알음알이가 많다면 채색지와 같아 한정된 그림밖에 그릴 수 없다.

즉, 지식이란 것은 사람을 풍요롭게 하지만 때론 지혜의 문을 닫는 도구가 되기도 한다는 사실이다. 특히 20세기는 정보화 시대라 온갖 정보들이 산재해 있고, 그 속에서 알맹이를 찾으려고 허둥대는 모순 속에서 진실과 거짓을 구분해 낼 수 있는 안목이 얼마나 있을까 의문스럽다.

우주선이 화성에 가고 대기권에는 수백, 수천의 위성들이 날고, 숫자 몇 번 터치하면 미국의 지인과 대화할 수 있는 시대, 루스 몽고메리 여사가 "신과 지척에 있으면서 신을 보지 못한다."라고 말한 모순의 시대에 우리는 살고 있는 것이다.

사실 이것은 허심의 마음이 없기 때문이다. 백지에서 그림을 그리려 하지 않고 지식이라는 알음알이로 똘똘 뭉쳐진 채색지에 그림을 그리려고 하기 때문인 것이다.

결국, 지식이란 알음알이 위에 알음알이를 덧칠하는 것에서 벗어나지 못하고, 삶이란 것 역시 채색지 위에 물감을 덧칠하는 그림에서 벗어날 수 없는 것이다.

진실로 오롯이 버리지 않는다면 이미 보았고, 배워서 알고 있다는 지식의 오만함에서 벗어날 수 없고, 그러한 생각에서 벗어나지 못한 사람에게 영원히 오지 않는 다른 세계이며, 또 다른 시간일 뿐인 것이다.

어찌 보면 이는 우리에게 주어진, 정해진 운명인지도 모른다.

어리석게도 이것은 종이 번성해서 오는 오만이며, 문명의 모순에 빠져
문명을 덧칠하고 있을 뿐인 것이다.

미래를 알려면 생각을 열어야 한다

　　🖋 탄허스님은 우주의 시간으로 보았을 때 지금이 가을(오행에서 금운)이라 말씀하시며 금풍이 불면 새로운 세상이 열린다고 예언했다. 오행인 금金, 목木, 수水, 화火, 토土에서 동양을 목으로 보고, 서양을 금으로 보았다. 쇠로 나무를 자르듯金克木 서양 문화가 동양의 문화를 극하기 때문에 서양문화가 만연해지는 것은 당연한 것이고, 그러한 때가 된다면 가을이 온 것으로 보았다. 선들바람 불어오고 해그늘에 풀벌레 우는 소리가 들린다면 벼가 익는 것을 보지 않아도 머지 않아 추수를 해야 하는 것은 당연한 이치와 같다.

　격암유록, 송하비결, 고참경, 토정비결 등등 수많은 결서들이 환란에 관하여 기술하고 있고, 이를 해독하고자 많은 사람이 골몰해 있음도 안다. 결서뿐만 아니라 주역에서도 우주의 순환주기를 129.600년(360년×360년)으로 선천 64.800년, 후천 64.800년이라 말한다.

주역에선 지금의 시대를 선천운이 끝나고, 후천운이 시작되는 시기로 보고 있다.

이러한 변화의 시기엔 수많은 징조가 나타나게 마련이다. 지진이나 혹한, 혹서, 폭우나 폭설, 땅이 갈라지고 생명체들이 멸종해 가는 등등의 일들이 생겨나고, 인간도 예외는 아니어서 각종 괴질이 돌며 사람의 심성이 점점 사악해져 금수禽獸가 되어 간다고 했다.

그뿐만 아니라 이미 알고 있듯 서양에서 노스트라다무스, 요한계시록, 다니엘서, 마더쉽톤, 말라키주교, 파티마의 예언 등등 이로 말할 수 없을 정도로 많은 예언이 종말이란 이름으로 우리 앞날을 말해 주고 있다. 영매 루스 몽고메리는 환란을 겪을 때의 인류가 일만에 하나를 더하고 일만을 곱한 수가 살아남을 수 있다고 했고, 에드가 케이시는 극이동과 일본열도의 침몰, LA, 샌프란시스코, 뉴욕이 바다가 된다고 했다. 결국, 일일이 열거할 수 없는 많은 이들이 다가올 미래의 세계는 장밋빛만은 아님을 예지해 주고 있는 것이다. 성모 마리아 예언의 표현을 빌자면 "20세기에 큰 전쟁이 생기며, 불과 연기가 하늘로부터 쏟아져 내리고 큰 바다의 물이 끓는 물처럼 치솟아 오른다. 권세 없는 이나 착한 이나 나쁜 사람, 목자는 그 신도들과 함께 멸망하게 된다. 죽음이 승리를 부르고 미친 듯이 날뛰는 사람들이 개가를 올린다."라고 말하고 있다.

이 모두가 사실이라면 우리의 미래는 참으로 두렵고 무서운 것이다. 진정 우리가 무엇을 위해 살아가야 하며, 무엇을 위해 정열을 불태우고 있는지 끝없이 돈, 명예, 권력, 사랑이란 이름의 애욕을 찾아 헤매고 미래를 위해 투자하지만 그런 것들이 한갓 부질없는 것이 될 수밖에 없다는 사실이다.

각설하고 동양학에서 말하는 선천수가 끝나 후천으로 넘어가는 변환기란 어떤 의미일까?

먼저 절기 이야기부터 해보자. 1년은 12개월이며, 24절기 72후가 있다. 24절기니까 15일마다 새로운 절기가 시작된다. 후란 절기를 세분한 단위로, 1후는 5일이다. 즉 5일마다 미세하지만 절기의 변화가 온다는 것이다. 기후라는 말이 절기의 기와 일후의 후의 합성어이다.

여기에 우주의 순환주기를 대입해 보자. 1주기 129,600년, 1개월이 10,800년, 1절기가 5,400년 1후가 1,800년이다. 선천운이 다하고 후천운이 온다면 선천 64,800년은 봄여름에 해당하는 절기로 만물이 생육하는 시기가 된다. 다가올 후천 64,800년은 가을, 겨울의 절기로서 추수하고 갈무리는 시기로 보면 된다. 지금 우리가 살고 있는 이 시점이 여름이 지나 가을로 넘어가는 시기로, 24절기로 본다면 입추 절기에 해당한다고 말한다.

환란이나 대변화가 생긴다는 것은 환절기에 감기나 기타 질병에 잘 걸리는 이치와 같다고 이해하면 될 것이다.

동양학 입장에서 절기상 입추는 가을의 첫 관문으로 오늘부터 가을의 문턱에 들어섰다는 의미지만, 이제 가을이니까 낼 당장 추수를 하고 모래 당장 눈이 펑펑 내리게 되는 것은 아니다. 가을 절기가 입추, 처서, 백로, 추분, 한로, 상강 이렇게 6절기 3개월이며, 아이러니하게도 입추가 지나 약 7일쯤이 삼복 중에서 제일 덥다는 말복이 된다.

대지를 이글이글 태울 더위가 이제 시작인 것이다.

종교인들이 고심하며 매달리는 추수 시기를 가름해 보자.

절기상 한로가 지나 상강쯤에서 벼 베기가 시작되고, 입동 전 후해서 가을걷이가 끝난다.

24절기로 보았을 때 봄의 시작은 입춘이지만 동짓날부터 해가 길어지며, 가을의 시작이 입추지만 하지부터 해가 짧아진다. 즉 봄의 시작은 동지요, 가을의 시작은 하지인 셈이다. 그러나 우리가 동지가 지났다 해서 바로 봄을 느끼지 못하며, 하지가 지났다고 해서 가을을 느끼는 것도 아니다. 조금이나마 절기의 변화를 느끼려면 적어도 한두 달은 지나야 가능한 것이다.

우주의 순환주기도 그러하다고 본다면 이제 가을에 접어드는 입추가 지났으니까 대변환 주기로 지금 우리가 살아가는 시간은 75,600년쯤이다. 찌는 듯한 말복 불볕더위가 오려면 앞으로 약 1,800년 후의 일이 되고, 나뭇잎에 단풍이 익어가는 추분은 16,200년 후 생겨날 일이다. 그뿐만 아니라 추수를 시작하는 한로와 상강은 21,600년 후에 있을 지구 대변혁의 사건일 것이다.

문제는 추수에 관한 이야기는 엄청나게 하면서도 아직 추수하려면 2만 년이 있어야 한다는 사실을 아무도 고지해 주지 않는다는 것이다. 마치 내일이면 추수할 것처럼, 오늘이 아니면 기회가 없는 것처럼 호들갑을 떨고 있는 것이다. 이유는 간단하다. 그래야 내게 이득이 있기 때문일 것이다.

모 종교 단체에서 선후천을 말하며 가을걷이를 말하는 것을 들어보았다.

'아직 말복 날이 1800년, 가을걷이하려면 2만 년이나 남았는데 이렇게 먼 미래까지 말하는군.' 하고 쓴웃음만 짓고 말았다.

우리가 아는 역사라고는 고작 오천 년이다. 쐐기문자, 갑골문자, 히브

리어들 그리고 알지 못하는 고문자들이 간간히 출토되는 것도 일만 년도 안 된 일들이고, 4천 수백 년 전 단군이 실존인지 아니지 왈가왈부하면서 2만 년 후의 추수라….

뭐 내가 나서야 할 이유도 없거니와 나와는 무관한 일이다.

그런 것에 이유를 달고 싶지 않을 뿐이다.

나의 이론으로 본다면 우주 순환주기로 불볕더위인 말복이 지금 우리의 미래에 다가올 시간인 것이다. 그리고 인류 역사상 가장 뜨거운 시간 그리고 가장 화려하고 장엄하게 꽃을 피울 시간이 다가올 것이라고 굳게 믿는 사람이다. 지구상에 존재하는 모든 인류에게 꽃 피울 종자를 나누어 주는 것이 이 땅이며, 이 민족에서 시작될 것이고 꽃피울 방법과 지식과 교양을 가르치는 것도 이 땅이며, 이 민족이라 자신하는 사람 중의 하나이다.

어둠이 내려앉아 동쪽 하늘이 붉게 물들기 시작하면 아침은 이미 오고 있는 것이다.

지구상에 반도는 여럿이 있지만, 문명의 씨앗을 꽃 피울 반도는 둘이 있다고 한다. 하나는 이탈리아반도이며, 다른 하나는 한반도이다. 이탈리아반도는 이미 꽃을 피웠고, 남은 반도는 한반도이다. 한반도가 꽃을 피우려면 동여맨 허리띠를 풀어야 한다고 주창한 통일교가 있다. 그들이 통일을 부르짖은 것이 단순한 남북통일에 국한한 것이 아니라 반도의 문명으로 세계에 선구자가 되고자 하는 웅대한 꿈이 아니었을까 하고 생각해 본다.

반도란 지구의 성기이다. 새 생명이 태어나는 곳이며, 새 생명을 만드는 곳이 생식기이다.

또한, 영적으로 보았을 때 반도인 나라는 세상에서 가장 낮은 땅을 의미한다. 동시에 영계의 감옥과 같은 곳으로 낮고 불결하고 더럽고 추한 곳을 상징한다. 반도란 곳이 이처럼 불결한 곳이기에 온갖 흉악한 사건과 상상도 못 할 희괴한 사건 사고들로 연일 지면을 채우며 세상을 이롭게 하는 생각보다는 세상을 어지럽히는 생각들로 가득 차 있는 곳이 반도라는 곳이다.

아마 감옥에 갇힌 흉악무도한 영들로부터 뿜어 나온 파장 탓이라고 본다.

그러나 가장 낮은 곳이란 세상의 모든 물이 흘러드는 곳이며, 가장 더러운 곳이란 세상의 모든 물건이 쌓이는 곳, 모여드는 곳이다.

가장 낮은 곳이며 가장 더러운 곳이기에 세상에 존재하는 모든 성스러운 것과 모든 부정한 것이 동시에 존재하는 곳이기도 한 것이다.

낮은 곳은 낮추는 곳이며, 더러운 곳은 새 생명이 태어나는 곳이다.

사람의 몸속에 동맥과 정맥이란 부정한 물이 흐르지 않는다면 생명을 유지할 수 없는 것이다. 또한, 우리는 태라는 보자기를 뒤집어쓰고 양수라는 부정한 물속에서 열 달을 살고, 부정한 곳이라 말하는 자궁으로부터 태어난다. 이렇게 태어난 사람은 아홉 구멍으로 끊임없이 부정한 진액을 흘리며, 그러한 진액으로 자신의 몸에 70%를 채우고 그러한 진액이 빠져나가는 것을 늙는다고 말한다.

자연도 다르지 않다.

가끔 부정한 진액을 뒤집어써야 대지가 촉촉해진다고 좋아하며, 그 부정한 진액을 낮은 곳으로 끊임없이 흘려보내야 생태계가 유지된다. 부정한 진액이 모인 곳이 생명체가 좋아하는 곳이며, 새 생명이 태어나는 곳이 된다. 뭇 생명체들은 지구의 부정한 진액으로 생명을 유지하며 살아가고 있는 것이다.

물이란 고요한 가운데 사물이 비친다. 빨리 보려고 흔들어 대면 댈수록 더 볼 수 없는 것이 이치이듯, 사람의 본성 또한 고요한 가운데 지혜가 있고, 깨달음이 있다.

요동치는 가운데 얻은 지식이란 반딧불과 촛불같이 작은 깨달음일수는 있겠으나 온 우주를 비추는 태양과 같은 큰 지혜는 될 수는 없는 것이다.

만일 큰 지혜를 구한다면 고요하며, 고요해야 한다. 태산이 무너져도 꿈적하지 않는 고요함이 없다면 반딧불과 촛불일 뿐 세상을 구하는 큰 깨달음은 될 수 없는 것이다.

우리 미래의 주인이 될 새 역사의 주인들이 좀 더 자연스러워지며, 좀 더 신성해져 자연의 소리를 듣고 보며 느낄 수 있다면, 자연스레 우주의 소리도 듣고 우주의 기를 느끼며 4차원, 5차원의 세계에서, 나아가 48차원의 세계에서 전하는 메시지를 보고 듣게 된다면, 또한 진실로 영적으로 성숙한 사람이 되어 자연과 동화된 사람이 될 수 있다면 하는 간절한 바람에서 썩은 동아줄을 꼬고 엮어 새 동아줄을 표현해 보려 노력하는 것이다.

사실 내가 표현하려는 것과 이 표현을 담으려는 언어 문자들이 인간의 언어와 문자인 것은 맞지만, 이것으로 이상세계를 표현하기엔 부족함이 많다는 것을 잘 알고 있다. 결국, 이것은 새 포대도, 새 항아리도 아니다.

그냥 구태의 항아리며, 썩은 새끼줄일 뿐이다. 그러나 이것마저 놓아 버린다면 달리 표현과 소통의 방편이 존재하지 않는다는 것이 가슴 아픈 현실일 뿐이다.

우리 모두는 필연적으로 그 길을 가게 되지만, 편견과 아집에 사로잡혀 자신 스스로가 알지 못할 뿐이다.

진실로 중요한 것은 시간은 우리를 기다려 주지 않는다는 사실이다. 시간 버스가 떠나고 다시 버스가 오려면 다음 시간이 되어야 하는 것이다. 그러한 시간이 오기까지 기다린다는 것은 우리 같이 100년도 못사는 삶으로는 참으로 지루하고 긴 시간이다. 어쩌면 이번 생에 만날 수 없는 시간의 연인 것이다.

앞서 선후천운을 말했듯 129,600년의 시간을 기다려야 이와 똑같은 시간이 다시 돌아오게 된다면 이는 우리가 자랑하는 5천 년의 역사, 더 나아가 일만 년의 역사란 관점에서 영원에 가까운 시간인 것이다.

지금 생각을 열어야 한다. 우리 모두는 그동안 너무나 오랜 시간 자연스러움에서 멀어져 왔다. 입으로 자연스러움을 말하면서도 진실로 자연이 하는 말에는 아무도 귀 기울이지 않았다. 자연이란 그저 이용할 수 있는 한 이용해 좀 더 편하고, 좀 더 부가가치를 높이면 그것이 개발되는 것이고, 자연이란 그냥 이용할 대상의 부동산일 뿐으로 알고 살았다.

그리고 마치 그것이 자연의 전부인 양 생각해 왔다.

좀 더 진보된 생각으로 자연이란 것이 우리가 밟고 서 있는 땅과 나무한 그루, 하늘에 떠가는 구름 한 조각, 옷깃을 스치는 상큼한 바람 뭐 이런 것이 전부라고 생각해서는 안 된다.

물론 그들도 자연인 것은 맞지만, 눈에 보이지 않고 느끼지 못하는 자연도 얼마든지 있다. 풀이 자라며 꽃이 피며 열매가 익어가는 소리도 자연이며, 아무도 거들떠보지 않지만 울 밑 돌담 속에서 자라나는 생명체들, 풀 한 포기, 나무 한 그루, 이름 모를 벌레 한 마리가 기어가는 소리도 자연이다. 어제가 오늘인 것처럼 아무런 변화를 느끼지 못하지만, 시속 1,670km로 자전하고 107,320km로 공전하고 있는 지구도 자연이다. 밤 하늘을 초롱초롱한 빛으로 수놓는 저 많은 별, 수백 년 전이 사라진 별인지도 모르며 쳐다보고 있는 저들도 자연이다. 과학으로 증명되지 않는다며 무시하는 영혼의 소리도 자연이며, 대자연이란 거대한 메모리 카드에 기록되어 있는 수많은 업인의 소리도 자연이며, 그러한 소리가 영원이란 이름으로 각인되어 소멸되지 않는다는 것도 자연이다. 우연이라 말하는 모든 것은 필연이며, 그리될 수밖에 없었다는 것도 자연이다. 차원이란 각기 다른 파장으로 저급 차원에서 상부 차원을 인식하지 못하며 자신의 세계가 최고라고 자신이 살고 있는 세계뿐이라 착각에 사로잡혀 있는 중생의 삶도 자연이다. 환상이며 망상이라 생각하는 수많은 상념도 자연이고, 천 년도 못 가는 글을 써놓고 문서로 작성하지 않으면 증명할 수 없다고 문서주의에 빠져 있는 인간들의 모습도 자연이다. 그리고 그들이 내뱉는 숨결 그리고 소리인 언어들이 자연이란 화선지에 영원이란 이름으로 각인된다는 것도 자연이다.

마음 벗기

✍ 어느 날 미래에 대한 환영을 본 적이 있다.

단순하게 나라는 한 개인의 체험이다. 혹자 환영이나 환상이라 말할 수도 있겠지만, 그것이 진실에 가까운 우리 미래일 수도 있다. 혹자가 말하는 예언이나 예지일 수도 있고, 영적으로 무엇을 가르치기 위한 선영들의 배려일 수도 있다.

다만 자신이 어리석어 깨닫지 못할 뿐인 것이다.

환영에 의하면 우리 지구의 미래는 2015년이 변환점이라는 것이다. 마치 하지부터 일음—陰이 생겨나고, 동지冬至부터 일양—陽이 생겨나듯 이 시점을 기준으로 변환의 주체가 된다는 것이다. 세계 각 나라의 흥하고 쇠함이 이 해 연도까지는 기록되어 있었다.

이것을 마지막으로 마치 천하를 뒤덮는 짙은 안개 속에, 나 홀로 흰 백지 위에 서 있는 기분이랄까? 뭐 그런 느낌의 시간이었다. 아무것도 존재하지 않는 텅 빈 공간, 아무것도 볼 수 없고 들을 수 없는 그냥 하얀색 빛만이 가득한 공간이 펼쳐져 있었다. 마치 나 홀로 허공에 던져진 듯 허허로움만이 가득했고, 짙은 연무가 앞을 가린 쓸쓸하면서도 외로운 텅 빈 공간만이 존재할 뿐이었다.

그리 긴 시간은 아니었다. 그렇다고 찰나의 시간도 아니었지만 그러한 환영에서 깨어나 깊은 고민의 늪에 빠졌다.

왜, 무엇 때문에 우리의 미래가 이처럼 하얀 백지처럼 아무것도 보이지 않고 들리지 않는 허허로움만이 존재하는 것일까 하는 깊은 상념에 잠겼다.

그리고 많은 시간이 흐르고 난 후 어느 날 한 목소리를 듣게 되었다.

앞에서 들리는 듯하여 따라가면 머리 위에서 들리고, 머리 위에서 들려온다 생각하면 옆이었다. 앞과 뒤 옆이란 개념을 떠나 우주 공간을 가득 채운 듯 느껴지는 소리였다. 그러나 감미롭고 자애로웠다. 포근하고 아늑했다. 위엄 있고 근엄했다.

"이 땅의 미래는 그와 같으니라."

"…"

무언가 입을 열어야 할 것 같았다. 그러나 입은 붙어 떨어지려 하지 않았다. 마음으론 수많은 말을 하지만 입속에서 맴돌기만 할 뿐이다.

"…"

"너희가 어떻게 만들어 갈 것이냐를, 그리고 만들어 가느냐를 생각해 보거라."

"그것이 무슨 말씀이신지…"

의미를 알 것 같으면서도 알 듯 말 듯 한 무언가가 머릿속을 맴돌고 있었다.

무엇을 어떻게 만들어 가라는 것일까?

그리고 상당한 시간이 지나고 나서야 깨닫게 되었다. 입을 열지 않고도 말이 나왔다. 입술을 움직이지 않아도 말이 되었다. 참으로 신기한 대화였다. 머리로 생각하고 마음에 담았을 뿐인데, 대화가 되었다. 소통이된 것이다. 참으로 알 수 없는 대화였다.

만들어 가는 역사라… 도무지 알 수 없는 일이었다.

"맏과 막내가 있지 않으냐."

"…?"

"이 세상의 맏이와 막내인 아들딸들을 말함입니까?"

"시작과 끝이니라."

"시작과 끝…."

맏이는 첫째니 시작인 것이고, 막내는 끝을 의미하는 것일까?

왜 무엇 때문에 시작이며, 끝이어야 하는 걸까?

우리는 우연이란 말을 좋아한다. 또한, 필연이란 단어도 즐겨 쓴다. 태어난다는 것 역시 내 의지에서 태어난 것이 아니다. 원해서가 아니라 나도 모르게 우연히 그렇게 태어난 것일 뿐이다. 부모와 형제자매도 나의 의지로 맺어진 것도 아니다. 나도 모르게 그렇게 맺어진 것일 뿐이다. 가난하고 못난 부모, 무능력하고 천박한 형제자매 만약 내가 의지로 맺어질 수만 있다면 당연히 그러한 연을 고르진 않았을 것이다. 잘난 부모, 능력 있고 고귀하고 품위 있고 돈 많은 그러한 인연을 당연히 택했을 것이다.

또한, 의지로 태어날 수 있다면 아인슈타인이나 괴테보다 뛰어난 두뇌를 소유할 것이지, 지금처럼 별 특출날 것도 없이 그저 그런 두뇌로 세상에 왔을 이유도 없다.

아마도 내가 선택을 했다면 최고의 최고가 되어 있을 것이다.

그러나 현실에서는 그러한 0.001%의 인연을 만나는 사람은 그 또한 0.001%만 가능할 뿐이다.

필연이란 말은 당연히 일어날 일을 두고 하는 말이다. 꼭 그리되어야 하고, 그리될 수밖에 없는 일들이 필연이다.

그런데 나는 우연이란 말과 필연이란 말이 다르지 않다고 본다. 반대의 개념의 단어지만, 사실은 같은 단어이며 같은 말이라 생각한다.

관점의 차이겠지만 조금 다른 눈으로 본다면 사실 우연이란 없다. 우연히 이루어진 것처럼 보일 뿐 사실 그것은 필히 그리되어야 하고, 그리될 수밖에 없는 일들인 것이다. 다만 우리의 눈에 우연인 것처럼 보였을 뿐이다.

그것은 우연을 가정한 필연인 것이다.

이 세상에 태어난다는 것 그것은 어떤 연으로 왔든지 간에 그러해야 할 이유가 있게 마련이고, 그에게 있어 이것은 숙명인 것이다. 이를 우연으로 받아들인다는 것은 우리가 과거 생을 기억하지 못해 그러해야 할 필연을 알지 못할 뿐인 것이다.

이유 없이 오거나 이유 없이 가는 삶, 이유 없이 엮이고 얽히는 삶은 주어지지는 않는다는 사실이다.

또한, 세상은 참 조화롭게도 때에 맞추어 그러해야 할 사람을 내고 그러해야 할 일들이 생겨나는데, 이 또한 자연이 짜 맞추어 놓은 그물망일 뿐이라는 것이다.

사람에 빗대 말한다면 위대하다고 칭송을 받는다 해서 진정 위대한 것도 아니며, 조금 손가락질받는다 해서 그가 진정 못나고 나쁘고 천박한 사람도 아니라는 것이다.

인간의 셈법은 선과 악으로 나누고, 옳고 옳지 않음, 이롭고 이롭지 못함으로 구분한다. 이것이 정의이며 사회를 위한 봉사, 남을 위한 희생이고, 나라와 민족을 위하며 나아가 세계를 위한 일이라고 말한다. 이것만이 진실이며, 이것만이 정의라 열변을 토한다.

그러나 그러한 논리는 인간 사회를 잘 유지하기 위한 규범과 규약으로 서로 간에 다툼을 최소화하자는 것이 목적이며, 나아가 종족을 보존하고 문명을 이어가자는 것이 목적인 것이다.

가진 자가 못 가진 자를 지배하려는 무언의 압력일 뿐인 것이다. 궁극적으로 인간들이 만들어 낸 약속일뿐이다.

이러한 것들은 대자연 본연의 논리는 아니란 것이다.

대자연이란 이처럼 인간 중심의 논리가 아니라 우주 만물을 아우르고, 그 속에서 사람과 우주 만물이 동등한 조건으로서, 공존·공생하는 관계로서 사람이란 종이 존재할 뿐이라는 것이다.

물론 사람으로 태어난다는 것은 만물의 영장으로 윤회에서 최고의 조건, 즉 진화하기 위한 가장 좋은 조건의 자리에 선 것으로 만물 중에 0.001%에 해당하는 행운을 안은 것은 사실이다. 그렇다고 해서 인간이 세상 만물을 지배하고 함부로 사용하고 대해도 된다고 생각해선 안 된다.

대자연의 셈법은 인간의 셈법과 달리 위대하고 못난 것이 없고, 예쁘고 미운 것도 존재하지 않으며, 좋고 나쁜 것이나 귀하고 천한 것이 존재하지 않는다.

모두가 다 위대한 존재이며, 모두가 다 고귀하고, 모두가 다 예쁘고 사랑스러운 존재이며, 동등한 존재인 것이다. 잘나고 못나고, 필요하고 필요 없는 존재로 살아가는 것은 풀 한 포기, 나무 한 그루, 하루살이 기어 다니는 벌레 한 마리 그 무엇도 없다는 사실이다.

우리는 늘 사랑하고 미워하는 것이 있고, 좋아하고 싫어하는 것이 있다. 이것은 예쁘고 저것은 싫고 밉다, 징그럽고 추하고 더럽다고 생각한다.

그러나 대자연은 그러한 편 가르기가 존재하지 않는다. 모두가 동등한 같은 편으로 오직 진화를 위한 자신의 선택만이 존재할 뿐인 것이다. 우주 만물은 진화가 목적이며, 그것이 생명을 유지하게 만드는 원동력인 것이다. 지구상에 모든 생명체는 해탈을 위해 살아가고 있으며, 해탈을 목표로 살아가고 있을 뿐인 것이다.

사람의 삶이란 것도 진화라는 해탈이 궁극의 목적일 뿐인 것이다. 해탈을 위해 태어났고, 해탈을 위해 걸어가고, 해탈을 위해 먹고 마시고 눕고 자는 것이다.

다만 각자가 삶이란 환경이 다르고 세뇌당해 온 관습이 달라 각각 자신이 가는 길이 옳다고 여길 뿐이다. 진실을 가르쳐 주는 이가 없어 또 다른 길을 보고 듣지 못한 것이다. 또한, 자신이 지혜의 안목이 없어 보이고 들리지 않았을 뿐인 것이다.

세상을 바꿀 사람은 맏이와 막내로서 이 땅에 이미 와 있다고 본다. 적어도 수백에서 수천의 사람으로, 어쩌면 더 많을지도 모르지만 말이다. 작은 의미에서 본다면 시대가 요구하는 인재는 시대에 맞게, 딱 그러해야 할 사람으로 준비된다. 그러나 좀 넓은 의미에서 본다면 시작이란 해가 떠오르는 곳을 말하는 것이고, 끝이란 해가 지는 곳을 말한다. 아침의 나라는 하루 일과를 준비하는 시간이 깃든 곳이며, 저녁의 나라는 하루 일과를 마치는 종착지로 존재하는 것이다.

이 땅에 태어났다는 것만으로 이미 시작의 주인이 된 것이다.

흰 백지란 어떠한 그림도 그릴 수 있지만, 먹물 한 방울만 튀어도 온통 더럽혀지는 약점도 있다. 채색지라면 먹 한 방울 아니 좀 흘려도 별 표 없이 넘어갈 수 있다. 그러나 흰 종이라면 그렇지 않다. 작은 더러움도 받아들일 수 없어 바로 드러나고 마는 것이다.

이처럼 영혼이 맑고 깨끗한 사람은 흰 종이와 같아 세상의 더러움을 이기지 못해 스스로 잘 물러서게 되고, 아파하며 고뇌에 빠져든다. 스스로가 담을 쌓고 자신의 영역에서 벗어나려 하지 않는다.

이런 모습을 본 세상 사람들은 나약하며 무능력한 사람이라고 비웃으며 조롱하지만, 사실 그것은 무능하고 나약해서가 아니라 채색되지 않은 순수한 종이라 그러한 것일 뿐이다. 비록 나약하고 무능해 보이지만, 좋은 인연 훌륭한 화가를 만난다면 어떠한 담묵이라도 받아들일 수 있는 참으로 좋은 자질을 가지고 태어난 것이다.

참으로 맑고 깨끗한 영혼인 것이다.

반대로 채색된 종이는 어지간한 더러움에는 무던히 잘 견디기 때문에 세상을 살아감에 있어 모나지 않게 둥글둥글 잘 넘어가고, 대인관계도

원만하게 잘 적응하는 편이다. 성격도 무던하며 흠잡을 때 없는 사람이라 칭송받는다.

그리고 경재와 이재에 밝다. 그러한 것은 남의 부정함에도 별로 민감하지 않기 때문이지만, 본래 채색되었다고 말하는 것은 맑은 기운인 양陽기가 아니라 탁한 기운인 음陰기인 것이다.

음이란 세상 만물이 생겨난 본연의 자리에 속한다. 물질의 본래 고향이 음기인 것이다. 즉 채색이란 음기의 산물로 이를 인연해 태어난 사람은 물질에 대하여 밝고 잘 알 수밖에 없는 것이다. 현실에서 이재로 성공할 수 있는 최고의 조건을 이미 갖추고 태어난 것이다.

이러한 인연으로 태어난 사람은 현실에서 물질적으로 다소 많이 성취한 것은 있겠지만, 본연의 자리에서 본다면 채색된 종이일 뿐이다. 비록 훌륭한 화가를 만난다 해도 바탕색에서 벗어난 그림을 그릴 수 없는 것이다. 화가의 기호에 맞게 고르지 않는다면 그림다운 그림을 그릴 수 없는 것이다.

또한, 이런 부류 채색지에 해당하는 사람은 외모 또한 목덜미가 굵고 살집도 있어 보이는 사람이 많다.

목덜미 이야기를 좀 하고 넘어가자.

사람은 본래 물형物形으로 목덜미가 가는 사람은 초식동물에 해당한다. 기린, 사슴, 양 등등 초식을 하기 때문에 성격이 온순하며 영이 맑다. 목덜미가 굵은 사람은 육식동물에 해당한다. 사자, 호랑이, 하이에나 등등 육식을 하기 때문에 성격이 급하며 집요하다. 그러나 영은 탁하고 흐리다.

영이란 것도 맑다는 것은 좋다거나 흐리다는 것은 나쁘다는 식으로 말하는 것은 바람직하지 않다. 작은 의미에서 그러할 수도 있겠지만, 맑은 것은 하늘의 기氣이며, 탁한 것은 대지인 땅의 기氣로 그 쓰임새가 다를 뿐 좋고 나쁨의 대상은 아니라는 것이다.

왜 하필이면 왜 흰 종이며, 맏이와 막내야 하는 걸까?

설명에 앞서 빛과 색에 관한 이야기부터 해 보기로 한다.

삼원색 하면 빨강, 노랑, 파란색 모두가 아는 색이다. 삼원색이란 이 세상에 존재하는 색의 기본으로 혼합비율에 따라 모든 색이 만들어진다. 그런데 이들을 같은 비율로 섞으면 전혀 어울릴 것 같지 않은 검은색이 만들어진다. 세상에서 가장 어두우며 닫혀있는 색, 죽음을 상징하며 고통과 절망을 상징하는 색인 검은색이 태어나는 것이다.

관념을 버리고 우리가 전혀 색에 대해 무지하다고 가정하고 생각해 보자. 어둡다 칙칙하다 고통스럽다고 표현하면서 왜 하필이면 검정을 지목한 걸까?

그것은 땅을 상징하는 색으로 대지에서 나온 색이기 때문이다. 고통스럽고 힘들 때 어머니나 아버지를 부르듯 우리가 가장 힘들고 고통스러울 때 돌아갈 귀의처가 땅이기 때문이다. 검은색이란 어둡다는 의미도 있지만 품어 안는다. 스며든다. 포용한다는 의미도 있다. 스님들이 입는 승복도 본래는 먹물 옷으로 검정을 물들인 옷을 입었다. 입다 보니 색이 연해져 잿빛이 되었고, 마치 오래 수행하면 잿빛 승복을 입어야 하는 것처럼 잿빛 옷이 수행자의 표상처럼 여겨진 것이다. 본래 수행자가 검정을 두르는 것은 땅에서 발붙이고 살아가는 모든 중생을 구원한다는 의미를 담고 있다.

서양에서 수사나 신부들의 검정 옷도 이와 같은 맥락에서 생겨났다고 본다.

즉, 땅을 상징하는 색이 검은색인 것이다.

빨주노초파남보, 이는 빛이 프리즘을 통과했을 때 나타나는 색이다. 최근에서 빨간색 밖에도 색이 있고, 보라색 밖에도 색이 있음을 알게 되었고, 자외선이나 적외선 밖에 또 다른 빛이 있음도 이야기하고 있다. 땅의 색인 삼원색에서 수없이 많은 색이 만들어지듯 무지개색 밖에도 수없이 많은 색채의 빛이 존재하는 것은 자명한 이치다. 다만 우리가 신처럼 여기는 과학으로 증명해 내지 못할 뿐이다.

본래 과학이란 것이 증거주의다. 무언가 가시적으로 보여 주어야 하고 증명해 내여야만 한다. 그러나 우리가 증명해 낼 수 있는 것은 별로 많지 않다. 오히려 결과물에만 집착하는 모순으로 편협한 시야가 되는 어리석음을 범하고 있는 것이다.

자, 그러면 이 모든 빛이 하나로 모으면 어떤 색일까?

그것은 흰색이다. 세상에 존재하는 모든 빛을 하나로 모으면 투명한 흰빛이 된다. 형광색이 되는 것이다. 즉, 흰색이란 하늘의 색으로 대기를 상징하는 색인 것이다.

우리 민족이 백의를 입는 것은 본래 천손으로 하늘에서 왔기 때문에 부모의 품을 그리며 입는 옷이다.

또한, 우리 민족은 얼을 숭상하는 민족이다. 얼이란 우리의 내면에 담겨 있는 참 나를 이르는 말이다. 그분은 참으로 높고 고결해서 저 높은 곳 한에 계시는데, 그분이 얼님인 것이다. 한에 계신 얼님, 한얼님이라 부르게 된 것이다.

우리가 지금 무심코 부르는 하느님, 하늘님이란 이원은 한얼님에서 유래한 것이다.

이 얼에 관한 단어들도 많이 전해지고 있다. 얼굴이란 얼이 드나드는 굴이란 의미이고, 얼씨구절씨구, 얼먹다, 얼빠지다, 얼치다 등등 우리가 무의식적으로 쓰는 말이지만 그 말속에는 우리가 잊고 살아온 천손으로서 우리 본래 모습인 얼 사상이 담겨 있는 것이다.

얼이란 우리 내면에 잠재해 있는 천손으로서 가져야 할 마음새를 말하는 것이라 여긴다. 또한, 얼이란 천손에게 품부된 사상으로 홍익의 이념인 것이다. 이를 색으로 표현하면 흰색이 되는 것이며, 이 흰색은 맑고 고결한 본연의 마음자리를 상징한다고 본다.

서양의 결혼 예복이 남자는 검은색이며, 여자는 흰색인 이유도 여기에 있다. 본래 남자는 땅에서 왔으므로 검은색이 부모의 색이며, 여자는 하늘에서 왔기 때문에 흰색이 부모의 색이 된다.

비명횡사한 시체를 보면 엎쳐 죽은 이는 분명 남자이고, 하늘을 보며 누워있는 시체는 여자라 한다. 전란 때 죽은 이를 보면 그러했다고 노인들이 하는 이야기를 들은 적이 있다. 그뿐만 아니라 물에 빠져 죽은 시체도 여기에서 다르지 않다. 엎어져 떠오르면 남자 시체고, 누워 떠오르면 여자 시체인 것이다. 백이면 백 다 그러하다.

이러한 무의식적인 행동들은 마지막 귀의처를 의미하는 것으로 본래의 고향으로 회귀하려는 본능에서 비롯된 것이라 본다. 남자는 땅에서 왔기에 땅으로 돌아가려 하고, 여자는 하늘에서 왔기에 하늘로 돌아가려 하는 것이다.

오원삼행 삼행오원

      📎 우리가 알고 있는 남존여비 사상에서 남자는 하늘, 여자는 땅이라 한다. 남자는 하늘과 같이 높은 존재이고, 여자는 땅과 같이 낮은 존재란 것이다. 적자생존을 생명으로 여기는 동물의 세계에서 보거나 높낮이로 위아래라는 서열에서 본다면 그러해 보일지 모르겠지만, 이것은 본질을 왜곡하는 생각이다.

  남자는 성격이 투박하고 거칠다. 세심함보다는 선이 굵고 크고 대담하다.

  땅이란 세상 모두를 품에 안지 않음이 없고, 길러야 하지 않음이 없다. 예쁘고 미움이 존재하지 않는 것이다. 이 땅 위에 모든 존재가 동등하며, 모두가 내 품 안에 자식이다. 더럽다고 내치지 않으며, 불결하다고 버리지 않는다. 욕망으로 가득한 인간들이 껍질을 벗기며 구멍을 뚫고 살집을 헤집어도 묵묵히 참고 기다린다. 사랑도, 미움도, 아픔의 상처도 모두

끌어안고 묵묵히 그가 해야 할 일만 한다. 나에게 더 주고 너에게 덜 주는 식의 편애는 존재하지 않는 것이다. 참다운 아버지란 사랑하고, 사랑하지 않는 자식이 존재하지 않는 것이다.

모두가 사랑하는 내 자식인 것이다.

이것이 땅의 참모습이다.

음양오행에서 땅土이란 만물의 근원이다. 땅이 없다면 세상에 그 무엇도 존재할 수 없는 것이다. 그 무엇도 토를 등지고 혼자 오롯이 역할은 할 수 없다. 그러한 이유는 금목수화金木水火가 모두 땅土에서 생겨났고 땅 위에서 존재하기 때문이다.

남자의 기본수인 오행五行 삼원三圓(사실 오행 오원이나 둘이 부족하게 오게 되어서 오행 삼원이 되었다. 뒤에서 설명하기로 한다.)이 땅의 수이고, 남자의 수인 것이다.

그러므로 남자의 신체 구조에 있어서도 머리와 손발이 크고 장대하며 투박하다. 성격도 땅과 같이 굳건하며 변화가 없고 늘 한결같은 마음으로 살아간다. 본래 땅이란 더럽고 깨끗함을 가리지 않으며, 아름답고 추함을 구분하지도 않는다. 덥고 추움도 없고, 많고 적음, 옳고 옳지 않음도 없다. 모든 것은 땅에서 생겨나는 것일 뿐 그것 밖에 절대적인 그 무엇은 존재하지 않는다. 그냥 그러한 모두를 오롯이 품에 안을 뿐이다.

이것이 본연의 땅의 모습이며, 또한 남자의 모습인 것이다.

참으로 멋진 아버지이며, 참으로 멋있는 남자의 모습인 것이다.

여자는 세심하며 변화가 많아 희로애락이 바로 얼굴에 드러난다. 우는가 싶으면 웃고, 웃는가 싶으면 금세 울어 버린다. 아주 작은, 별것 아닌 것에 목숨 걸며 입은 잠시도 가만히 두지 못하고 무언가 늘 조잘거려야 한다. 신체에 있어서 두상도 작으며 손발 체구도 작고 왜소하다.

하늘이란 가름할 수 없는 존재이다. 언제 비가 올지, 추우며 우박이 쏟아질지 아무도 모른다. 금세 바람이 부는가 싶으면 잠잠해지고, 비가 오는가 싶으면 맑아진다. 세상을 다 떠나보낼 듯 장대비가 퍼붓는가 싶으면 금방 개고, 세상을 다 묻어 버릴 듯 퍼부어대는 폭설인가 싶으면 언제 그랬냐는 듯 그쳐 댄다. 대기의 흐름이 불가측이듯, 여자의 심성도 불가측이다. 한시도 가만두지 못하는 입 또한 대기의 흐름이며, 두상이 작고 신체가 왜소함도 대기의 모습을 닮음이다.

대기의 흐름은 늘 불안정하지만 그렇다고 정체되지는 않는다. 늘 변하는 것이 본질이기 때문이다.

우리가 기氣라고 말하는 것 또한 그러하다. 가득 고여 있으며 '기가 차다'고 말하며 활로가 열리면 '기 살았다'고 말한다. 기의 흐름이 막히면 기막힌 것이 된다.

우리가 사는 세상은 흐름에서 시작한다. 땅속에 수맥이 있고 광맥이 있으며, 생명체의 몸속에는 혈맥이 있고 기가 흐르는 기맥이 있다. 대기의 흐름이 있고 지구는 공 자전을 하며 태양계가 궤도를 돌며 우리 은하계는 초당 200km씩 은하 이동을 하고 있다.

이것이 기인 것이다. 또한, 기에서 태어난 여자의 모습이기도 한 것이다.

여자에게 영원히 머물기를 바란다는 것은 기막힌 일이다. 여자란 기찬 일을 만들어 주어야 하고, 그가 만족해한다면 기산일을 만들어 주어야만 한다. 그래야 기가 살아 흐를 수 있기 때문이다. 기막힌 일을 만드는 것은 여인에게 죽음으로 내모는 일인 것이다.

이것이 땅인 남자가 가져야 하는 덕목이라 생각한다.

여자는 오원五圓 삼행三行(이 또한 오원 오행이나 둘이 부족한 관계로 오원 삼행이 되었다.)에서 왔으며, 이는 하늘의 수이다. 또한, 하늘의 자손이며 하늘이 엄마요, 아버지가 된다.

대자연. 이는 이 땅의 생명과 우리를 낳고 기르고 가르치는 진정한 어머니이며, 진정한 아버지인 것이다.

하늘과 땅을 높낮이로 말한다는 것은 옳지 않다. 대기의 흐름이 불규칙하고 가름할 수 없는 상대이지만, 지구를 감싸 안고 있는 것이 대기인 하늘이듯, 여자란 경박하며 변화무쌍하지만 어머니로서 지극한 사랑은 대지를 감싸 안은 우주와 같은 것이다. 땅이 아무리 넓고 크지만 대기에 쌓여 있는 작은 공에 지나지 않는다. 만물을 길러 내는 위대한 아버지이지만 하늘이란 기가 있기에 가능한 일인 것이다. 하늘이 없다면 생명체가 살기 위해 필요한 온도, 습도, 공기는 어디에서 오겠는가!

이렇듯 남녀란 높낮이가 아니며, 대자연이란 옳고 옳지 않음과 정의와 불의로 가름할 수 있는 것이 아니다.

원이란 하늘의 수로, 오원은 빛, 소리, 공기, 해, 달이다. 행이란 땅의 수로, 오행은 금, 목, 수, 화, 토이다.

대자연에 빗대어 살아가는 생명체 모두가 여기에서 벗어나지 못하지만 본래 사람이 태어남에 있어 가장 큰 영향을 미치는 대상이 바로 원과 행이라 보면 된다.

사람이 태어날 때 오원 오행, 즉 열(10)이란 완전한 수에서 오는 것이다. 이처럼 완전한 수에서 태어났다면 온전한 영체에 온전한 육체를 지닌 온전한 사람으로서 살아갈 수 있는 것이다. 그러나 불행히도 우리는 여기에서 태어나질 못했다. 무언가 불완전한 상태인 여덟(8)에서 오게 되었다는 것이다.

불교에서 십이란 완전한 수이자 완성된 숫자를 말한다. 십十에 대한 불교식 설명을 덧붙이면 이러하다. 깨달은 이를 부처라고 말한다. 부처의 몸은 무한한 공간에 가득 차 있어 안과 밖이 없는 빛無量光이며, 무한한 시간에 뻗치어 끝없는 생명無量壽이다. 이것을 십十이라 하고 표현한다. 가로 획인 '一'는 무한한 공간에 가득함橫亘十方을 의미하고 내리그은 종획 '丨'은 무궁한 시간의 뻗침竪窮三際을 나타낸다.

근본적으로 불교에서 사용하는 십十 자는 기독교의 십자가와 모양도 다르고, 의미도 다른 것이다.

또한 ○원이란 하늘의 도를 이르는 말이며 열十이란 땅의 도를 나타낸 말이다. 하늘의 도와 땅의 도를 행하는 것이 궁극적으로 사람의 도이며, 이러한 본질을 간파하고 잘 다듬어 가는 것이 사람의 길이 되는 것이라 하겠다.

우리가 무심코 쓰는 쌍소리 중에 '십팔놈'이란 말이 있다. 사실 이것은 잘못된 표현으로 '십할놈'이 맞는 말이다. 십이란 완성된 수를 말하는 것으로 '십을 할 놈', 즉 당신은 오늘 십이란 완성된 수를 이루었다는 의미이다.

그렇다면 이것이 왜 욕이 되는가? 오늘 열이란 완성의 수를 만들었으니 내일부터는 하나에서 다시 시작해야 한다는 뜻이다. 요즘 언어로 표현한다면 '오늘이 당신 최고의 날이야. 내일부터는 오늘보다 못한 날만 있을 거야.'라고 말하는 것과 같다.

즉, 우리가 아는 십팔(18)놈이 아닌 것이다.

'개뿔도 없는 것이'란 말이 있다. 이것 또한 개에게 뿔이 없다는 말은 아니다. 옛날 삼신三神께 죄를 지은 황궁씨가 백모白茅로 자신의 몸을 결박하고 천제단에 나아가 정죄해 줄 것을 청했는데, 이런 속죄 행위를 계불禊祓의식이라 한다. 즉 계불도 없다는 것은 '죄책감이 없다', '속죄할 마음이 없다', '반성의 기미가 보이지 않는다'는 말이 된다.

개에게 뿔은 본래부터 없는 것이다.

말의 의미 또한 우리가 아는 것과 사뭇 다르다는 것이다.

우리 선조님들이 어린아이를 기르면서 우리 고유의 전통을 담아 훈육하는 것을 '단동십훈檀童十訓'(단군의 자손 아이가 가져야 할 열 가지 덕목)이라 말한다.

사실 우리 선조들의 가르침은 입에서 입으로 전해진 것으로 확실한 기록으로 남은 것은 별로 없다.

한자가 쓰이기 시작한 것이 그리 오래된 일은 아니다. 한자 이전에 우리 민족에게 고유문자가 존재했는지는 잘 모르겠지만 단인檀人으로서 삶의 지침은 부모에서 자식으로 구전되어 왔다. 이처럼 아이를 가르치는 훈육법 말고도 단인이 살아가는 수많은 훈시가 있었으나 도교가 이 땅에 들어오고 불교가 받아 받아들여지면서 상당히 유실되었다가 조선조에 이르러 유교를 받아들이는 과정에서 위정자들에 의해 대부분 실전된 것으로 생각한다. 또한, 구한말을 거쳐 근래 서양문화가 밀려들게 되면서 단인檀人 사상이나 얼에 관해 말하면 마치 열등한 문화처럼 여기는 이가 많은 세상에서 이런 사상들을 자손에게 구전해 주는 이는 더더욱 없다고 본다. 시간이 갈수록 실전되어가는 것이 당연한 일이다.

그러나 자신이 아무리 부정한다고 해도 그가 단인의 후예가 아닐 수 없다. 그의 몸속에는 조상의 혼이 서려 있고, 단인의 피가 흐르고 있기 때문이다.

단동십훈의 열 가지 가르침의 첫째에서 네 번째까지는 하늘의 도를 말하는 것이다. 다섯에서 여섯째는 땅의 도를 말한다. 일곱째에서 열 번째까지는 사람의 도를 말하는 것으로 천天 지地 인人의 도를 걸음마 배우는 아이 때부터 가르친 것이라 여긴다.

이것은 단군 자손인 한민족의 근본이념이자 뿌리 사상이라 해도 될 것이다.

첫째, 불아불아弗亞弗亞, 아이를 좌우로 흔들며 "불아불아." 한다.

'불아'를 우리말로 번역하면 그대로 '불아'이다. 불은 하늘에 떠 있는 태양을 이르는 말이다. 불이란 일상에서 꼭 필요한 존재이며, 또한 무엇이든 태워버리는 존재로 부정함을 없앤다는 벽사의 의미를 담고 있다. 즉 우리 선조님들은 불을 신성시했다는 것으로, 하늘에 떠 있는 태양을 불의 시조로 보았다는 것이다.

스스로 불의 자손이라 여긴 것이다. 하늘의 자손, 불의 자손, 즉 태양의 자손으로 보았다는 것이다.

둘째, 시상시상侍想侍想, 아이를 앞뒤로 흔들면서 하는 말이다. "시상시상." 하고 말한다. 혹 시侍 자를 시詩로 표기한 곳도 있다.

이러한 글자에 의미가 있는 것은 아니다. 문자에 얽매인다면 본질을 보지 못할 수도 있다.

'시' 자는 모신다는 의미이고, '상' 자는 생각한다. 그리워한다는 의미를 담고 있다. 즉 하늘에 계신 불아불아를 잘 모시고 그의 사상을 잘 배워야 한다는 교훈이다.

셋째, 도리도리道理道理, 고개를 좌우로 흔들며 하는 행동으로 도리도리한다.

도리를 알아라. 도의 이치를 깨달아야 한다고 가르치는 것이다. 본래 천손으로 가지고 온 하늘의 도를 바르게 깨닫길 바라는 단인 부모의 염원이라 할 것이다.

넷째, 지암지암持闇持闇, 주먹을 쥐었다가 폈다가 하면서 하는 말로, 잼잼이라 말하기도 한다.

지암이란 어둠을 알아야 한다는 의미를 담고 있다. 즉 본래 천손으로 하늘의 도는 밝고 맑은 것이나 어둠의 도를 같아 알아야 한다는 것이다. 어둠이란 땅의 도를 말하는 것으로, 하늘의 자손이지만 땅의 도를 알아야 한다는 것이다. 또한, 내가 맑고 밝은 것이라 해서 남의 어둠을 부정한다면 바르게 살아가는 단족이 아님을 천명한 것이고, 좀 더 나아가 어둠 속에 쌓여 있는 남의 불행을 방관한다면 천손의 본래 덕목이 아니라 가르친 것으로 관용과 표용을 가져야 한다는 것이다.

관용과 포용을 가르치는 대목이라 할 것이다.

여기까지는 하늘의 도를 설명한 것으로 한얼 사상의 기본을 가르친 것이다.

다섯째, 곤지곤지坤地坤地, 손가락으로 손바닥을 가르치며 하는 말이다.

손가락으로 땅을 가르치는 것은 비록 하늘에서 왔지만, 땅의 도를 모른다면 바른 삶을 살 수 없다는 것을 말한다. 하늘은 무한한 빛의 세계이며, 땅은 만물을 생육하는 어머니이다. 이것은 곧 나의 본래 모습이며, 나에게 삶을 준 절대이기 때문이다. 이처럼 본래 맑고 밝은 것이 나이나 땅의 공덕을 모른다면 단족의 후인이 아닌 것이다.

여섯째, 섬마섬마西摩西摩, 아이를 일으켜 세우면서 하는 말로 섬마섬마라 말한다.

섬마란 '섯다'는 의미로 땅에 발을 딛고야 설 수 있다는 것이다. 즉 땅이란 만물이 살아가는 고향으로 땅이 소중하다는 것을 가르치는 것이다. 땅이 있어야 섬마가 되는 것이다.

이 둘은 땅의 도를 말하는 것으로 대자연으로 땅의 소중함을 가르치는 대목이라 생각한다.

일곱째, 업비업비業非業非, 손사래 치면서 하는 말이다. '어비어비', '애비애비'와 같은 말이다.

업보를 짓지 말라고 당부하는 말이다. 옛 어른들은 아버지를 '애비'라 부른다. 애비란 어비와 같은 말로 아버지는 업보를 짓지 않는 사람을 말한다. 즉 아버지란 업보를 지으면 안 되는 사람인 것이다. 업보를 짓지 않아야 진실로 어비인 것이고, 업보에서 벗어난 사람이 어비인 것이다. 또한, 업보를 짓지 않는 것을 가르치는 사람이 진실로 참 어비인 것이다. 즉 단족을 처음 있게 해준 업보를 짓지 않는 어비를 본받아야 한다는 것이다.

아버지란 아비이며, 어비이며, 업비業非이다. 업보에서 벗어난 사람이 참 아버지인 것이다. 업보를 알아야 하고 업보를 짓지 말아야 한다. 또한, 자손에게 업보를 짓지 않는 길을 가르치는 사람이 아버지인 것이다. 그래야 존경받는 아버지이며, 단인의 후인으로서 참 아버지라 할 것이다.

우리 선조님들은 사람의 삶이란 것이 업보 유전임을 이미 알았다는 것이다. 불의 손이며, 태양의 자손인 천손이란 업보에서 벗어나는 것이 당연한 것으로 업보를 지어선 아니 되는 것이라 하겠다.

여덟째, 아함아함亞솜亞솜, 손바닥으로 입을 두드리며 하는 표현이다.

불교의 옴과 같은 의미로 태초의 소리를 표현한 것이다. 태초의 소리란, 즉 진언이며, 이 소리 속에 오묘한 진리가 담겨 있음이다. (옴에 관하여 문헌을 찾아보길 바란다.)

아홉째, 작작궁 작작궁作作宮作作宮, 궁宮을 궁弓이라 표기한 곳도 있다. 손뼉을 치며 하는 소리이다. 손뼉을 친다는 것은 즐거울 때의 표현으로, 천궁의 도리를 즐겁게 기쁘게 배워야 함을 말한다. 궁宮이란 천손의 얼이 머무는 천궁으로 천손의 자손이라면 당연히 천궁의 얼을 배워야 한다는 가르침이다.

열째, 질라아비 활활의疾羅腓活活議, 아이를 일으켜 세우며 팔을 흔들며 하는 말이다.

앞에서 말한 것처럼 하늘의 도를 알고 땅의 도를 찾으며, 그리고 사람의 도를 행한다면 당연히 모든 질병이 침범을 못 할 것이다. 그러므로 당연히 활기차게 살아가는 것이 단동檀童의 의무가 되는 것이다. 또한, 선조님들께 질병 없이 잘 커 주길 바라는 염원을 담아 '모든 질병아, 물러가라.'라고 주문을 왜는 것이 될 수도 있을 것이다.

즉 하늘의 도와 땅의 도를 알아야 하며, 이것이 곧 업보를 짓지 않는 사람의 도가 됨을 깨달아야 비로소 단족의 후예가 되는 것이라 하겠다.

업보를 짓지 않는다는 말을 달리 표현하면 죄를 짓지 않아야 한다는 말이 된다.

업보를 짓는 것은 결국 대자연에 죄를 짓는 것이 되기 때문이다.

하늘의 도와 땅의 도에 대하여 부연해 보기로 한다.

하늘은 무형의 기로 모양이 존재하지 않는다. 둥근 그릇에 담으면 둥근 모양이고, 모난 그릇에 담으면 당연히 모가 난 모양이 된다. 존재하지 않는다고 말하나 존재하며 존재한다고 말하지만 존재하지 않는다. 모양을 그릴 수도, 만들 수도 없다. '있다', '없다'고 말할 수 없는 것이 본래 모습인 것이다. 이러한 하늘이란 무형의 기를 말하는 것으로 사람의 마음도 이와 같은 모양을 갖는다.

하늘을 그릴 수 없듯 사람의 마음도 그릴 수 없다. 그러나 마음이 존재하지 않는다고 말할 수 없는 것이다.

땅이란 만물이 발붙이고 살아가는 터전으로 모양이 있고 높낮이가 있으며, 크고 작음이 있고, 좋고 싫음이 존재한다. 둥근 모양을 만들 수도, 모가 난 모양을 만들 수도 있다. 모양과 형상이 있는 곳, 이곳이 우리가 살아가는 현상계인 것이다.

이와 같이 하늘의 도란 모양을 그릴 수도, 만들 수도 없는 무형의 도를 말하는 것으로 있다, 없다 논할 수 없는 도를 말한다.

불교의 가르침들이 궁극에는 깨달음에 이르는 것으로 깨달음이라는 해탈에 이르지 못하면 결국 본질을 보고 듣지 못하게 되는 것이다. 신선도 역시 태식법이나 호흡법을 통해 강정을 하고 종국에 신선이 되는 것으로, 신선이란 대자연과 동화된 새로운 삶을 말하는 것이라 생각된다.

이처럼 내면의 마음자리를 닦고 맑히는 동양의 가르침들은 무형의 도로 하늘의 도에 속한다.

이와 다르게 땅의 도란 유형의 도를 말하는 것으로 선과 악, 좋고 싫음, 유와 무가 존재한다. 동양의 음양오행이나 우리가 살아가는 현실에서 존재하는 모든 법칙·법조문, 인과관계에서 생겨난 관습·규칙들이 여기에 속하며, 불교에서 말하는 연기설도 상대성이 존재하는 것으로 여기에 속한다고 하겠다.

우리가 사는 세상 대부분의 규칙이 땅의 도에서 생겨난 것으로 보면 된다.

이러한 땅의 도는 상대적인 것으로, 좋은 것이 있다면 반대로 싫은 것이 존재하며, 옳은 것이 있다면 당연히 옳지 않음이 존재하는 것이다.

옳고 그른 것, 좋고 싫은 것, 있고 없는 것, 보이고 보이지 않는 것들, 우리가 살면서 만들어 가는 모든 관념도 사실 땅의 도에 기인한 것들이다.

이를 기인해 인과관계가 만들어지고 정치, 경제가 만들어진다. 나아가 세계관이 만들어지는 것이라 보면 된다.

음식에 빗대 보면 우리가 먹는 음식이나 약재들이 어떤 체질에 좋으며 병에 효과가 있다면 당연히 어떠한 체질과 병에는 해로운 것이다. 즉 상대적인 것으로 이로움과 해로움이 공존하는 것이다. 다만 현실에서 이곳이 아프거나 약하기에 이를 집중 치료해 줌으로 다른 곳과 동등한 기능을 이끌어 내는 것을 우리가 병이 나았다고 말하는 것이다.

즉 모든 것에 이로운 음식이나 약은 없다는 것이다.

이처럼 상대가 존재하는 것은 모두가 땅의 도에 속한다고 보면 될 것이다.

각설하고 오원 오행이면 완전한 사람의 모습이다.

본래 하늘에서 왔기에 땅의 수인 오행이 부족한 여자는 어떤 이는 금
金의 기운이 부족하고, 또 어떤 이는 목木의 기운이 부족하다. 그리고 수
水, 화火, 토土의 기운이 부족하다. 모두가 하나둘의 기를 갖지 못하고 태
어난 것이다. 그러므로 완성된 나 완전한 내가 되지 못한 것이다.

　만약 금의 기운이 부족한 사람이라면 강단이 없을 것이다. 목의 기운
이 부족하면 유약하고, 수의 기운이 약하면 깡마른 골격을 만들고 신
경질적일 것이다. 화의 기가 약하면 에너지가 부족해 병약해지며 토의
기가 부족하면 믿음이 약해 잘 흔들린다. 귀가 얇아 남을 잘 믿게 될 것
이다.

　하늘의 도는 원이다. 빛光이 부족하다면 일생에서 늘 고개 숙이고 살
아가게 될 것이고, 소리音가 없다면 천음天音을 듣지 못해 깨달음의 성취
가 없게 된다. 공기氣가 부족한 이는 사회성이 떨어져 외톨이가 될 수 있
고, 해日의 기운을 받지 못했다면 지혜가 부족하고, 달月의 기가 약하다
면 불임이 되거나 후손을 남기기 어렵게 될 것이다.

　결국, 사람이란 무언가 완전하지 못한 것이다. 무언가 하나가 부족하
고, 혹 둘이 없는 것이다. 완성되지 못한 것이다. 이를 채워 가는 것이 수
행이며, 이 모두가 온전해진 것이 깨달음에 이른 것이라 하겠다.

　해탈이란 현실에서 벗어나는 것이 아니라 현실을 채워 가는 것이다.
'지금'이란 현재가 온전해진다면 곧 해탈이며, 성불인 것이다.

　그리되어야 비로소 온전하며 완성된 '참나'가 되는 것이다.

　사람은 본래 완성된 수 오원오행과 오행오원에서 오는 것이 본래 사람
의 길이나 불행하게도 오행삼원에서 오고, 삼원오행에서 오게 되었을 뿐

인 것이다. 개개인의 연이 다르겠지만, 대부분의 사람은 이들 중 둘이 부족한 상태로 이생에 오게 된다는 것이다.

결국, 우리가 태어났다는 것은 부족한 이것을 채우는 것이 궁극적 삶의 목적이며, 윤회를 거듭하는 참 이유가 된다는 사실이다.

만약 본연의 완전한 수에서 왔다면 영체 또한 온전히 가지고 오게 되어서 전생의 기억을 오롯이 가지고 오게 된다. 그러한 이유는 전생이란 과거 삶을 모른다면 현생이란 삶이 방향을 잃게 되어서 본래 목적인 해탈에 이를 수 없기 때문이다.

만일 전생의 일을 기억한다면 또다시 과거생과 같은 과오를 범하지 않게 될 것이고, 본연의 길을 찾지 쉬워진다. 해탈이라는 진화에 들기 쉽다는 것이다.

우리가 산다는 것은 깨달음이란 진화를 위한 과정일 뿐이다. 해탈한다는 것은 새로운 세계로 나아가는 것과 같다.

내가 깨달음에 이르게 되면 나의 중생계가 무너지게 되는 것이고, 우리가 깨달음에 이르게 되면 우리의 중생계가 무너져 소멸하는 것이기 때문이다.

중생계가 사라짐은 곧 윤회가 사라짐과 같은 것이다.

결국, '나'라는 영체는 참으로 긴 시간의 삶을 살지만, 육신이란 이름의 몸뚱이는 나라는 이 영체가 잠시 머물다 가는 집에 불과한 것이다.

일생이란 태어나서 죽을 때까지의 삶이다. 이러한 한정된 시간의 옷을 선택하는 것은 궁극적으로 완성된 나를 이루는 것이 목적이다. 앞서 말한 오원오행과 오행오원을 이루는 것이 본래 윤회의 목적이며, 또한 시간의 옷을 입은 목적인 것이다.

이처럼 온전한 나를 이루려면 먼저 내가 누구이며, 과거생의 삶이 어떠했는지, 어떤 업연으로 이 땅에 오게 되었으며, 지금 만난 이 연이란 어떤 업에서 시작된 것이고, 어떻게 해야 업연을 풀어갈 수 있는 것인가, 또한 나를 감싸고 있는 수많은 연은 무엇이며, 어떻게 맺혀있는가를 알아야 가능한 것이라 하겠다.

이것이 심연의 참다운 지혜이며 혜안慧眼인 것이다.

또한, 이를 보고 알아감이 올바른 수행인 것이다.

실타래가 엉키면 잘라서 잇대어 가는 것이 아니라 풀어가는 것이다. 자른다면 또 하나의 매듭이 생겨나고, 매듭이 생긴다면 실의 본래 역할을 다할 수 없기 때문이다. 그래서 잘 풀어서 잘 감아 둔 실타래가 참으로 좋은 실타래가 되는 것이다.

우리가 윤회에서 벗어나지 못하는 것이 전생의 삶을 모르기 때문이다. 과거의 모습을 모르기 때문에 같은 실수를 반복할 수밖에 없고, 그러한 무지로 인해 점점 더 깊게 맺힌 업연을 짓게 되고 더 깊은 윤회의 수렁에 빠져 벗어날 수 없게 되는 것이다.

수행을 한다는 것은 본래 나를 찾아가는 길이며, 나를 이루고 완성된 나를 만들어 가는 것으로, 우리가 우연이라 말하는 모든 것들이 사실은 필연에 가깝기 때문에 나와 인연된 저와의 만남이 어떠한 업연인지 보고 알 수 있게 된다면 선업의 연이 만났을 때 자연 감사하는 마음이 들게 될 것이고, 악업의 연을 만나게 된다면 측은하며 애처로운 마음이 들게 되어 진심에서 연의 고리를 풀어갈 마음이 생겨나게 되는 것이다.

그러나 단순하게 꼭 만나고 주고받을 업보의 연자를 '고마운 사람' 정도로 생각하게 되고 갚을 것이 있는 업보의 연자를 만나 '저가 나를 힘들게 해. 미운 놈 원수 같은 놈.'이라고 단순히 그를 회피하려 한다면 연을 풀어가는 수행자의 마음가짐이 될 수 없다.

사실 대자연은 받을 것은 소홀히 할 수 있으나 줄 것이나 갚을 것은 필히 갚아야 하는 것이 정리이다.

그러므로 연에 담긴 의미를 모른다면 결국 좋고 고마운 선업은 쉽게 잊어버리게 되고, 나쁜 감정이나 고통스럽고 아픈 것은 내면에 쌓아두게 되어서 결국 미움의 골만 깊어질 수밖에 없어 선업은 짓지 못하고 악업만 짓게 되는 것이다.

나는 가끔 사람들과 대화를 할 때 "좋은 것은 오래 기억하고 나쁜 것은 빨리 잊어버리세요."라고 이야기하길 좋아한다.

이것이 선업을 짓는 지름길이라 여기기 때문이다. 그러나 현실에서 우리는 좋은 것과 고마운 것은 금방 잊어버리고, 나쁜 것과 아프거나 슬픈 것은 오래 기억한다. 그것은 사람의 속성이 상처받은 것에 대하여 관대하지 못하기 때문이다. 사바세계란 것이 약육강식의 세계이다 보니 어쩌면 당연한 것일 수 있겠지만, 이 약육강식을 벗어나는 길은 오직 하나뿐이다. 생각을 바꾸는 것이다. 생각을 바꾸는 것만이 사바娑婆 해탈의 열쇠이며, 나라는 이 중생을 구제하는 지름길이 되는 것이다.

기억을 한다는 것은 쌓아두는 것이며, 쌓아두면 업인이 되어 시간이 흐르고 시간이 도래하면 반듯이 나에게 되돌아오게 되는 것이다.

수행의 궁극이 해탈이라면 그 해탈이란 것이 묵연히 앉아 있다가 홀연히 다가오는 그런 것이 아니다. 조금씩 나아가고 조금씩 쌓아가다가 성취할 시간이 무르익었을 때 비로소 활연개오豁然開悟하는 것이다. 그러한 시간까지 나아가는 길이 수행이다. 과정이 삭제되고 홀연히 모든 차제를 뛰어넘어 활연개오란 불가능한 것이다. 그것은 연목구어緣木求魚일 뿐이다.

무르익지 않은 과일이 맛있을 수 없고, 무르익지 않은 업인이 나타날 수 없는 것이기 때문이다.

우리가 살아가는 세상일을 보면 해가 갈수록 물질을 넘쳐 나지만 세상은 점점 혼탁해져 간다. 이유는 간단하다. 우리가 좋은 것을 쉽게 잊어 선업을 쌓지 못하고, 나쁜 것을 오래 기억해 악업을 쌓게 된 결과이다.

이들이 업인이 되어 되돌아오기 때문인 것이다.

결국, 이러한 삶, 좋은 것 행복한 것은 빨리 잊어버리고 나쁜 것과 아프고 불행한 것을 오래 기억한다면, 이러한 관념의 삶에서 벗어나지 못한다면 결국 나는 윤회에서 하생을 할 수밖에 없다. 그러한 내가 살아가는 이 세상은 시간이 갈수록 점점 더 혼탁해져 가며 악업만이 쌓여 우리의 공업 또한 하생을 하게 되어서 결국 모두는 자멸의 길로 가게 되고 마는 것이다.

이것이 악업과 악연으로 만들어 가는 종국의 운명이며, 우리가 해탈에 이르지 못하면 받게 되는 운명의 끝이 되는 것이다.

각설하고 여자는 원이 행보다 많다. 즉 하늘의 수는 온전히 가져왔지만, 땅의 수는 둘이 부족한 것이다. 기의 흐름은 온전해서 영은 맑지만, 땅의 수인 행行이 부족해 온전한 영체를 이루지 못한 것이다. 행이 부족하다는 것은 오행의 도를 잘 모른다는 의미도 된다. 결국, 여자는 땅의 수를 온전히 갖지 못함으로 땅인 남자를 잘 모르게 된 것이다. 사실 남자는 여자를 모르고, 여자는 남자를 모른다. 서로가 잘 아는 것 같지만, 사실은 서로를 전혀 알지 못한다고 보는 것이 맞다.

이러한 이유가 온전한 영체를 이루지 못해 생겨난 아픔이며, 무지에서 생겨난 결과물인 것이다.

'완성된다', '성취한다', '이루었다'는 것은 각자가 부족한 이것을 찾아야 비로소 성취하고 이룰 수 있는 것이다. 그래야 온전한 남자 또는 온전한 여자로 남자를 알고 여자를 아는 사람으로 살아가게 되는 것이다.

여인네가 고통스럽거나 힘들 때 자신도 모르게 하늘을 쳐다본다.

반대로 남자는 힘들거나 고민이 있다면 하늘을 쳐다보기보다는 고개를 떨어뜨려 땅을 본다.

이것은 무의식적으로 본래 고향에 대한 그리움에서 시작된 행동인 것이다.

앞의 이야기로 돌아가 흰색이란 하늘의 색이며, 우주의 색이다. 이제 우리에게 다가올 역사 대운이 열리고 국운이 바뀌는 것은 땅의 도가 아니라 하늘의 도이기 때문에 하늘을 닮지 않으면 불가한 것이다.

허심청법. 이것은 모든 것이 진실로 비우고 진실로 버리지 않으면 담을 수 없는 것을 말한다. 빨고 또 빨아 하늘의 색이 되지 못하면 결코 다가설 수 없으며, 담을 수도 볼 수도 없다는 것이다.

그러므로 천성이 흰자만이 다가설 수 있고, 볼 수 있는 것이라 하겠다.

연자는 흰 백지의 색으로 이 땅에 오는 것이며, 맏이나 막내로 태어날 확률이 높다. 또한, 남자보다 여자가 많다. 이것은 우리 미래는 하늘의 도

이기 때문이다. 요즈음 사회적으로도 여자가 지위가 높아지는 것도 이와 무관하지 않다고 본다.

또한, 맏이는 처음이며, 막내는 끝을 말한다. 우리에게 주어진 미래란 우리가 수천 년, 수만 년 동안 담아온 땅의 도에서 하늘의 도로 바뀌는 과도기로, 그동안 땅의 도에서 쌓아온 악습과 부정함으로 수없이 덧칠해 온 나를 버려야만 한다. 이러한 나를 온전히 버리지 않는다면 다가갈 수 없는 미래인 것이다.

맏이는 하늘의 도가 처음 시작된다는 상징이다. 또한, 땅의 도가 이제 끝남을 상징해서 막내를 든 것이다.

하늘의 도란 우리가 지금까지 한 번도 겪어 보지 못한 것이다. 오롯한 신천지이며, 온전히 새로운 출발이기 때문에 구태의연으로 나아갈 수 있는 것이 아니다. 새 술은 새 항아리에 담아야 새 맛이 나는 것이다. 그래야 구태를 벗을 수 있어 오롯한 새 맛을 만들 수 있는 것이다. 우리의 미래도 이와 같다. 새 술이며, 새 그림인 것이다.

과거의 그림, 과거의 술맛으로 추측하는 어리석음을 갖지 말아야 한다.

2015년, 그것은 절기상 하지 같은 변환의 시간이다. 오늘 당장 변하는 것은 아무것도 없겠지만, 무성한 초목 속에서 가을이 익어오는 소리가 조금씩 다가오고 있는 것이다.

잘 알겠지만 하지夏至 다음 절기는 소서小暑이고, 대서大暑, 입추, 처서, 백로, 추분으로 이어진다. 소서와 대서 사이에 초복이 들고 대서와 입추 사이에 중복이며, 입추와 처서 사이에 말복이 든다. 이러한 복날은 경庚일에 들게 되는데, '경은 사지변庚事之變'이라 해서 경일이 일의 변환점으로 보는 것이다. 사실 일상에서도 경일에 변화나 변고가 생기는 예가 많다.

변화의 주체가 경이 되기 때문이다.

하지가 지나면 쥐꼬리만큼씩 짧아지는 해와 동시에 복날의 무더위가 기다리고 있게 된다. 익히 알고 있듯 초복보다 중복이 덥고, 중복보다는 말복이 덥다. 그렇지만 찌는 듯 무더위 속에서 가을 냄새는 무르익어가는 것이다.

이제 대자연이 변화의 첫걸음을 떼고 있는 것이다. 삼복더위가 기다리고 있고, 가을의 문턱이 기다리고 있는 것이다.

계절의 변화는 소리 없이 다가오고 있는 것이다.

이러한 변환의 시간은 직선적인 서양의 논리로 본다면 이제 종말의 시간이 다가오고 있음이다. 그동안 쌓아 왔던 악습과 관습의 종말이며, 세상을 어지럽히는 부정부패의 종말이요, 자신의 자리를 찾아가지 못해 떠돌던 미숙령들의 종말이다. 또한, 끝없이 난무하는 이데올로기이즘의 종말이며, 속은 텅텅 비어가며 속돌을 빼 겉돌 쌓기에 바쁜 경제의 종말인 것이다. 부정함의 종말이며, 옳지 않음의 종말인 것이다.

곡선적인 동양의 논리로 본다면 그동안 묵고하며 견디어 왔던 악습과 관습, 부정함이 철폐되고 새로운 질서가 서는 시간이며, 부정하고 불결함이 무엇인지도 모르고 훈습에 젖어 살아온 시간들을 벗어나 밝고 맑은 세상으로 나아가는 시간이다. 갈 곳을 찾지 못해 방황하며 떠돌던 영혼들에게 존재감이 살아나고 자신을 깨닫고 느끼고 보아가며 기쁜 마음으로 자신의 자리를 찾아가는 시간이다. 부익부 빈익빈의 경제논리에서 모두가 이로운 경제로 다시 태어나는 시간이다. 맑고 밝아 대자연과 다름없는 삶이 되어가는 행복의 시간이며, 어버이의 나라로 지구촌 모두가 찾아와서 학문을 논하고 지혜를 배워가는 만국의 스승으로 거듭나는 삼천 사백 십육 년의 대운이 열리는 시간인 것이다.

이제 우리 앞에 찜통더위의 시간이 다가오고 있는 것이다. 모든 부정함을 삭히는 시간이며, 갈무리해 두었던 봉우리를 터뜨리는 시간이다. 움츠렸던 날개를 펴고 비상하는 시간이며, 새로운 장르의 역사를 만들어 갈 시간인 것이다.

그러나 이 모든 것은 기다린다고 그냥 주어지는 행운이 절대로 아니라는 것이다.

짙은 안개 속에 나 홀로 흰 백지 위에 서 있는 기분을 느껴 보았는가?? 아무것도 존재하지 않는 텅 빈 공간에서 아무것도 볼 수 없고, 들을 수 없는 그냥 하얀색 빛만이 가득한 공간을 보았는가? 나 홀로 허공에 던져진 듯 허허로움만이 가득했고, 짙은 연무가 앞을 가린 쓸쓸하면서 외로운 텅 빈 공간을 느껴보았는가?

이것이 우리에게 주어진 현재라는 시간이다.

우리 미래라는 길목의 시간이 그러하다면 아마도 많은 노력 없이 만들어 갈 수 없다는 것을 의미하는 지도 모른다.

시작의 땅에 발을 들였다는 것은 기회가 주어짐을 의미한다. 그러나 텅 비어 있는 공간이란 아무것도 예시되어 있지 않다는 것이다. 아무것도 만들어진 것이 없다는 것을 말한다. 오롯이 만들어 가야 한다는 것이다.

역설적으로 노력하지 않으면 아무것도 주어지지 않는다는 것이다. 아무것도 주어진 것이 없는 무에서 새롭게 유를 만들어 가야 하는 것이다.

만약 간절한 노력이 없다면 이것은 끝을 의미하는 것이 된다.

텅 비어 있는 공간, 짙은 안개에 한 치 앞도 볼 수 없는 허허롭고 쓸쓸

한 공간만이 미래를 대변하는 것이라면 말이다.

또한, 많은 것을 버리고 오롯이 새로워지지 않는다면 맞이하기 힘든 미래임을 흰빛과 허허로움으로 상징했는지도 모른다.

흰 백지만이 오직 숙련된 환쟁이의 손에서만 다시 태어날 수 있음을 말하는 것일지도 모른다.

지금 우리네 삶을 강자의 논리 힘본주의라 말한다면 이제 다가올 미래의 역사는 인본주의며, 마음의 작위가 주인이 되는 심본주의인 것이다. 마음을 열어야 볼 수 있고, 마음을 열어야 들을 수 있고, 마음을 열어야 다가설 수 있으며, 마음을 열어야 소통이 되고 지혜가 열리는 세계인 것이다.

맑은 마음, 밝은 마음 깨끗한 마음이 주인인 세계인 것이다.

흰 백지에 어떤 그림도 그릴 수 있는 것과 같이 말이다.

버려야 하는 것이다. 버린 자만이 나아가며 보고 들을 수 있는 세계인 것이다. 구태를 버리고 악습을 버리고 때 묻고 찌든 내면의 업보를 버려야 비로소 나아갈 수 있는 것이다.

지금 그대가 연자임을, 그리고 그대에게 미래가 맡겨져 있음을 잊지 말아야 한다.

"봄이 도둑같이 다가와 수리처럼 낚아채 갈 것이다."

제2부

업보는
그냥 버릴 수 없다

동양은 해가 떠오르는 곳으로 아침의 나라이다. 아침의 나라는 모든 기가 아침에 있으므로 아침이 매우 중요하다. 공자는 "인시에 일어나지 않으면 하루 일을 판단하지 못한다寅若不起日無所判."라고 했다. 그래서 옛 조상님들은 새벽이면 일어나 의관을 정제하고 앉아 경책을 읽거나 도인술 참선을 하며 하루를 맞이했고, 여인들은 새벽밥을 지어 김이 모락모락 나는 따스한 아침상으로 가족을 먹였다. 아침의 나라에 딱 맞는 생활이다. 모든 기가 아침에 있으니 당연히 아침이 중요하며, 아침 밥상이 중요한 것이다.

따스한 아침 밥상은 곧 아침의 나라에서 아침의 기를 받는 것이다. 그것은 자연의 순리에 거슬리지 않는 것으로 대자연의 기를 몸속에 담고 대자연을 마음에 안는 것이다. 순기順氣인 것이다. 그러므로 활기찬 하루가 시작되고, 더 나아가 기가 충만한 사람이 되어 지혜와 덕을 갖춘 사람으로 성장해 갈 수 있는 것이다.

주거문화에서도 동양은 양기가 성한 곳으로 음기가 부족하다 해서 건축물을 나지막하게 지어 음기가 새는 것을 막았고, 망인의 묏자리를 중시하는 것도 양의 땅이라 음택에서 발복이 있다고 보았기 때문이다. 사람들 생김새도 양기가 왕성함으로 황갈색의 몸을 갖게 되며 체구도 작고 아담한 것이다.

또한, 양의 땅에서 사는 사람은 본래 양기가 충만해 있어 섹스를 그다지 즐기지 않는다. 양기가 충만하면 여색이 생각나는 것이 아니라 사실은 양이 허할 때 여색이 생각나는 것이다. 주변에서 수없이 일어나는 성범죄들, 아동 성폭력이 어떻고 프리섹스가 어떻다는 등 연일 보도되는 성폭력 사건 사고, 이 모두가 음기가 과도해 생겨난 일인 것이다. 또한, 양기가 부족해 생겨나는 일이기도 하다. 우리가 알고 있는 양기란 자연에서 얻어지는 양의 기운이 아니라 성욕을 자극하거나 일으키는 것으로 내가 말하고자 하는 양기와는 같지만 좀 다른 의미이다.

이 시대 모두는 양기를 온통 섹스로 연관 지어가는 모순을 안고 있다. 사실 그것은 양기의 일부분임은 부정하지는 않지만, 그렇다 해서 그것이 전부는 아니다. 앞서 소나무가 근친교배를 피한다는 이야기를 했다. 소나무에 솔방울이 많이 달린다는 것은 그가 죽을 때가 되었음을 알기 때문에 어서 빨리 후손을 남기려는 행위라 한다. 비유가 적절한지는 모르겠지만, 우리가 섹스에 과도하게 집착하는 것도 혹 그러한 이유는 아닐까?

뭐 각설하고 동양의 남자가 드센 것도 이 양기의 영향이며, 여인네가 소극적이고 순종적인 것도 음기가 약한 땅에서 태어난 기질이라 볼 수 있을 것이다. 땅을 밟고 산다는 것은 땅의 영향에서 자유롭지 못하며 땅의 굴곡을 따라 흐르는 대기의 기에서 자유롭지 못하다는 뜻이다.

반하여 서양은 해가 지는 곳으로 저녁의 나라이다. 저녁의 나라

엔 모든 기가 저녁에 있으며 저녁이 중요한 시간이다. 그들의 문화를 보면 아침보다는 저녁밥을 잘 먹는다. 그것은 당연한 일이다. 모든 기가 저녁에 있으니 당연히 저녁을 잘 먹어야 한다. 또한, 음기가 성한 곳으로 양기가 부족하게 되고, 양기의 부족함을 보완하기 위하여 집을 지어도 뾰족하고 높게 짓는 것이다(조금의 양기라도 더 받아들이기 위해). 장례 문화 역시 공동묘지에 대충 줄지어 매장하는데, 이는 음의 나라이기에 음택발복이 없고 양택에서 발복이 나기 때문에 생겨난 자연스러운 행동인 것이다.

또한, 사람들의 생김새도 음의 나라이기에 볕을 보지 못한 콩나물처럼 허옇고 길쭉길쭉하며, 여성의 권위가 높은 것도 아마 음기가 성하고 양기가 부족한 탓일 게다.

또한, 우리가 일용하는 물질들은 음기에서 생겨난 것이다. 양(─)이란 내면의 세계를 관장하고, 음(--)이 만물 탄생 근원으로 생활을 편리하게 하며 윤택하게 하는 모든 것과 첨단을 추구하는 모든 것과 인간들이 자랑하는 죽고 죽이는 물건들 모두는 이것을 기반으로 생겨난 물질들이다.

그렇다 보니 당연히 음의 나라인 서양이 물질에서 앞서가는 것이 맞다. 본래 그들의 것이기에 당연한 것일 뿐이다.

이와는 반대로 양의 나라는 물질이 성한 곳이 아니라 내면의 기가 충만한 곳이다. 내면이 충실하다는 것은 내면의 세계인 영적으로 완성된 곳이며, 내면을 관장하고 정신세계를 열어가는 곳이다.

사람에 비유한다면 동양은 머리와 같고, 서양이란 몸과 같다. 음양이 화합할 때 가장 이상의 세계이듯 서양의 몸과 동양의 머리가 하나가 되어야 비로소 완성된 온전한 하나로 다시 태어날 수 있는 것이다. 아마 맏이와 막내의 의미가 이를 나타내는지도 모른다.

그동안 우린 서양 따라 하기에 골몰했다. 본연의 내 것을 찾기보다 그들이 가진 것이 대단하고 멋있어 보였다.

빨리 그들을 배워야 했다. 그것이 그들을 이기는 것이라 여겼다. 그러나 이러한 행위로 그들보다 나아질 수는 없는 것이다. 본질이 음인 사람과 양인 사람은 기질이 다르고, 사물의 이해도가 다른 것이다. 또한, 쓰임새가 다른 것이다.

또한, 각자가 완성된 하나로 여겨왔다. 물론 그러하다. 개체로 놓고 보면 각각의 하나이나 넓은 의미에서 보면 이들 둘은 각각 하나가 아니라 하나에서 떨어져 나온 각각의 조각들일 뿐인 것이다. 이러한 각각의 파편을 주워 맞추는 것이 우리의 미래이며, 우리에게 다가올 새 역사, 새 사명일 것이다.

종교적인 관점에서 보아도 다르지 않다. 동양의 종교는 내면을 추구하고 서양은 외형에 치우친다. 서양종교가 말하는 영적인 세계도 동양의 영적인 내면세계에 이르지 못한다. 마치 개울물과 바닷물의 차이라고 할까? 뭐, 기분 나쁘게 듣지 않았으면 좋겠다. 내가

말하려는 의도는 누구를 폄하하자는 것이 아니라 진솔한 내면을 말하자는 것일 뿐이다. 또한, 동서양의 차이를 말하려는 것일 뿐임을 강조한다.

사실 바닥이 보이지 않는 깊은 물은 깊이를 가늠할 수 없어 두려워하며 피한다. 그러나 바닥이 훤히 들여다보이는 개울물은 맑고 깨끗해 보여 소중히 생각한다.

깊다는 것은 알지 못하는 것에 두려움이며 옅다는 것은 보인다는 안도감에서 생겨난 성취일 것이다.

우리가 서양을 앞서려면 서양 문물을 받아들여 열심히 따라가는 것이 능사가 아니다. 먼저 우리의 것인 아침의 기를 받아야 한다. 일찍 자고 일찍 일어나야 하며, 저녁보다는 아침을 잘 먹어야 한다. 하루 일과도 일찍 시작하고 일찍 끝내야 한다. 그리고 일찍 귀가해 오롯한 시간으로 저녁을 맞이해야 하며 저녁 식사는 검소하게 그리고 적게 먹어야 한다.

이것이 우리 동양인의 삶의 모습이 되어야 한다.

그러나 지금의 우리들을 보면 아침은 피곤하다 바쁘다는 핑계로 거르고 점심은 일에 치어 대충 때우고 저녁은 거하게 잘 먹는다. 그것도 모자라 야식이랍시고 밤중에 진수성찬을 즐긴다. 이것은 음인들이 즐기는 음식 문화이지, 양인이 즐기는 음식 문화는 아닌 것이다. 양기를 받지 못해 텅 비어 가는데 음기만 충만하다면 당연히 신체 리듬이 깨어지고 몸은 천근만근일 것이다. 지혜는 거북등처럼 갈라져 머릿속은 망념과 망상들로 가득 차게 될 것이다. 정신의 나라에서 정신이 혼미하다는 것은 곧 영적인 죽음인 것이다.

죽은 자가 어찌 산자를 이기겠는가?

음, 양택에 대하여 좀 부연해 보기로 한다.

우리는 전통적으로 양택보다는 음택을 중요하게 여겨왔다. 조상을 편안히 잘 모신다는 의미도 있지만, 사실 그것보다는 그를 통해 후손에게 발복이 나서 장차 후손이 번성하길 갈망하는 마음에서 좋은 자리 명당을 찾아왔다. 죽은 영혼을 혼백이라 하는데, 이 혼백 또한 하나가 아니라 삼혼칠백이다. 즉 혼이 셋이요, 백(넋)이 일곱으로 모두 합하면 열이 된다. 열이란 완성된 수, 완전한 수로 이 모두가 온전할 때야말로 참다운 혼백이 되는 것으로 보았다.

즉 우리 조상들은 나라는 영체를 하나의 영체로 본 것이 아니라 복수의 영체로 보았다는 것이다. 열(十)이 완성된 영체이고, 이들 중에 대지의 품으로 돌아가는 영체가 일곱이라 여겨 칠백魄이라 이름 했고, 얼이 계시는 하늘(한얼)의 품으로 돌아가는 영체가 셋이라 여겨 삼혼魂이라 이름 지었다.

삼혼칠백이 조상이며, 나인 것이다.

『대승기신론』에 의하면 삼혼을 태광台光, 상령爽靈, 유정幽精으로

삼정三精이라했다. 즉 태광이란 큰 빛을 말한다. 상령에 상자가 호쾌하다, 상쾌하다는 의미를 담고 있다. 즉 맑고 밝은 영체를 의미하며, 유정의 유자가 그윽하다, 현묘하다는 의미를 담고 있다. 즉 유정이란 현묘한 정령이라 말할 수 있을 것이다.

삼혼이란 커다란 한 빛과 맑고 밝은 하나의 영체와 그리고 현묘한 이치를 담고 있는 현묘한 정영인 것이다. 이 삼혼은 신령하여 승천하는 존재이므로 인간계에 머물지 않으며 동시에 인간사에 관여하지도 않는다. 사람이 죽는다면 이 삼혼은 승천해서 극락왕생 하기 때문에 이분들을 잘 모셔야 하는 것은 아니다. 그러나 일곱의 백은 승천하는 것이 아니라 땅에 남아 머물게 되는 것으로 이들은 잘 모셔야 하는 대상이 된다. 이 일곱의 넋을 불교에선 안眼이 둘이요, 이耳가 두 개, 비鼻인 콧구멍이 두 개 그리고 입의 정령이라 말하기도 한다. 도교에선 사람 몸에 있든 탁한 영체로 시구尸拘, 복시伏矢, 작음雀陰, 탄적吞賊, 비독非毒, 제예除穢, 취폐臭肺라 부르며 기가 탁하여 승천할 수 없는 영체로 보았다. 어찌 되었거나 이들 일곱 영체는 승천하는 것이 아니라 땅에 머물게 되는 것이고, 이들이 편안하게 지하세계에 안주한다면 후손에게 복이 되는 것이며, 이분들이 불편한 자리에 불편하게 머물게 된다면 당연히 그러한 염력이 후손들에게 재앙을 줄 수 있다는 것으로 보았다.

우리는 양의 땅에 살고 있으므로 이미 양기는 충만해 있어 양택에서 발복이 난다고 해도 작은 것이다. 음이 부족한 곳이다 보니 당연히 음택에서 발복이 난다면 그것은 크고 중후하며 대대손손 영화를 누릴 수 있는 것으로 본 것이다.

반대로 서양은 음의 나라이다. 세상이 다 음지라고 본다면 당연히 햇볕 비추는 곳이 따뜻한 곳이듯, 당연히 음택 발복은 없다. 있다 해도 그것은 작은 것일 뿐이고 그나마 볕이 잘 드는 곳인 사람이 사는 자리가 어떠한가에 길흉이 좌우된다고 본 것이다. 결국, 서양은 양택 발복으로 집 자리가 사람의 운명을 좌우한다는 것이다.

그들의 주거 문화는 뾰족한 집을 짓고 살아 양기를 받아들이기 좋은 구조이며, 장례 문화는 공동묘지에 줄지어 매장해 음기를 받아들이려 하지 않는다.

아이러니 하게도 우리가 서양문화를 선진문화라며 따라가기에 급급한 것에 비한다면 그들의 식생활 주거문화나 장례문화는 참으로 그들다운 모습이라고 본다.

진정 부러울 정도로 말이다.

손을 씻지 않으면 안 된다

✐ 업보란 지은 대로 되돌아오는 것을 말한다. 콩 심은 데 콩이 나고, 팥 심은 데 팥이 난다. 좋은 씨앗을 좋은 땅에 심으면 잘 자라고 열매도 충실하다. 마찬가지로 좋은 씨앗이라도 척박한 땅에 심으면 잘 자라지 않는 것이다. 그러나 좀 충실치 않은 씨앗이라도 좋은 땅에 심어 잘 가꾸게 되면 좋은 열매가 충실히 달리게 되는 것이다.

마찬가지로 어떠한 사상이나 존재가 형성되는 것은 그 기에 반듯이 그러해야 할 원인과 조건이 갖추어져 있는 것이다. 원인만으로 존재가 불가능하고 조건만으로 성립되는 것은 아니다. 원인이 있다고 결과가 나타나는 것도 아니다. 하나의 결과가 만들어지기까지 수많은 조건이 조력자가 되어야 비로소 완벽한 하나의 결과로 나타나게 되는 것이다.

업보에 있어서 착한 일을 하고 정직하고 바르게 살면 좋은 과보로 되돌아오고, 나쁜 일을 하고 정직하지 못하게 산다면 나쁜 결과가 돌아오는 것이 당연하다. 그런데 주위를 둘러보면 법 없어도 살 사람이라든가 참으로 순박하고 정직하다고 여기는 사람은 대부분 빈곤하게 산다.

반대로 손가락질받으며 지독한 놈, 악독한 놈 소리를 듣는 사람은 대부분 잘먹고 잘산다. 심은 대로 거두는 것이 업보라 한다면 왜 열어 베푸는 사람은 곤궁하고, 자기밖에 모르는 이기적인 사람은 잘 살아가는 것일까? 왜 이런 말도 안 되는 일이 생겨나는 걸까? 왜 착한 일에 좋은 과보가 없는 걸까? 착한 사람이 복 받는다고 한다면 착하면 당연히 복 받아 잘 살아야 하는 것 아닌가…?

한 번쯤 생각해 보았을 것이다. 그리고 가난한 사람이 착한 심성을 가지고 있다는 것도 주위에서 심심치 않게 보았을 것이다.

왜 베풀기를 좋아하는 사람이 복 받아 잘살지 못하는 걸까?

결론부터 말을 하면 부정함을 떨치지 못했기 때문이다.

가령 손에 오물이 잔뜩 묻어 있는 것을 모르고 그 손으로 음식을 만들어 남에게 주었다고 한다면 내가 남에게 대접한다는 순수한 마음으로 음식을 만들었고 정성을 다해 준비했지만, 손에 더러움이 가득한 모습과 오물이 묻어 지저분한 음식을 본 사람은 도저히 목에 넘어가지 않을 것이다. 음식은 이미 부정한 음식이 되어 먹을 수 없을 것이다.

나는 순수한 마음으로 음식을 만들었고 또 베풀었지만 내 손이 부정함으로 인해 부정한 음식이 되어 버린 것이다. 이 부정한 것을 본 그가 먹지 않았다. 설령 먹었다 해도 고마움을 담아 먹지 않았다. 맛없었다거나 아니면 어쩔 수 없어서 먹었다고 한다면 이것을 맛있는 음식을 베푼 것이 아니다. 공덕이라 말할 수 없는 것이다.

우리가 남에게 무언가를 받았을 때 속마음에서 고마움이 느껴진다면 그것은 깨끗한 물건일 수 있겠으나 그러한 마음이 생겨나지 않는다면 아마도 그것은 깨끗한 물건이라 할 수 없을 것이다.

업보란 부정물이다. 부정함이 업보며 윤회의 인因이 되는 것이다.

현실에서 아무런 이득을 바라지 않고 베푸는 물건이 얼마나 될까 싶다. 우리가 선물을 주고받을 때 고마움의 표시나 성의라고 말을 하지만 사실은 받은 것을 대갚음하는 것에 불과하다. 결국, 남에게 무언가를 준다면 언젠가 무언가를 받았거나 앞으로 얻을 것 같을 때 하는 행동인 것이다. 이처럼 계산된 행동은 거래일뿐 선으로 볼 수 없는 것이다.

또한, 내가 베푼 것을 받는 이가 부정함으로 보았다면 그것은 공덕이 아니라 오히려 죄업이 된다. 그러한 이유는 앞서 말했듯 내가 부정한 손으로 음식을 만들었고 내가 부정한 손으로 물건을 만졌기에 내 의지와는 상관없이 나의 부정함이 상대에게 묻어가게 되고, 의지와 상관없이 부정함을 떠넘긴 것이 되고 만다. 아무리 열심히 베푼다 해도 그것은 공덕과는 무관한 것이 된다.

베푼다는 것이 결국 나날이 죄업만 쌓이게 되는 것이다. 또한, 그로 인해 점점 불운의 길로 나아가게 될 뿐이라는 것이다.

무주상無住相 보시가 최고라고 한다. 무주상이란 대가 없이 아무런 마음 담지 않고 베푸는 것을 말하며, 이것이 최고의 공덕이 되는 것이라고 했다.

조건 없이 베푸는 것이 최고임은 분명하나 그에 앞서 손을 닦지 않으면 안 된다고 생각한다. 손이 더러우면 깨끗한 음식을 만들 수도, 줄 수도, 먹을 수도 없기 때문이다.

업보란 내가 살아오면서 손에 묻힌 오물이며, 업보를 닦는다는 것은 손을 씻는 것이다.

내가 깨끗한 손이 되었다면 당연히 그 손으로 만든 물건에 오물이 묻지 않을 것이고, 받는 이는 부정함을 떠 앉지 않을 것이니 그것이 비록 작은 것이라 해도 기쁜 마음으로 받을 것이다.

기쁜 마음, 이 마음에 담겨 있는 것이 공덕인 것이다.

그렇다면 지독하며 모질게 사는 사람, 평소 남에게 동전 한 닢 베풀지 않는 사람 자기밖에 모른다고 손가락질받는 사람이 왜 잘살까?

우리가 살아가는 공간을 사바세계娑婆世界라 부르고 오탁악세五濁惡世라 표현한다. 오탁은 시간의 흐름이 부정하며(겁탁劫濁), 보는 것이 부정하고(견탁見濁), 번뇌와 망상으로 가득하며(번뇌탁煩惱濁), 깨닫지 못해 부정하고(중생탁衆生濁), 죽음이 있어 부정한 것(명탁命濁)이라 한다.

온통 부정한 세상인 것이다. 내 손도 더럽고 네 손도 더러운 것이다. 이러한 부정한 세상에서 남에게 베푼다는 것은 나의 부정함을 떠넘긴 것이며, 베풀지 않았다는 것은 부정함을 남에게 떠넘기지 않은 것이 된다.

남에게 부정함을 떠넘기지 않았음은 당연히 그것만큼 죄를 작게 진 것이 된다. 죄업을 작게 지었다면 당연히 그것만큼 나은 삶을 살아야 하는 것 아닌가!

선행을 베풀면 공덕이요, 악행을 베풀면 죄업이다. 선행을 베풀지 않으면 공덕이 없음이며, 악행을 베풀지 않으면 악행도 없는 것이다.

사람들은 이 이야기를 듣고 나면 두 종류로 나뉜다. 어떤 이는 "어머, 그럼 이제부터 남에게 뭐 주면 안 되겠네."라고 말한다. 그래, 그렇다면 주지 않는 것이 좋다. 그래야 악행을 좀 작게 짓는 것이다.

이런 사람은 평소에도 남에게 잘 베푸는 사람이 아니다.

또 어떤 이는 그렇다면 "손을 어떻게 씻는 겁니까?"라고 반문한다. 이런 이는 평소에 남에게 베푸는 것을 좋아하는 사람이다. 그러나 현실에선 빈곤에서 벗어나지 못하는 순박한 사람이다.

옛날 인도에 구마라존자鳩摩羅尊者라는 분이 살고 있었다. 일찍이 옥옥산玉屋山에서 수행을 하며 수십 명의 제자들에게 경전을 강의하며 설법하였다. 어느 날 열반경을 강의하는데 한 마리의 꿩이 날아와 법상 밑에서 법문을 듣고 있었다. 제자들이 신기하게 여겨 잡으려 하자 존자께서 이를 만류하며 "불성으로 본다면 축생도 무엇이 다르겠는가? 잠시 부처의 말씀에 인연을 맺는다면 축생의 몸을 벗고 인도환생의 보를 받을 것이다."라고 하였다.

꿩은 존자의 법문을 다 듣고 홀연히 산속으로 날아가 버렸다.

그 후 몇 년이 흘러 존자께서 제자들을 데리고 성안으로 나아가 세인들에게 불법을 설하게 되었는데 예쁘장한 한 계집아이가 처마 밑에서 놀고 있었다.

이를 본 존재께서 "옛날 너희들과 함께 열반경涅槃經 법문을 들은 꿩이 여기에서 태어났구나." 하시며 "치아雉娥야!" 하고 불렀다. 아이가 존자의 부르는 소리를 듣고 달려와 절을 했다.

이 모습을 지켜본 아이 어미는 이상히 여겨 존자에게 물었다.

"어찌하여 제 딸을 치아라 부르시는 겁니까?"

존자께서 전후 사정을 설명하자 어머니는 신기한 듯 말을 했다.

"그렇지 않아도 아이가 처음 날 때 등에 꿩의 털이 세 개가 나 있어 이상하게 여겨 아이의 이름을 치계라 지었습니다."라고 하였다.

치계는 이야기를 듣고 어머니에게 "어머니, 저는 이 스님을 따라가 수행하여 다시 유전하지 않으려 합니다. 출가를 허락해 주십시오."라고 했다.

어머니가 즐겨 하락했다.

구마라 존자를 따라가 수행하여 십팔 년 만에 대도를 성취하여 한 수의 시를 지었다.

옥옥산 위에 몸을 묻어 살다가
법상 아래 날아와 법문을 듣고
십팔 년 전 몸에 털 난 짐승이
경전 듣고 사람 되어 축생보를 벗었네.
이제 스승님 지도로 서방에 나고자
사람으로 태어나 정각을 이루었네.
사람 되어 믿음 없으면 허송세월만 하리라. (『열반경』, 불교 영험 설화)

사실 이 글을 통해 손 씻는 이야기를 엮어보려고 한다. 여기까지 읽어준 것만 해도 감사하지만 재미없고 지루하다면 좀 천천히 생각도 모아보고 이야기를 한번 되짚어 보며 생각을 정리하고 천천히 좀 더 열린 마음으로 천천히 읽어 주었으면 하는 바람이다.

비우지 않으면 담을 수 없는 것이다.

글이란 표면의 언어보다 내면에 숨겨진 언어를 찾아야만 한다. 우리가 깨달은 이들의 어록을 수없이 보고 듣지만 내가 그리 깨닫지 못하는 이유는 숨겨진 언어密語를 보지 못하기 때문이다. 그리고 머리로 보고 마음으로 보지 않았기 때문이다. 문자에 얽매이고 글귀에 얽매여 숨겨진 밀어를 찾지 못한 것이고, 은어隱語를 보지 못했기 때문이다. 화려한 문구에 얽매여 달을 가르치는 손가락에만 집중한 결과인 것이다.

달을 가르치면 달을 봐야지 손가락만 쳐다본다면 언제 달을 볼 것인가?

달을 보는 방법은 아주 간단하다. 손끝에서 눈을 떼면 되는 것이다. 그러면 휘영청 하늘에 걸려 있는 달이 보일 것이기 때문이다.

손끝에 달이 없음이다. 어리석게도 그리 말하면서 눈은 손끝에 고정되어 있는 것이다. 경전이란 달이 아니다. 달의 모습을 그려 놓은 달 그림이며, 달을 가르치는 손가락인 것이다. 경전 속에 달이 존재하지 않는 것이다.

불자라면 늘 보는 경전은 석가모니 깨달음의 세계를 설명한 것이고, 『조사어록祖師語錄』은 선사禪師께서 깨달음의 세계를 설명한 것이다. 불자라면 모두가 수많은 경과 어록을 법문을 통해 듣고 또 보지만 자신이 그와 같이 깨달음에 나아가지 못하는 것은 손가락만 보고 있었기 때문이다.

관념을 버려야 한다. 잡다한 지식 나부랭이를 쏟아 버려야만 진실에 다가갈 수 있는 것이다.

진리는 지식이란 알음알이 속에 존재하는 것이 아니기 때문이다.

서산대사께서 봉성鳳城(남원)을 지나시다가 닭 우는 소릴 듣고 크게 깨닫게 된다. 옮겨보면,

　　발백심비백 髮白心非白
　　고인증루설 古人曾漏洩

금문일계성 今聞一鷄聲

장부능사필 丈夫能事畢

"머리는 백발이나 마음은 백발이 못 되었다고

고인이 일찍 말하였네.

오늘 홀연 닭 우는 소리에

대장부 할 일 모두 마쳤구나."

홀득자가저 忽得自家底

두두지차이 頭頭只此爾

천만금보장 千萬金寶藏

원시일공지 元是一空紙.

"문득 내 집안을 보니

온갖 것이 다만 이것뿐

천만금 보배장경도

원래 한 장의 빈 종이일세."

　오늘이 있다는 것은 어제라는 시간이 있기 때문이다. 똑같이 내일이란 오늘이 있으므로 가능한 것이다. 마찬가지로 현생이란 과거 삶이 존재함으로 가능한 것이고, 미래란 현생의 삶이 거울이 되어 존재하는 것이다. 즉 삶이란 수레바퀴처럼 연속적인 것이다. 현생이란 하나의 삶만이 뚝 떨어져 홀로 존재하는 것이 아니다.

과학을 신봉하는 이들은 증거주의에 빠져 오히려 본질을 왜곡하는 경향이 있다. 종교인들은 알음알이에 빠져 본질을 왜곡하며 경과 어록에 빠져 본질을 왜곡하고, 왜곡된 잣대로 깨달음을 본다.『논어』에 보면 공자도 양고기를 무척 좋아해서 "양 고깃국이 참 맛있지만 모든 사람의 입에 맞지는 않는다. 羊羹須美 衆口難調."라고 했다. 내가 좋아한다고 모두가 좋아하는 것은 아니며, 내가 그리 보았다고 모든 사람이 그리 보는 것도 아니기 때문이다. 바다를 보지 않은 사람에게 바다를 설명한다는 것은 참으로 어려운 일인 것이다.

 우리는 관념이란 틀을 만들어 놓고 사고를 한다. 즉 같은 문제라 해도 보는 이마다 시각이 다르다. 그것은 살아온 환경이나 문화가 다르고 배워온 지식이 다르기 때문이다. 하나의 문제를 두고 시각이 다르다는 것은 결국 어떤 시각 관점에서 보느냐에 따라 보이는 것이 다르다는 이야기가 된다.

 그리고 더 아이러니한 것은 우리 모두는 자신은 모든 것을 다 보고 다 알고 있다고 생각한다는 것이다. 우리는 자신이 모르는 사이 아집이란 관념의 벽이 생겼고, 자신도 모르는 사이 세월의 때가 묻어 채색지가 되어 버린 것이다.

 결국, 자기 생각과 관념을 몰록 버리고 새로운 시각이 된다는 것은 사실 죽음 만치나 어려운 것이다. 이것은 죽어서 새롭게 태어나는 것과 같은 것이다.

 또한, 새 생명을 얻는 것과도 같다. 구태의 관념과 생각이 죽어 없어져야 비로소 새로운 생각에 나아가게 되기 때문이다.

 변화라는 것은 서서히 조금씩 일어나기도 하지만 사실은 어느 순간에 물룩 바뀐다는 것이다. 이것은 과거 구태의연한 생각이 죽어 새 생각으로 진화한 것이다. 관념이란 벽을 깨부수어 버린 것이며, 온전히 무위가 된 것이다.

부수어지지 않는다면, 깨어지지 않는다면 변화는 불가하다. 하나의 신 발명품이 생겨나는 것처럼 온전히 새로운 생각이 되어야 새로운 가치관과 새로운 사고가 만들어지는 것이다.

앞서 언급했듯 우리가 머릿속에 꾹꾹 눌러 담아 놓은 지식과 관념이란 알음들이 현실의 삶에서 인생을 좀 풍요롭게도 하겠지만, 이것이 수행이란 것과 마주치면 오히려 지혜의 길을 막는 장애의 벽이 된다는 사실이다. 그것은 자신이 만들어 놓은 관념에서 벗어나려는 것에 대한 두려움이 앞서 표면은 변화를 바라는 것 같지만, 내면에선 두려움이란 장막을 치고 있어 전혀 변할 수 없다는 것이 문제이다.

결국, 우리 모두는 이러한 모순된 중생심衆生心 때문에 자각하지 못하고 깨달음이란 또 다른 세계로 나아가지 못 하고 있는 것이다.

과거의 삶은 어떻게 현생이란 삶과 연속성을 갖는가, 무엇이 그렇게 만드는가 하는 문제를 고민하다 보면 '영혼이 진실로 존재하는가?' 하는 생각에 이르게 된다.

영혼은 진실로 존재하는 것인가?

동서양을 막론하고 무수히 많은 기록이 있다. 과학에서도 이를 증명하려는 시도가 끝없이 이어지는 것으로 안다. 과거 서양의 모든 것이 선진 문물이고, 우리가 가진 모든 것은 미신이며 버려야 할 대상이라 생각했다. 그러나 요즘은 정신과 병원에서도 귀접이란 것을 일부 인정하는 분

위기이고, 사회적으로도 귀신이란 존재를 긍정하는 사람이 많은 것으로 안다.

귀신이란 한자의 의미는 귀鬼는 음귀를 말하고, 신神이란 양귀를 말한다. 음귀는 음습한 기운으로 지상에 머물며 사람에게 위해를 가하는 부류이고, 신이란 양명한 기운으로 양기를 말한다. 이는 사람을 위해하기보다 돕고 인도하는 부류의 신으로 본다. 또 다른 견해로 귀와 신이란 음과 양을 의미하기도 한다. 그러나 여기에서 내가 말하고자 하는 귀신은 이런 광의의 귀신보다 사람의 영혼을 말하는 것이다. 사람의 영혼은 존재하는가 하는 것이다.

앞서 말한 견해를 차제하고 난 "예, 그렇다."라고 단언한다.

영과 혼이란 것도 앞서 귀신과 같이 영은 양체로 신이며, 혼은 음체로 귀를 말하지만, 그러한 의미를 떠나 영이라 말하는 것은 나의 마음을 의미한다. 육신이란 집에 보금자리를 틀면 사람이요, 몸이란 집을 벗어버리면 영체이며 영혼인 것이다.

다만 몸이란 집에서 한정된 주파수와 한정된 관념으로 삶을 살다 보니 보고 듣고 느끼는 주파수가 영체만 존재할 때 보고 듣고 느끼는 주파수가 다르게 되어서 살아 있는 사람의 주파수로 영을 보고 듣고 느끼지 못하는 것뿐이다.

현실에서도 마음을 보고 느낄 수 없다. 이것은 육신의 벽과 관념이란 사고의 벽에 가려져 있기 때문이다.

우리는 다만 몸이 짓는 표정으로 그 사람의 마음을 가늠할 뿐 아무런 표정을 짓지 않는다면 그가 어떤 마음인지 알 수 없는 것이다.

우리가 늘 표정이나 몸짓과 말하는 것으로 보고 듣고 알아왔기 때문에 그러한 관념에서 벗어나면 보려 하고, 들으며 알려 하지 않는다는 것이다. 이것이 전부이며 이를 벗어나 보고 듣고 알 수 있다는 생각을 가져 보지 못한 것이다.

그러나 간혹 사랑하는 사람이 서로 헤어져 있을 때 연인을 간절히 생각하면 마치 옆에 있는 듯 느껴질 때가 있었을 것이다. 간혹은 아무 말도 하지 않았는데 상대방의 생각을 알 거나 무심결에 같은 단어를 동시에 말하기도 할 것이다. 이는 서로 마음이 통했다고 말하지만 사실 영과 영이 만나 교류하고 있는 것이다. 몸뚱이란 한계를 벗어나 서로가 소통하는 것으로, 서로가 같은 것을 생각하거나 간절한 마음이 있기 때문에 가능한 일이다.

사람 간에 있어서도 같은 것을 생각한다면 주파수가 같게 되고 서로를 보고 느낄 수도 있다. 좀 더 나아간다면 의사 전달이나 상대의 의사를 알게 될 수도 있게 되는 것이다.

보통 사람들은 늘 보아야 하고, 듣고 만져야 비로소 있다고 믿는다. 그런데 우리가 존재한다고 확신하는 것 중에서 보거나 만지거나 듣지 못하는 것은 얼마든지 있다. 가령, 전파 전기 미량원소들을 보았는가? 물론 눈에 보이지는 않지만, TV가 수신되고 전열기가 작동하니까 존재한다고 할 수는 있겠으나 그들이 눈에 보이는 것은 아니다. 지구는 둥글다. 17, 18세기라면 큰일 날 이야기지만 지금은 모두가 믿는다. 그렇다면 지구가 둥근 것을 보았는가? '아니, 그냥 위성사진을 봐도 그렇고 학자들이 그렇다 하고 학교에서 그렇게 가르치니까…'라는 생각은 남들이 그렇다고 하는 것이지 내가 눈으로 보고 듣고 느낀 것은 아니다. 사람의 시야가 고작 몇십 km인데 4만 킬로나 되는 지구를 보았겠는가? 보았다면 분명히 남이 본 것을 아니면 남의 이야기를 내가 본 것처럼 거짓말을 하고 있는 것이 된다.

어쩌면 스스로가 보았다고 관념 속에서 착각을 일으키고 있는지도 모른다.

뭐, 어찌 되었거나 내가 보지 못했으나 다수가 그렇다 하면 우리는 차제를 따져보지 않고 단순하게 그냥 그렇다고 믿어버리는 속성이 있다.

이런 이야기를 늘어놓는 것은 앞서 허심청법 백지 이야기를 했듯 관념을 버리고 보라는 의미지만 노파심에 한 번 더 강조하는 것이다. 비우지 않으면 담을 수 없다. 내가 엮고 있는 이 글은 비운 사람만이 알맹이를 볼 수 있으며 들을 수 있다고 생각한다. 지식으로 주워 담을 심산이면 아예 보지 않는 것이 났다. 난 지식을 전하고자 함이 아니라 마음을 전하고자 함이기 때문이다.

각설하고 '나'라는 마음의 영체는 존재하며, 이 영체는 생각보다 오래 산다는 것이다. 그렇다고 불멸의 존재는 아니지만, 육신이란 집보다는 몇 십 배 혹은 몇백 배 오래 산다. 그리고는 자연으로 돌아가게 되는데 돌아간다는 것은 소멸되어 영원히 사멸되는 것은 아니다. 마치 민들레 씨앗방과 같은 업인業因으로 남아 시간이 흐르고 다시 때라는 연이 주워지면 봄에 새싹이 돋아나듯 새로운 연으로 태어나게 된다는 것이다.

윤회란 업식業識의 전생轉生인 것이다.

여기에 잘 여문 민들레 씨앗방이 있다고 가정하자. 하나의 민들레에서 수많은 씨앗이 잘 여물어있다. 비록 잘 여물었지만, 아직 씨앗방에 달려 있다. 이때 인연이란 산들바람이 불어온다면 씨앗들은 바람을 타고 날아가게 되고 바람결 따라 바람이 머무는 자리에 내려앉아 새로운 연으로 새 삶을 시작하게 될 것이다.

현생에서 나란 존재를 민들레 씨방이라고 가정하고 씨앗이 잘 여물었다는 것은 죽음의 시간이 되어 다음 생으로 윤회할 때가 되었음을 의미한다. 씨앗이 바람결 따라 흩어지는 것은 바람이란 업풍의 무게와 바람의 세기에 따라 윤회하게 되는 것을 의미한다고 가정하면 씨앗이 그렇게 바람결에 날아가 생육 조건이 잘 맞는 곳에 안착한 씨앗은 말할 것도 없이 잘 자라게 되겠지만, 불행하게도 바윗등에 닿는다든지 척박한 모래 땅에 앉았다면 씨앗은 싹을 틔워보지 못하고 사멸하고 말 것이다.

업연도 이와 같이 좋은 연을 만나면 그것이 좋은 연이 되겠지만 이러한 연을 만나지 못했다면 사멸하고 만다는 것이다. 업연에서 사멸이란 생명을 틔워보지 못하고 영원히 사라지는 것을 의미하는 것은 아니다. 마치 잠자는 씨앗처럼 몇 생을 휴면하고 있다가 업연의 무게가 제일 무거워지면 다시 연으로 주어져 생을 만나게 된다는 것이다.

즉, 우리가 생을 살며 짓게 된 모든 업연이 모두 다 다음 생으로 전이되는 것은 아니다. 씨앗이 가볍다면 멀리 날아갈 것이고, 무겁다면 가까이 떨어지는 이치와 같은 것이다. 즉 업연이 무겁다면 다음 생으로 바로 이어질 것이고, 가볍다면 몇 생을 거친 뒤 윤회할 수 있게 된다는 것이다. 비유가 적정했는지는 모르겠지만 이해하는 데 도움이 되었으리라 여긴다.

그런데 중요한 것은 이처럼 윤회하는 영체인 민들레 씨앗이 하나가 아니라는 것이다. 이들이 각각 연을 만날 수도 있다. 몸과 마음 뜻의 영체가 하나만 다음 생으로 전생하는 경우도 있지만, 각각이 다른 곳에 전생할 수도 있다는 것이다.

먼저 '나'라는 영에 관하여 설명해 보기로 한다.

본래 '나'라는 존재의 육신이라는 집은 하나이나 그 집에 기거하는 영체는 하나만 존재하는 것이 아니다. 서른여섯의 각각의 영체가 서로 유기적인 관계를 유지하며 서로 협력하고 도와가며 나라는 한 인격체를 만들고 가꾸어 간다는 사실이다. 완성된 나, 온전한 나를 만들기 위해 부단히 노력하고 그를 통해 자신이 성장해 가고 있는 것이다.

즉 나라는 이 몸은 이들 서른여섯 영체의 공동체인 것이다.

먼저 지금의 '나'의 모든 것이라 말할 수 있는 '깊은 뜻의 영', 즉 내면을 관장하며 의식에서 일어나는 모든 행위를 관장하는 영체가 열둘이 있다. 이들은 모든 영의 수장으로 나를 만들어 가며 나에게 일어나는 모든 사건을 유기적 협력에 의해 표출해 가는 구심점으로 존재하는 것이다.

비록 표면으로 잘 드러나지 않지만, 우리 내면 깊숙이 감추어진 4차원 세계에서 48차원에 이르는 무위세계를 만들기 위해 부단히 노력한다. 또한, 무한한 영의 세계와 소통하며 교감하고, 참나를 만들기 위해 부단히 노력한다. 이는 우주의 근원이며, 무불통지이며, 무소불위인 내면 깊숙이 갈무려진 진아眞我인 것이다.

소소영영한 영체로 대자연으로 동덕同德이며, 우주와 같아 한량없는 공덕 그 자체인 것이다.

이 열둘의 영체 중에 큰 영체가 셋이 있고, 작은 영체가 아홉이 있다. 큰 영체 셋 중에 항상 몸 안에 상주하는 영이 둘이 있다. 이 둘의 큰 영체는 육신이 죽음에 이르기 전까지는 항상 몸 안에 상주한다. 이 둘의 큰 영체는 깊은 무의식 세계로 나의 모든 것을 기록하고 저장하는 역할을 하며, 그가 몸을 떠난다는 것은 곧 육신이 죽는 날인 것이다. 나머지 큰 영체 하나와 작은 영체 아홉은 몸 밖으로 자유롭게 출입할 수 있다. 그러나 꼭 중요하고 특별한 일이 있거나 꼭 그가 해야 할 일이 아니라면 마음의 영이나 몸의 영에게 일임하고 몸 안에 항상 상주하게 된다.

또한, 마음과 몸의 영들을 총괄해 다스리는 일을 한다. 사실 다스린다는 것은 모순적인 언어이고, 이들은 유기적으로 서로 보완해 가는 관계로 조언하며 돕는 일을 할 뿐이다.

무의식이란 나의 모든 것이 기록되어 있는 기록 보관소이다.

우리에게 전생前生(앞의 삶)이란 삶이 존재한다면 그 삶을 만들어 낸 그 앞의 전생이 있을 것이다. 그러한 전생의 삶이 있다면 그보다 앞선 또 하나의 전생이 있을 것이다. 마치 내가 있다는 것은 아버지가 있음이요, 아버지는 조부, 증조부, 고조부 등 수많은 조상님이 있으므로 결국 오늘날의 내가 있게 되는 것과 같다.

윤회가 있다면, 전생轉生(윤회의 삶)이 존재한다면 무엇 때문에 끝없이 돌아가는 쳇바퀴 같은 윤회의 삶이 생겨났고, 왜 그러한 영속적인 삶이 만들어질 수밖에 없었는가 하는 것이다.

이는 '깊은 뜻의 영'이 있기 때문이다. 전생轉生을 통해 다른 각각의 영체들을 유기적으로 연에 따라 생을 바꾸어 태어날 수 있겠지만, 뜻의 영은 유기적인 것이 아니라 영원한 것으로 영원한 나인 것이다. 물론 열둘의 영이 다 그런 것은 아니다. 늘 좌정하고 있는 큰 두 영체만이 그러하다. 이 둘은 영원한 나인 것이다. 전 전생의 모두를 기록하고 담고 있으며 윤회에 모든 것을 이 두 영체는 알고 있는 것이다.

마치 컴퓨터의 하드웨어나 블랙박스 같은 존재이다. '나'에 모든 것이 여기에서 시작됨과 동시에 기록되고 보존된다. 과거로부터 지금의 나에 이르기까지 수많은 전 전생의 윤회의 시간들이 만들어 낸 나에 대한 모든 역사와 지식 그리고 미래에 만들어 갈 나라는 존재까지도 이 하드웨어에서 시작되는 것이다.

본인은 잘 모르겠지만, 우리의 성격이나 기품 심지어 작은 행동 하나까지도 과거 습에서 비롯된 경우가 많다. 좀 더 넓게 전생에서 비롯되었고 더 나아가 전 전생에서 비롯되었을 수도 있다.

단순하게 전생 기록만이 아니라 수많은 생을 이어온 수많은 전 전생의 기록들이 고스란히 기록되고 보존되며, 그를 통해 미래에 완성된 나를 만들기 위해 부단히 노력하고 정진해 가는 것이 이 하드웨어인 깊은 뜻의 영체인 것이다.

이 둘은 불멸의 나이며, 영생의 나인 것이다. 그뿐만 아니라 사후에도 이들이 전생轉生의 핵으로 다음 생으로 이어진다.

그러나 이들은 나에게서 일어나는 모든 일을 기록하며 유기적인 영체들의 모든 일을 기록할 뿐 그들의 행위에 대해 관여하지는 않는다는 것이다. 그것은 자연의 섭리를 거스르는 것으로 본분이 아니기 때문이다. 즉 이들은 나의 영원한 기록 보관소인 것이다.

늘 나에게 개방되어 있는 기록의 산실로 '나'라고 말하는 유기적인 영체들이 인연에 따라 전생하면서 혹 태어나고 혹 휴면에 들어 있다가 억겁의 시간을 지나 다시 윤회에 든다 해도 존재한다.

진정 이들이 전생을 거듭하면서 연에 따라 깨달아 갈 수 있는 지혜의 산실이며, 깨달음의 보고인 것이다.

이들 영체는 사람 사회처럼 상하 관계는 존재하지 않는다. 본래 사람 세계도 "사람 위에 사람 없고 사람 아래 사람 없다."라고 한다. 즉 사람과 사람은 지극히 수평적인 관계일 뿐이고, 수직관계일 수 없다는 것이다. 그리되어서는 아니 되는 것이다.

다만 사회라는 조직을 만들다 보니 상하관계가 필요했고 조직을 유지하기 위해 필요한 관계라는 사실은 인정하지만 본래 사람은 위아래로 존재해서는 아니 되는 것이다. 사람은 모두가 평등하고 모두가 동등한 것이다. 그러한 이유는 우리 모두는 48차원에 이르는 무한한 영능을 가지고 있고, 깨달음과 해탈의 씨앗을 담고 있기 때문인 것이다.

이것이 바로 무의세계이며, 무위세계인 것이다. 깊은 뜻의 영이 하는 일이다. 우리 모두는 해탈의 모체이며, 무한한 세계의 수행자인 것이다. 즉 진화를 위해 존재하며 해탈을 위해 존재하는 것이다. 그뿐만 아니라 대자연 무한의 세계에선 모두가 평등하며 동등하기 때문에 영체들이 상하관계로 존립하지 않는다는 사실이다.

비유한다면 서양의 원탁의 기사를 연상하면 될 것 같다.

대자연 우주 만유도 동등한 수평 관계로 존재하는 것으로 모두는 다 같은 동등한 존재들일 뿐이다. 사람이라 해서 위대하다거나 동식물 풀벌레 한 마리라 해서 하찮고 저급의 세계가 되는 것은 아니다. 우리 모두는 동등한 평등한 관계로 누가 누구보다 우월하다고 생각한다면 그것은 본질을 왜곡하는 것이다. 지극히 모순된 행위일 뿐이다.

사람이 만물의 영장이란 이유로 자연을 이용대상으로 여긴다면 대자연의 도에 어긋나는 것으로 수행의 본질과도 상반된다. 우리 모두는 진화를 위해 살아가고 있기 때문에 모든 것이 소중한 것이고, 모든 것은 경이로운 것이 되어야 하는 것이다.

조금 넓은 의미에서 본다면 살인을 하고 소 돼지를 도살하고 남의 것

훔치는 것만 죄업이 되는 것은 아니다. 무엇이든 필요 이상 수용하면 그것이 죄업이 되는 것이다. 이유 없이 풀벌레 한 마리 죽인다면 이것이 진실로 살생인 것이다.

나뭇잎 떨어질까 비켜 다니며 발걸음에 밟힐까 싶어 개미 한 마리도 피해 다녀야 한다. 그들이 이유 없이 죽임을 당해선 아니 되기 때문이다.

그러나 현실에서 그리 산다는 것은 사실 불가능한 일이다. 다만 그러한 마음을 잃지 않고 가능하다면 적게 수용하려 노력하는 것이 옳다는 것이다.

가령 어떤 학자가 어떤 문제를 풀지 못해 고민에 고민하다가 어느 순간에 확 풀렸다고 한다면 우리는 번득이는 예지라든가 천재성이 발휘되었다고 말한다. 그러나 사실 모르고 있든 어떠한 난제가 한순간에 확연히 깨달아지고 안다는 것은 실로 불가능한 일이다. 출입이 자유로운 이 뜻의 영이 과거에 그러한 사실을 알고 있었거나 그에 근접했던 지식, 학식, 덕망을 갖춘 영체를 찾아가 자문을 구하고 해답을 얻은 것에 불과하다.

영체들의 교류는 꼭 현생에 육신이 존재하는 영체뿐만 아니라 그 영체가 소멸하지 않았다면 과거 생에 살았던 영체와 교류도 가능하다. 육신에겐 시간과 공간이라는 제약이 있지만 영체에겐 그러한 제약은 있을 수 없다. 그곳이 어디가 되었든 육신으로 갈 수 없는 곳, 할 수 없는 것이라 해도 모두 다 가능한 것이다. 그러한 교류를 통해 지식을 쌓고 나아가 지혜를 쌓아가며 자신을 성장시켜 가는 것이다.

우리가 모르던 것을 깨달아 안다는 것은 나의 영체가 부단히 노력한 결과물인 것이다. 진화를 위해 부단히 노력한 것이며 새 장을 열기 위해,

좀 더 나은 나를 만들기 위해 혼신의 힘을 기울인 증거인 셈이다.

학자들의 말에 의하면 사람 뇌와 컴퓨터의 구조가 같다고 한다. 컴퓨터가 이진법으로 작동하듯 사람의 뇌도 약 300만 개의 영과 일로 작동한다고 한다. 이진법의 뇌는 신경과학에서 뉴런이라 말하는 물질로 서로 붙었다 떨어졌다 하면서 정보를 인지하고 기억한다는 것이다. 결국, 뉴런이 어떻게 잘 조합되는가 하는 것이 인지능력과 기억력이 되는 것이다.

평소에 서로 떨어져 있다가 새로운 것을 알게 되면 떨어져 있던 뉴런이 서로 연결이 된다는 것이다. 뉴런이 연결될 때 생겨나는 전기 자극이 우리에겐 모르던 것을 알았다는 기쁨, 행복감으로 되돌아오게 되는 것이라고 한다.

결국, 지식을 쌓는다는 것은 떨어져 있던 뉴런을 하나씩 연결해 가는 일이고, 뉴런이 연결될 때 기쁨을 주는 전기 자극은 우리를 알아가는 것에 흥미를 느끼게 하려는 내면에 배려인 것으로 생각한다.

이러한 논리로 본다면 해탈이라 말하는 것은 아마도 이 모든 뉴런이 모두 다 완벽하게 연결되는 시간에 해당할 것이다.

참으로 성스러운 존재, 그가 '나'임은 틀림이 없다. 학자의 논리를 차제하고 정도와 방법의 차이는 있겠지만, 우리가 산다는 것은 궁극적으로 깨달음이 목적이다. 깨달음을 갈구하는 것은 해탈이 목적인 것이고, 해탈이란 윤회를 벗어나는 것이 목적인 것이다. 우리 모두는 이것을 위해 살아가고 있는 것이다. 본인이 알고 모르고의 문제가 아니며, 나아가 종교의 문제도 아니다. 우리 모두는 필연 그리 나아가고 있다는 것이다.

다만 그가 처한 환경이나 지식의 깊이가 다르고, 업의 무게와 과보가 달라 나타나는 결과물이 다른 것뿐이다.

왜 해탈해야 하며 윤회를 벗어나야 하는가?

그것은 진화의 마지막 단계가 해탈이기 때문이다. 그가 무엇에 열중하든 그것이 무엇이든 궁극의 목적은 윤회를 벗어나는 것이 삶에 목적이 되는 것이다.

다만 우리가 처한 현실이 각각 다르고 또 섭렵해온 아름이란 지식이 각기 다르기 때문에 보는 잣대가 다른 것일 뿐이다. 또한, 전생의 업연에 의해 지혜의 깊이가 달라 보는 안목이 다르기 때문에 보아도 보지 못하는 이가 있고, 보면 단박에 알아보는 이가 있는 것일 뿐 본질이 변하지는 않는 것이다.

옛사람이 말하길 "준마는 채찍의 그림자만 보아도 달려가지만 어리석은 말은 엉덩이에 피가 나도 달리지 않는다."라고 말했다. 전 전생의 업연이 수려하다면 한번 보면 단박에 바로 알아볼 것이지만 그렇지 못하다면 죽음에 이를 때까지 인생을 낭비해도 아마도 그림자도 보지 못할 것이다.

결국, 우리가 현생에서 만들어 내는 이 모든 행위는 하드웨어가 아니라 소프트웨어와 같은 존재지만 이 또한 하드웨어에 메모리 되어 영구 보관된다는 사실이다.

우리가 바르게 살아야 하는 이유이다. 윤회며, 인과란 내가 심어 놓은 것에 대한 결과물이며, 나라는 내면의 존재에 보관되어 있는 수많은 기록으로 인해 지금의 나와 내일의 내가 만들어지고 있는 것이다.

이러한 내가 만들어지는 우선순위가 업의 경중에서 시작한다. 과거 사람의 몸으로 살았을 때 그가 무엇을 보고 듣고 느꼈으며 무엇에 집착했는가? 가령 자기 몸만 아끼며 소중히 여기고 먹는 것에 집착이 남달리 강했다 한다면 뜻과 마음의 영보다는 몸의 영이 윤회업의 일 순위가 될 것이다. 돈과 명예에 남달리 집착했다면 그런 것이 업보가 되어 다음 생도 역시 그러한 모습에서 벗어나지 못하게 된다는 사실이다.

그가 평소에 좋아했던 것, 집착했던 것들이 업의 무게에서 당연히 무거운 것이 되고, 무거운 것이 먼저 연을 만나게 되는 것이다. 그리고 싹을 틔우는 것이다.

쉽게 말하면 전생에 돈과 명예에 골몰했다면 당연히 현생에서도 그러한 모습으로 살아갈 것이고, 먹는 것에 남달리 집착했다면 현생에서도 그러한 모습에서 벗어나지 못해 요리를 직업으로 한다든가 미식가, 대식가, 탐식가가 되어서 음식을 늘 끼고 살게 된다는 것이다.

현생이 과거 삶의 큰 틀에서 벗어나지 못하는 것이, 본인이 생각하기에 그렇게 하는 것이 스스로 윤회를 벗어나는 길로 선택했기 때문인 것이다. 윤회란 것도 업연이란 것도 선택인 것이다. 업이 무겁다는 것은 그가 한 선택이며, 그것이 해탈의 길이라 그리 생각한 결과물인 것이다.

그러나 결과적으로 음식을 탐미하거나 아니면 돈과 명예에 골몰하거나 여색을 탐닉하는 행위로 윤회를 벗어날 수 있는 것은 아니다. 오히려 더욱 그러한 고리로 옥죌 뿐이다. 이것이 자명한 사실이나 본이 스스로의 안목이 그에 이르지 못했기 때문에 빚어진 결과물이 그러할 뿐인 것이다.

이것이 우리가 잘 살아야 하는 이유이다. 눈 밝은 이가 되어야 하는 이유이고, 수행을 해야 하는 이유이다. 결국, 지금의 생각과 행동이 다음 생의 씨앗이 되기 때문인 것이다.

세상이 점점 혼탁해져 가는 것도 이러한 이유이다. 세상에 존재하는 수많은 '나'들이 스스로 잘못된 선택으로 인해 빚어진 결과물이 우리가 사는 세상인 것이다. 지금 이 모습이 전생의 결과물이며 또한 내생의 모습이기도 한 것이다.

두 번째로 '마음의 영'이 열둘이 있다. 여기서 말하는 마음이란 앞에서 말한 무위세계의 마음과는 좀 다른 의미를 갖는다. 내면의 '나'라는 의미에서 표현하는 마음이 아니라 내가 존재하게끔 하는 '나', 즉 생명을 이어가며 몸을 건강하게 유지하는 나 지식을 함양하며 성장해 가는 나를 말한다. 저 깊은 곳의 무의식을 이끌어 내고 모든 정보가 기록되며 무한한 세계를 품은 그러한 나란 존재는 뜻의 영을 이르는 말인데, 이러한 깊은 뜻이란 마음은 오직 사람만이 가지고 있는 성스럽고 고귀한 존재이다. 사람을 제외한 모든 동식물은 마음의 영은 존재해 생명을 이어가며 생육해 가지만 깊은 뜻의 영은 존재하지를 않아 윤회에 든다 해도 대부분은 다시금 동물의 세계로 가게 된다. 뜻의 영이 없다는 것은 컴퓨터에 하드웨어가 없는 것과 같아 전 전생의 기록이 없으며, 그러한 영체로 상생上生해서 인도환생이 사실 불가한 것이다. 물론 특별한 경우는 인도 환생하는 예도 있다. 동물로 수십, 수백 년을 살아 정영이 쌓인 경우 가능할 수도 있다. 그러나 대부분은 그렇지 못한다는 것이다.

마음의 영은 그러한 무의식 세계와 부단히 교류할 수 있는 통로로서 존재하게끔 만들어 주는 '나', 즉 생명을 말한다. 육신이 생명이 없다면 그냥 살덩이에 불과하다. 푸줏간에 걸려 있는 고깃덩이와 무엇이 다르겠는가? 생명이 있다는 것은 살아 있다는 증거이며 살아 있다는 것은 곧 무의식인 참 나를 이끌어 낼 수도 있고 또한 그와 교류하며 존재하게 만들고 그를 통해 역사할 수 있게 만드는 그러한 내가 마음의 영인 것이다.

마음의 영은 작은 의미에서 생명의 영이라 말하기도 한다.

이 마음의 영체 또한 열둘이 있는데 늘 자리에 좌정해 생명의 순환에 절대적으로 기여하는 영이 셋이 있으며, 외부로 출행하며 지식을 넓히고 학문에 정진하는 영체가 아홉이 있다. 앞에서 말한 뜻의 영이 하드웨어였다면 마음의 영은 소프트웨어이다. 늘 좌정한 셋의 영체는 피의 순환을 도와 아주 작은 곳까지 생명을 전달하고 부정해진 그를 회수해 다시 맑히고 순환시키는 일을 한다. 피를 돌게 하는 것은 생명의 유지라는 목적도 있지만, 영혼의 정화라는 의미도 있다. 산다는 것이 생명을 유지하는 것만이 전부가 아니다. 생명을 유지하는 것은 이 땅에 태어날 수밖에 없는 이유, 뭐 거창한 것을 떠나 '나'라는 한 사람의 완성된 나를 만들기 위해 생명을 받았고 산다는 것은 이 완성된 나를 향해 나아가는 길목인 것이다. 부단히 노력하는 것만이 태어난 목적 삶에 목적을 다하는 것이기 때문에 영혼의 정화 없이는 불가능한 것일 뿐이다.

피를 생명이라 하는 것은 그 속에 생명의 영이 존재하기 때문일 것이다.

결국, 그들이 부단히 정화를 하지 않는다면 나란 존재는 사라지고 마는 것이다.

이 아홉의 영은 곧 지금의 '나'인데, 어떤 이는 학문을 좋아해 학자의 길을 걷고 또 어떤 이는 돈 버는 것을 좋아해서 사업이나 장사를 하게 되고 또 어떤 이는 무예에 관심이 많아 무술을 연마하고 그 길을 간다. 이처럼 세상에는 천이면 천의 얼굴을 한 수많은 사람이 있다. 모두가 외모는 같은 사람이나 내면의 세계는 각기 다른 얼굴을 하게 되고 각기 다른 삶을 살아가게 된다. 이는 마음의 영이 각기 다르기 때문에 생겨난 것이다.

학자에게 사업을 하라고 하면 불가능하다. 반대로 장사꾼에게 학자가
되라고 하면 이 또한 불가능한 일이다. 이유는 간단하다. 학자는 장사에
소질이 없고 장사꾼은 학문에 소질이 없기 때문이다. 이러한 소질, 기질
을 가지고 온 내가 바로 마음의 영인 것이다.

아이큐가 좋다느니, 이큐가 좋다느니 하는 지능지수도 이 마음의 영이
얼마나 온전히 왔으며 전생으로부터 얼마나 많은 지식과 경험이란 노하
우를 갖고 왔느냐에 따라 달라진다.

흔히들 세상살이가 마음먹기에 따라 달라진다고 말한다. 마음먹기에
따라 달라지는 것은 이 마음의 영체가 얼마나 깨달았느냐 얼마나 지식
을 쌓고 얼마나 해탈했느냐에 따라 생겨나는 일이다.

컴퓨터에 비유한다면 마음의 영은 소프트웨어와 같다. 사실 소프트웨
어인 이 마음이란 무한한 것이다. 하드웨어가 하나뿐이라면 소프트웨어
는 무수히 많다. 수많은 전전생에서 익혀온 지식들이 수백 혹 수천 장의
소프트웨어에 저장되어 있다고 보면 된다.

내가 마음먹기에 따라 언제든지 바꾸어 끼울 수도 있다는 것이다.

당연히 프로그램이 바뀐다면 영상도 바뀌게 되는 것이다.

"세상살이 마음먹기에 달려 있다." 마음먹기에 따라 삶이 다르고 마음
먹기에 따라 내가 달라지는 것이다.

그래서 생각을 일으키는 마음이 참으로 중요한 것이다. 그가 일으키는
생각이 나의 현재와 나의 내일을 만들기 때문이다.

그런데 참으로 애석하게도 대부분 우리네 사람들은 이러한 마음의 영
을 온전히 가지고 태어나지를 못했다. 열둘이 있어야 하는 마음의 영이

경우에 따라 다르기는 하지만 혹 하나둘이 부족하고 심한 경우 절반 이상의 영체가 비어 있거나 제 기능을 하지 못 하는 경우도 있고 불구나 기형의 영체로 오는 경우도 있다. 즉 불완전한 영으로 왔기 때문에 상처를 받고 괴로워하며 고통스러워하는 것이다.

건강한 사람이라면 주먹으로 한 대 쥐어박아도 별로 아프지 않다. 그런데 몸에 상처가 있다면 쥐어박는 것이 아니라 살짝 스치기만 해도 아픔을 참지 못한다. 이처럼 아픔을 이기지 못하는 것은 스치고 간 그의 잘못이 아니라 내가 상처를 가졌기 때문인 것이다.

건강한 사람이라면 그냥 스치는 것에 지나지 않듯 나의 영체가 온전했다면 당연히 받지 않을 아픔이며 상처인 것이다.

시답지 않은 말 한마디에 상처받고 무심코 던진 말 한마디가 상처로 다가와 고통을 주었다면 상대방을 탓하기에 앞서 먼저 나 자신의 불완전한 영체를 돌아보는 계기로 삼아야 할 것이다.

심성이 여리고 연약한 사람은 결국 이 영체가 불완전해서 생기는 일이다.

성공과 실패도 이 마음의 영에서 일어난다. 부단한 노력에도 성취가 없다면 그를 관장하는 영체가 결여되었거나 아니면 기능을 다하지 못하기 때문이다. 하드웨어가 아무리 완벽해도 메모리칩이 불량이라면 결과적으로 완벽한 영상을 띄울 수 없거나 아니면 볼 수 없는 것과 같은 이치이다.

현실에서 직장인으로 살아가다가 사업가로 변신해 성공하는 사례도 있고, 가정주부로 무료한 나날을 보내다가 어느 날 작은 구멍가게를 열었는데 그것이 성장해 기업이 되는 예도 있다.

자신이 선택한 파일이 불량일 때 결국 그 파일을 열 수 없듯 인생에서도 그러한 일은 성공을 거둘 수 없는 것이다. 그러나 생각을 바꾸어 다른 파일을 연다면 그것이 온전한 정품일 수 있다는 것이다.

내가 가지고 있는 여러 장의 파일들이 온전하든, 불량이든 모두는 내가 쌓아 놓은 업보에 기인한 것이지만 자신이 성공할 수도, 실패할 수도 있는 기회를 자신이 선택해 가는 것이다.

그래서 운명이란 개척해 가는 것이다.

그러나 마음먹기에 달렸다고 해도 될 수 없는 예도 있다. 전자라면 마음이란 소프트웨어가 일부 온전치 못하고 일부는 온전한 경우 온전치 못한 것을 버리고 온전한 것을 선택한 예이다. 어떠한 연유에서 온전한 소프트웨어가 한 장도 없다면 그는 아무리 바꾸고 바꾸어도 고통에서 벗어날 수 없는 것이다.

이런 경우 마음먹기에 달려 있는 것도, 운명을 개척하는 것도 아니다. 무언가를 하려고 하면 점점 수렁에 빠져들어 헤어 나올 수 없게 될 뿐이다.

흔히 관상학에서 박복한 사람이라 말한다. 얼굴에 밥풀 하나 안 붙은 사람이라 조롱하지만, 사실 그는 마음의 영이 온전치 못해서 생겨난 결과물일 뿐이다.

앞서 손 닦는 이야기를 했다. 부정한 손으로 아무리 베풀어도 공덕이 안 된다고 했다. 그것은 자신이 부정하고 그 부정함을 떠넘기는 행위라서 그렇다고 했다. 이런 사람이라면 먼저 자신의 불완전한 마음의 영을 보정해야 한다. 마치 의수나 의족을 하듯 비록 본래 것만은 못하겠지만 그래도 없는 것보다는 낫기 때문이다.

"인생이란 뜻의 영인 하드웨어에 수많은 생을 전전하며 업인으로 쌓아 놓은 마음의 영이란 소프트웨어가 끼워졌을 때 나타나는 모니터 영상인 것이다. 그리고 수많은 영상 중의 하나가 지금 삶이란 의미로 상영되고 있는 드라마인 것이다."

세 번째로 육신을 관장하는 '몸의 영'이 열둘이 있다. 몸에 항상 좌정하고 있는 영이 열이며, 둘의 영체는 외부로 출입하게 되는데 좌정한 열의 영체들이 온전히 몸을 보호할 수 있도록 돕는 일을 한다. 그뿐만 아니라 신체 기능을 높여주고 불의의 사고를 예지하기도 한다. 사고를 미연에 방지하거나 사고 시 다치는 것을 최소화 한다든지 어떤 위험으로부터 몸을 보호하는 일이 본연의 일이다. 출입이 자유로운 두 영체가 하는 일은 감각적인 일을 한다. 예를 들어 옷을 잘 입는다거나 화장을 잘하는 사람이나 몸이 유연한 사람처럼 신체의 감각을 높여 주는 일을 한다.

우리가 센스 있다고 표현하는 사람들은 이 감각이 남달라서 그런 것으로 이 영체가 온전하다면 당연히 이 분야에 특출한 재능을 보일 것이다. 패션업계나 의상디자이너, 화장품 혹은 스포츠 업계에 성공을 원한다면 당연히 이 영체가 온전한 사람이 유능한 사람으로 대접받을 수 있을 것이다.

반대로 몸으로 하는 모든 일에 몸치거나 손재주가 없고 음식을 맛있게 못 만든다거나 의상, 패션 등등에 재주가 없다면 이는 이 영체가 불완전하기 때문이라고 보면 된다.

태어날 때 건강하거나 혹 불구의 몸으로 태어나는 것은 좌정하고 있는 열의 영체가 온전히 왔느냐 아니면 불완전하게 왔느냐에 달렸다.

몸이란 컴퓨터 본체와 같은 존재로, 하드웨어와 소프트웨어 모두를 담는 그릇이다. 모양이 예쁘다, 튼실하다는 것은 영체가 건강하며 온전하다는 것을 의미하고, 부실해 보인다는 것은 당연히 영체에 결함이 있어 본연의 역할을 다하지 못할 때의 모습이다.

이 몸이 제일 소중하다. 이 몸은 우주를 담는 그릇이며, 미래를 만들어가는 그릇이다. 그릇이 없다면 음식을 담아 먹을 수 없듯, 나를 담고 있는 그릇이 없다면 비록 나라는 영체가 존재한다고 해도 영체로 존재할 뿐 표현할 도구가 사라지는 것이다.

그림을 그리려 하나 생각만으로 그릴 수 없고, 사랑하는 사람을 가족을 만나려 해도 마음만으론 만날 수 없는 것과 같다.

좀 더 넓은 의미에서 본다면 이 땅에 왔다는 것은 해야 할 일이 있음이라 앞서 말했다. 살아간다는 것은 나를 완성하기 위함이며, 나를 완성하지 못한다면 윤회는 계속 반복되어 끊을 수 없다고 했다. 업을 닦아 맑히지 않으면 손을 씻지 않고 남에게 다가가는 것과 같으며, 공덕을 베풀어도 오히려 죄업이 된다고 했다.

이러한 모두가 나라는 이 몸이 살아 있다는 전제에서 출발한다. 이 몸이 있으므로 가능하며 이 몸이 있으므로 성취할 수 있는 것이다.

나라는 몸이 없다면 결국 아무것도 만들 수도, 이룰 수도 없는 것이다.

"업연의 고리를 끊어 참사람이 되라고 간절한 마음으로 윤회를 거듭하게 해 주신 대자연의 바람을 저버리는 것으로 대자연에 죄를 짓는 것이다."

영계의 귀신들이 사람주위에 배회하는 것도 몸이 없기 때문이다. 몸이 없다면 마음의 작위를 행동으로 옮길 수 없기 때문에 현실에서 성취할 수 없게 된다. 그뿐만 아니라 깨달음이란 것도 생각만 바꾸면 되는 것으로 알지만 사실 몸이 없다면 성취할 수 없는 것이다. 몸이 있어야 성불하는 것이다. 이 몸이란 그릇은 세상 모두를 담는 그릇이며, 해탈을 담는 하나뿐인 그릇인 것이다.

참으로 소중한 것이다.

인생이란 그 무엇 하나가 없다면 불가능한 것이다. 무엇이 소중하고 그렇지 않다고 말할 수는 없다. 모두가 소중한 나이기 때문이다.

현생에서 좋아하는 것은 과거 생에서 좋아했던 것이며, 현생의 선연, 악연은 과거 생에서 맺어진 것으로 갚을 것이 있거나 받을 것이 많을 때에 맺어진 연인 것이다. 꼭 그렇게 인과에 의해 주고받을 관계로 만나야 하는 이유가 있다. '한풀이'란 말이 있듯 그러한 마음의 빚들은 자기 성장에 방해물이며, 엉킨 매듭을 담고는 앞으로 나아갈 수 없기 때문이다. 결국, 우리의 내면에서 보았을 때 맺힌다는 것이 업보가 되는 것이다. 한이 서린 것이 윤회이며, 집착이 강했던 것이 윤회의 시작인 것이다. 갈망하며 추구했던 것이나 애증이 깊었던 것이 업인이며, 가슴에 담아 잊어버리지 못한 것이 업인이 되는 것이다.

업이란 삶이다. 살아간다는 것이 업이며, 그 속에서 담을 수밖에 없었다고 자위하든 모든 것이 업인인 것이다.

불행하게도 우리는 기쁜 일보다 슬프고 가슴 아픈 일을 오래 기억한다. 우리의 업인도 선업보다 악업이 많은 것이 이러한 사람의 마음 때문이다. 결국, 가슴에 담아 두었던 모든 것 생채기 났던 모든 것들이 업인으로 되돌아오는 것이기 때문에 윤회를 거듭할수록 점점 과거보다 못한 삶을 살아가게 되는 것이다.

문제는 그렇다면 서른여섯의 내가 각각 다 그러한 연으로 태어나는가 하는 것인데 업의 무게에 따라 먼저 연을 만난 것이 싹을 틔우는 연이 주워졌다면 나머지 연들은 업인으로 그냥 존재해 있게 되지만 분신의 모든 연이 각각의 연에 따라 모두 싹을 틔우는 경우는 잘 없다는 것이다.

이것은 대자연의 질서이며, 규범이다. 그러나 특별하게 그들 각각이 연을 만나 태어나는 경우도 있을 수 있다. 인자의 무게가 같거나 쌓아 놓은 업인이 같다면 그렇게 이생에 날수도 있다는 것이다. 그러나 이러한 연은 없다고 보아도 무방하다. 사실 그러한 결과물이 생기는 경우는 복권에 당첨될 확률보다 낮기 때문이다.

이렇게 본다면 사람이 가족으로 만나거나 아님 원증의 관계로 이생에서 만났다는 것은 보통의 연이 아닌 것이다. 결국, 꼭 그리될 수밖에 없는 필연의 만남이라는 것이다.

그러한 인의 산실이 대자연이며, 표현을 바꾸면 우리의 참부모이다. 업인의 창고이자 업인의 산실인 것이다. 우리는 대자연이라는 참부모의 피조물이며, 또한 대자연이 스승이며, 동시에 미래의 나의 모습이다.

마음을 열어라. 마음의 문을 열고 마음의 눈으로 보아라. 그러면 진실로 내가 보이고 대자연의 위대함을 대면하게 될 것이다.

나는 대자연의 피조물이기 때문이다.

소리 없고 메아리도 없으며 보고 듣는 이 없지만, 대자연은 티끌 하나 소홀히 하지 않는다.

우리들은 문서주의다. 문서로 만들어야 증명되고 입증된다. 그런데 아이러니하게도 우리가 만든 문서 뭐 한지라든지 특수 종이는 천 년도 간다고 말하지만, 종이의 수명은 그리 길지 못하다. 요즘같이 전자 출판된 인쇄물은 수명이 더더욱 그리 길지 못하다. 역사적으로 보아도 문서로 작성된 기록은 그리 오래가지 못했다. 길어야 일, 이천 년에 지나지 않는다.

그런데 역사학자들은 인류의 역사를 대략 400만 년이라 말한다. 종이나 문서의 기록보다 수백, 수천 배 많은 것이다.

우리는 기록이 없는 역사를 신화라 말한다. 추측이며, 그러했을 것이란 가상의 시나리오로 본다. 왜냐하면, 기록이 없기 때문이다. 기록이 없다면 그것은 믿을 수 없다는 것이다.

그러나 우리 조상은 문서의 기록이 있기 훨씬 이전부터 살았다는 것에는 이론이 없을 것이다. 다만 증거가 없을 뿐 말이다.

이것을 우리가 살아가는 현실 세계이다.

그러나 육신이 아닌 영의 세계에서 본다면 글이라는 문서는 그리 대단한 존재가 못 된다. 유한한 글이나 문서보다 소리가 훨씬 더 중요하다는 사실이다. 문서는 시간이 지나면 자연 소멸되어 없어지지만, 소리는 한번 뱉으면 대자연이라는 큰 화선지에 각인되어 영원히 사멸되지 않기 때문이다.

대자연이라 말하는 영계는 소리의 세계이다. 우리가 써 놓은 글을 영원한 것처럼 신봉하듯 영계에선 소리가 영원한 것으로 각인된다는 것이다. 그리고 수천 년, 수만 년을 기록으로 남아 업인이 되고 연이 되어 윤회한다는 것이다.

그래서 대자연의 잣대로 본다면 문서인 글로 지은 업보는 작은 것이며,

소리인 말로 지은 업보는 크고 무거운 것이 된다.

『천수경』의 첫 구절이 "정구업진언. 수리수리 마하수리 수수리 사바하."로 시작한다. '왜 불자라면 늘 독송하는 경의 첫 구절이 입을 맑히는 진언으로 시작하는가?' 하고 생각해 보았는가? 이것은 말과 소리의 중요성을 강조한 것이라 본다. 말이란 나를 나타내는 도구이다. 나의 기쁨과 슬픔을 표현할 수 있고, 좋고 싫음을 말할 수 있다. 그러나 그러한 표현 속에서 모든 선업이 시작되며 동시에 모든 악업이 시작된다. 그로 인해 업보의 큰 핵이 만들어진다는 사실이다.

결국, 선업의 시작도 소리며, 악업의 시작도 소리에서 시작되는 것이다.

"말이 씨가 되는 것이다."

옛 선비들이 말을 아낀 것이나 수행자가 묵언을 하는 것도 이러한 이유를 알았기에 그러했을 것이다. 언어란 사람 사이의 의사 표현이나 종족 간의 소통을 위해서다. 그러나 본질에서 본다면 대자연과의 소통이며 더 나아가 소리 자체가 대자연의 한 축이 되는 것이다.

또한, 이 모두는 나의 어제이며 오늘이고, 내일을 만들어 가는 것이다.

이처럼 나라는 한 인격체를 만들기 위해서는 참으로 많은 내가 있고, 이 나들이 모이고 모여 지금의 나를 만들고 있는 것이다. 지금 나라는 보이는 내가 있기까지 보이지 않는 곳에서 쉴 새 없이 움직이며 새로움을 창조하며 만들고 가꾸어 가는 수많은 내가 있으므로 가능한 것이다.

우리가 사는 세계를 사바세계라고 말한다. 이는 고통과 아픔의 상처로 얼룩진 곳이란 의미를 갖는다. 생, 노, 병, 사가 있고, 추하고 예쁨이 있으며, 좋아하고 싫어함이 있다. 내 것과 네 것이 나뉘고 내 편과 네 편이 있다.

이처럼 무언가를 나누고 가르고 선택해야 하는 고통이 따르는 세계 우리의 역사에 문서로 기록되기 이전부터 늘 그러해 왔다.

상처와 아픔이 존재하며, 아플 수밖에 없는 삶 행복을 추구하며 갈망하지만 꿈이요, 희망인 삶, 사랑, 자비, 봉사라며 내 것을 퍼주고 나면 텅 비어 버린 나만이 남게 되어 허허로움만 남는 삶을 우리는 살아왔고 또한 지금 살고 있는 것이다.

좀 부언하지 않을 수 없을 것 같다. 앞서 손 닦는 이야기로 돌아가서 내 손이 더러움으로 베푼다는 행위가 남에게 부정함을 전가하는 행위가 되어 공덕이 아니라 죄업이 되었고 그로 인해 난 더 고통을 받을 수밖에 없다고 했다. 그러므로 베풀기에 앞서 손을 닦지 않으면 안 된다고 했다. 본래 베푼다는 것은 참으로 신성한 것이며 사람이면 꼭 그러해야 할 참 사람의 덕목이다. 그럼에도 불구하고 현실에서는 퍼주면 채워지지 않는 곳간이 되어 버린 것이다.

선행이란 존재하지 않는 것이 되었다.

그렇다면 우리가 하는 봉사나 선행이 무엇이란 말인가?

그것은 냉정히 말해 선행이 아니다. 거래일 뿐이다. 자선사업이네, 떠들어대는 행위를 통해 매스컴에 오르내리며 자신을 과시하는 행위라면 당연히 거래일 것이고, 간혹 순수하게 봉사의 마음으로 선행을 했다고 하더라도 내면에 '내가 오늘 좋은 일을 했으니 복 받을 것'이라든가 '공덕을 쌓았으니 천당이나 극락에 갈 것'이라 여긴다면 이 또한 거래일뿐이다. '내가 널 주었으니 너도 날 주어야 돼.'라는 식의 거래이다. 다만 거래

상대가 사람이 아니라 하나님이나 부처로 바뀌었을 뿐이다.

냉정하게 자신을 되돌아보길 바란다.

우리들은 거래에 익숙해 있고, 늘 거래하며 살아간다. 주었으니 당연히 받아야 한다. 그러나 공덕이란 거래가 아닌 것이다. 거래는 상행위일 뿐이다. 상행위에서 공덕을 논한다는 것은 자연의 도가 아니다.

누굴 모욕하자는 것이 아니라 진실을 말하려는 것이다. 그리고 해결책을 찾아보자는 것이다. 냉정히 생각해 보길 바란다. 나는 어떠한 거래를 하고 있는가?

결국, 이러한 모든 일은 온전한 내가 아니기 때문에 생겨난 것이다.

어떤 이는 뜻의 영체가 결여되어 메모리에 문제가 있고, 또 어떤 이는 마음의 영이 완전치 못해서 둔재란 소리를 듣고 무지하다는 편견에 시달린다. 그리고 또 어떤 이는 몸의 영이 부실해 센스 없고 몸치라고 홀대를 당한다. 우리는 팔이 없고 다리가 없으며 눈이 없고 코가 없다. 무언가 부족하며 부실하다.

이 세상 사람이라면 무언가 하나는 없다. 온전하다면 무슨 아픔이 있겠는가.

온전한 영체라면 마르지 않는 샘처럼 아무리 퍼 올려도 고갈되지 않아야 한다. 티끌 하나를 베풀어도 그것이 공덕이며, 감사하는 마음만 가져도 그가 은혜로움이 되어야 한다. 온전하다는 것은 참으로 고귀한 것이며, 성스러운 것이다.

그러나 앞서 말했듯 영체들이 온전한 나로 오지 못했기 때문에 입는 상처요, 아픔인 것이다.

그렇다면 왜 온전한 나로 오지 못한 것일까?

군이 설명하자면 이정표가 없어서 길을 잘못 들게 되어서 생긴 일이다. 꼭이나 언어의 표현을 빌자면 말이다.

그런 이야기는 추후에 하기로 한다.

이처럼 불완전한 나는 그럼 계속 그렇게 살아야 하는 것인가 하는 문제이다.

대자연은 절대 그렇지 않다는 것이다. 본래 대자연이란 부족하면 채우고 남으면 넘치게 해서 늘 완전한 하나를 만드는 것이 본래의 모습이다.

나에게 생겨난 불완전이란 모순 역시 그러하다. 우리가 잃었던 것을 찾고 그것을 바로 서게 하며 참다운 모습으로 자신의 자리로 돌아가게 만드는 것이 진정한 대자연이며 이것이 참 수행의 길이며, 참 공덕의 길이라 여긴다.

닦고 맑히는 것이 대자연과 동화되는 길이며, 부족함을 채우고 남는 것을 흘려보내는 행위인 것이다.

우리가 온전한 나를 만들고 윤회의 고리를 벗어나 해탈의 길을 가기 위해선 반듯이 꼭 불완전한 것은 찾아야 하고, 만일 그렇지 못하다면 보정 받을 수 있어야 한다는 것이다.

대자연은 권능이 아니라 본래 있는 그대로의 대자연인 것이다. 본래의 나 본래의 진실이며 소소영영한 참으로 돌아가는 진아眞我인 것이다. 군이 표현한다면 참眞, 진여眞如, 본공本空 그 자체를 대자연이라 말할 수 있을 것이다.

해탈한다는 것은 업연에서 벗어나는 것을 말한다. 업연에서 벗어난다는 것은 참 나를 보고 알고 느껴가야 가능한 것이다.

수행이란 나를 보아가는 과정이며, 부정한 것을 버리고 부족한 것을 채워가는 과정인 것이다.

현실에서 우리가 아는 영의 세계를 이야기해 본다면 동양은 흔히 귀신이라 말한다. 신神은 양귀로 맑고 신령스러운 기운을 상징한다. 불보살이나 옥황상제라든가 천지신명, 신선, 산신령, 삼신할머니처럼 인간사에 관여는 하지만 좋은 쪽으로 관여하며 복을 준다거나 길흉을 가르쳐 주는 신을 말한다.

귀鬼는 음귀를 말한다. 음귀란 원한이라든가 뭐 맺힌 것이 많은 요물로 원한을 갚기 위해 나타나고 자신의 억울함을 호소하려고 나타난다. 이들이 나타났다 하면 당연히 불행한 일이 생기거나 음해를 입게 된다.

이러한 귀와 신이란 영체로 육신이란 옷을 입으면 사람이며, 옷을 벗어버리면 당연히 영체만이 존재하게 되는 것으로 사람과 귀신의 차이는 옷을 입었느냐, 벗었느냐 정도일 뿐이다.

사람이라면 멋있는 옷을 입거나 몸치장을 단정히 하고, 그가 여자라면 감미로운 향수를 뿌리고 화려한 화장으로 자신을 나타낸다.

그러나 영체는 사람과 같은 방법으로 자신을 표현할 수 없다는 것이다. 그들은 육신이란 집이 존재하지 않음으로 그가 마음에 무엇을 담고 있는지 어떤 생각을 하는지 하는 것이 그들의 모습을 만들게 된다.

선량하고 좋은 생각을 한다면 자신 또한 맑고 따스한 곳에 머물게 되고, 사람에게 현신할 때에도 인자한 모습이 된다. 상대에게 은혜롭고 감사하며 존경하는 마음을 갖게 해 감동을 주는 대상이 되겠지만, 원한과 증오심이 가득하다면 그 자신 스스로가 엄습한 공간을 만들게 된다. 차갑고 고통스러우며, 괴로운 공간을 만들어 스스로 옥죄며 살아갈 수밖에 없다는 것이다. 또한, 현신함에 있어서도 차갑고 두려운 공포의 대상이 되어 나타나게 되는 것이다.

그러한 이유는 우리 사람과 달리 영체들에겐 내면의 기氣나 마음속에 담긴 생각들이 곧 자신의 모습이 되고, 그러한 모습과 그가 발하는 기가 형상화되기 때문이다.

사람에 있어서도 기가 형성되는데, 부정한 생각을 하면 음습한 기운이 느껴지고, 맑은 생각을 하면 맑고 청아한 기가 느껴지는 것이다. 살생을 즐기는 사람에겐 죽임을 당한 자들의 원기와 살기가 서려 살기가 느껴지고 음해할 마음이 있는 사람에겐 어둡고 탁한 기가 느껴지며 자애롭고 은애하는 마음을 담고 사는 사람에겐 고맙고 감사함이 느껴지는 것이다.

그뿐만 아니라 그가 내뿜는 기가 상대에게 영향을 주기도 한다. 향을 쌓든 종이는 향내가 나고 생선을 쌓든 종이는 비린내가 나는 것처럼 생선을 가까이하면 당연히 비린내가 몸에 배는 것이다. 비린내가 난다면 당연히 파리가 꼬여 들어 무언가 얻은 것을 구할 것이다. 즉 내가 바르지 못한 생각을 하거나 그러한 사람과 어울린다면 그러한 냄새를 좋아하는 무리가 점점 모여들게 되고, 결국 그러한 수렁에서 벗어날 수 없게 된다는 것이다.

생각을 바르게 갖는 것이 참으로 중요한 것이다.

사람도 몸이란 유한한 집에 거주하는 영체이므로 맑은 영을 갖게 되면 맑은 날씨의 하늘처럼 청아한 맑은 기운이 생겨나게 되고, 사람 사이에 있어서도 영과 영 간에 대화나 소통이 가능해진다. 이를 텔레파시나

염력이라 말하지만, 사실은 영체 간의 교류인 것이다.

비록 멀리 떨어져 있다 해도 영체들은 오갈 수도 있고, 상대방의 생각을 알 수 있고, 대화도 가능한 것이다.

서로가 같은 생각을 하고 같은 파장을 가지고 있다면 충분히 가능한 것이다.

다만 사람들이 그리 살아오지 못했기에 보고 듣고 알지 못하는 것이며, 그러한 시도를 하지 못할 뿐인 것이다. 설령 마음은 있다 해도 그리되지 못하는 것은 밝은 거울이 아니라 비추지 못하는 것이고 마음에 풍랑이 일어 고요하지 못하기 때문인 것이다.

그렇다면 왜 맺히고 고통스럽게 살아가면 귀가 되는 것일까?

귀와 신이란 맺힘이라는 응어리이다. 풀리지 않은 매듭이 있을 때 나타나는 마음의 작용으로 한의 결정체라 말할 수 있을 것이다. 신이란 것 또한 인간 세상에 유익한 결정체인 것은 맞지만, 좀 넓은 의미에서 본다면 결국 귀와 신 모두 맺힌 매듭으로 한의 결정일 뿐이란 것이다.

미움의 결정이 귀이고, 사랑과 은애의 결정이 신이 될 뿐인 것이다.

『법구경』에 "사랑하는 이도 갖지 말고, 미워하는 이도 갖지 말라."라고 했다.

육조 혜능스님은 "착한 것도 생각하지 말며 악한 것도 생각하지 마라 (不思善 不思惡)"라고 했다.

선과 악이란 것은 이처럼 귀와 신이란 결과물을 만들어 낸다는 사실이다. 사람들의 관점에서 보았을 때 선한 것은 좋은 것이고 악한 것은 나쁜 것이 되겠지만, 옳고 그름이란 인간의 잣대를 버리고 대자연이란 넓은 틀에서 본다면 사실 존재하지 않는 것이다. 인간이란 종의 관점에서 본 아름이란 지식에 지나지 않는 편견일 뿐이란 것이다.

수행자가 추구하는 것이 인간이란 종의 한계에서 옳고 그름에 머문다면 그것은 작은 진실일 뿐이다. 대해와 같고 우주와 허공과 같은 큰 진실에 부합되지는 못하는 것이다.

그러므로 선과 악이라 이름 짓는 행위를 여위어야 대자연에 부합할 수 있을 것이다. 그래야 당연히 맺힘이라는 결과물은 생겨나지 않는 것이라 하겠다.

기인하여 볼 때 진정한 진리란 선과 악에 존재하는 것이 아닌 것이다.

맺힘과 한의 결정이 싫다면 당연히 가슴에 응어리를 담지 말고 살아야 한다. 용서하고 포용하며 사는 것이 덕목이겠지만, 한 걸음 더 나아가 담지 않으면 되는 것이다. 그렇게만 된다면 귀와 신의 몸으로 사후에 구천을 떠도는 몸에서 벗어날 수 있게 되는 것이다.

그러므로 진실로 잘사는 방법은 가슴에 담아 두지 않는 것이다. 사람이기에 누군가를 미워하고 슬프고 힘들고 고통스럽다 하더라도 그러함으로 흘려버리고 가슴에 담아 두지 않는다면 그것은 한의 결정이 되지 않는다.

이러한 결정체들이 본질의 자신 모습을 보지 못하는 관계로 무언가 풀고 싶은 것이 있을 때 사람의 주변을 맴돌며 자신의 의사를 나타내고자 하는 경우도 있고, 간혹 우리네 사람이 집을 의지해 안주하듯 그들도 바위나 나무 혹은 그가 과거에 살았던 집, 평소에 아끼든 물건이나 산소 시신이 버려진 장소 등등을 의지처로 삼고 머무는데 우리네처럼 집으로 여기며 살아간다는 것이다.

사실 이것은 과거 사람으로 살 때의 습에서 비롯된 것으로 애착이 강했던 물건이나 장소가 그들에겐 자신이 의지할 수 있는 마지막 안식처로 여겨 벗어나지 못하기 때문이다. 우리가 집이나 직장을 쉽게 버리지 못하듯 그들 역시 그것을 쉽게 버리지 못하는 것이다. 사실 스스로 벗어난다는 것이 실로 불가능한 것이다.

만일 누가 내 집을 허문다면 당연히 죽음을 두려워하지 않고 싸우듯, 그들 역시 실수로 그가 머무는 처소를 해한다면 당연히 화를 내며 원한을 갚으려 할 것이다.

내가 사는 마을에 이런 일이 있었다. 한 남자가 손이 펴지지 않는 선천적 불구로 조막손으로 태어났다. 몸이 불구이다 보니 결혼도 못 하고 주위의 천대와 멸시 속에서 혼자 외롭게 살다가 죽었다. 마을 사람들이 불쌍히 여겨 그를 매장해 주었는데 어느 날부터 그의 묘에 소나무가 한 그루 자랐는데 마치 그의 생전 조막손처럼 생겼다고 한다.

시간은 흐르고 소나무는 제법 커 다북솔이 되어 있었다.

마을 사람 하나가 소나무가 작두바탕으로 딱이라며 자르려고 하자 마을 다른 이가 "그래도 미등인데 그래서 되겠어?"라며 만류했다. 그는 "요즘 세상에 귀신이 어디 있느냐."며 잘라다가 작두바탕을 만들어 썼다. 그리고 3년 만에 그의 손이 죽은 이의 조막손처럼 오그라들어 생전에 죽은 이의 손과 똑같이 되었다고 한다. 좋다는 병원은 다 찾아다녔고 좋다는 약은 다 먹어 보았지만, 효험이 없어 결국 조막손으로 평생을 살다 죽었다고 한다.

이십여 년 전 실제 있었던 일이다.

또 한 예는 이분은 독실한 기독교인으로 마을에서 정평이 나 있는 사람이었다. 마을에 초상이 나서 장례를 치르는데 지관이 "나이가 몇 살, 몇 살 되는 사람은 하관 시 피하세요." 하며 말했다. 이분이 그 나이에 해당했지만, 자신은 세상에서 제일 높은 하나님을 믿는다며 이를 무시하고 하관에 참여했다. 그리고 몇 시간 후 집으로 돌아와 대문을 들어서며 '아이고 머리야.' 한마디 남기고 대청도 못 밟고 쓰러져 급사하고 말았다.

뭐 이러한 예를 든다면 책 한 권으로 부족할 것이다. 내가 말하고자 하는 바가 아니기에 각설하고.

전자의 경우 묘 등에 난 소나무는 죽은 이의 한의 응어리였다. 결국, 자신의 한을 담은 결정체를 부수었다는 것이 원한의 대상이 되어 빚어진 일이다. 후자는 원한의 대상은 아니지만, 상극관계 마치 고양이와 쥐나 쇠와 나무처럼 극의 관점에서 일어난 일이다. 본래 자연은 상생과 상극이란 두 앙숙이 존재한다. 옛 어른들은 급살 맞았다고 말하는데, 이 살이란 것이 상극인 앙숙관계인 것이다. 찬 공기와 더운 공기가 만나 회오리바람이 일 듯 극점이 되면 전혀 다른 모습으로 새롭게 변하게 되는 것을 말한다.

사람이 죽는다는 것은 하나의 극점이고, 또 다른 극점인 특정한 생년월일을 만나게 된다면 회오리바람으로 변할 수 있다는 것이다.

무당이 산이나 계곡을 찾아가 촛불을 켜고 기도를 한다. 자연의 정기를 받기 위해서라 말은 하지만 사실 신의 의지 처에 찾아가 대화를 모색하거나 그의 힘을 빌고자 함에 지나지 않는다.

앞에서처럼 응어리의 결정체들은 영체로 존재 시간이 길다. 그뿐만 아니라 집착이 강한 사람의 영체나 사랑이 깊었거나 자애로움이 극에 달한 경우의 영체도 오래 산다. 넓은 의미에서 한이란 것과 사랑이나 집착이란 것이 다른 모양처럼 보이지만 내면에서 보면 모두가 같은 모양이다. 즉 그것이 무엇이든 간에 결정이며, 응어리이다. 맺혔다는 것은 결코 쉽게 풀어지는 것이 아니란 사실이다.

집착이 강한 물건도 마찬가지이다. 그가 생전에 무지 아끼던 물건이었다면 사후 영혼이 되어서도 그 집착에서 벗어나지 못한다. 그것은 내 것이다. 누가 손대거나 갖는다면 당연히 내 것을 빼앗는 것이라 여겨 빼앗기지 않으려 한다. 어느 날 오래된 골동품을 구입하고부터 집안 식구가 아프다거나 예기치 못한 불행이 찾아오며, 산이나 계곡에서 특별한 무언가를 주어 가져온 다음부터 집안이 풍파가 생겨나고 아프다든가 하는 등등의 사건들은 이러한 집착의 산물을 손댄 결과라 보아야 한다.

보통의 경우 영혼이 영혼으로 살 수 있는 시간은 아주 저속한 영체라한다면 십여 년 정도 존재할 것이고, 좀 더 낮은 영체라 한다면 수십에서 많게는 수백 년 존재하지만, 간혹 수 천 년을 살기도 한다.

그러한 수명을 결정하는 것이 응어리의 무게로 미움의 응어리로 결집한 영혼이라면 당연히 부정적인 모습 저주나 죽임 가까이 가면 위험한 존재로 남을 것이다. 사랑과 자비의 응어리라면 당연히 신령이나 신 감화나 감응 같은 자비의 표상이 될 것이다. 유명한 기도처나 영험 있는 장소 가피를 입을 수 있는 곳으로 남을 것이다. 문제는 나쁜 응어리라 해서 빨리 소멸하고 좋은 응어리라 해서 오래 존재하는 것은 아니라는 것이다. 한의 응어리가 크고 자비의 응어리가 작다면 당연히 한의 응어리가 오래 존재한다.

　선과 불선의 문제가 아니라 집착의 크기가 그의 존재를 결정할 뿐이다.

　인간의 본질이 즐겁고 고마운 것은 금세 잊어버리지만, 밉고 슬프고 고통스러운 것은 오래 기억한다. 그러므로 영계엔 좋은 맺힘은 작고 나쁜 맺힘이 많이 존재하고 또한 그들이 우리에게 암암리 영향을 주고 있는 것이다. 무지한 우리는 그것이 무엇인지도 모르면서 지대한 영향을 받으며 살고 있다는 것이다.

　그래서 내 지론은 모든 것을 놓아버리고 담지 않고 사는 것이 최선의 삶이라는 것이다. 그렇지 못할 것 같으면 차라리 좋은 것은 오래 기억하고 나쁜 것은 빨리 잊어버리고 살라는 것이다. 그게 가장 잘사는 방법이다. 내가 좋은 것만 기억하면 사후에도 좋은 응어리가 맺히게 될 것이고 인간사에 나쁜 영향을 주지는 않을 것이기 때문이다. 나도 기쁘고 세상도 기쁘고 말이다.

　그러나 넓은 의미에서 본다면 이러한 응어리는 모두가 옳지 않은 것이다.

　세상 사람들은 자비나 사랑이라 말하면 마치 고귀한 존재로 여긴다. 신이 주신 최고의 선물로 여기지만 앞서 말했듯 넓은 의미에서 보면 그리 대단한 존재는 아니다. 자연은 자연스러운 것이다. 사랑이란 자연스럽게 자연을 닮아 가는 모습을 인간의 언어로 표현했을 때 나타나는 현상일 뿐 인간의 언어로 표현되는 것은 아니기 때문이다.

　진실로 그것이 무엇이든 응어리라면 참사랑이 될 수는 없다는 것이다.

　적당한 표현인지는 모르겠지만, 표범이 가젤 한 마리 목을 물어 넘어뜨리면 한 생명이 죽게 된다. 사람들은 그 한 생명의 죽음을 슬프게 여기지만 한 생명이 죽음으로 인해 또 다른 한 생명은 살아간다. 그러므로 인해 초식동물 수는 자연 조절되고 풀들이 무성해지는 계기가 되어 더 많은 동물이 살아가게 된다. 표범 역시 힘이 있다 해서 힘없는 초식동물을 함부로 물어 죽이지는 않는다. 사냥이 끝나 배가 부르면 코앞에 가젤이 뛰어다녀도 거들떠보지 않는다. 최소한 배가 고플 때까지는 말이다. 인간들처럼 냉장고를 만들어 냉동하지도 않고, 육포를 떠 훈제하지도 않는다. 가죽을 벗겨 장신구를 만들지도 않으며, 많이 잡아 팔아 목돈 만들려고 허덕이지도 않는다. 일용할 양식 이상은 취하지 않는 것이다. 이것이 곧 자연의 모습인 것이다.

그러나 인간이란 동물들은 무엇이든 그냥 두는 것이 없다. 파고 헤집고 부러뜨리고 무너뜨린다. 돈만 된다면 말이다. 사랑한다고 사랑해야 한다고 입에 달고 살면서도 속으로 들어가 보면 사랑이 무엇인지 잘 알지 못한다. 사랑해서 결혼한다고 말하면서 삼 일도 안 되어 뭐 성격이 맞지 않는다고 갈라선다. 책임이 따르지 않는 사랑만 보았던 모양이다. 내것만 채우는 사랑만 배운 모양이다. 낳아 주셔서 고맙고 감사하며 사랑한다고 하면서 부모를 추위에 얼어 죽고 굶어 죽게 만든다.

그들이 사랑을 몰라서, 안 배워서 그런 걸까? 물론 배워서 안다. 초등에서 고등교육까지 수없이 보고 배우고 연습했지만, 사랑의 본질을 배우지 못한 것이다. 가르쳐 주는 스승이 없었기 때문이다.

인간들에겐 사랑에도 경제가 필요하다. 오롯한 사랑만은 없다. 아니 사랑보다는 경제가 우선한다는 것이다. 그들은 사랑도 거래하는 물건이고, 나에게 이득이 있어야 가능한 것이다. 결혼이란 것 역시 사랑보다는 거래가 앞서지 않는가!

대자연에서 본다면 이처럼 거래하는 사랑은 참사랑이라 말할 수 없는 것이다. 무지한 인간이 갖는 집착이요, 편집일 뿐이다.

연애한다고 할 때 연애라는 것에 정의를 내려 보면 연戀이란 연인 간의 사랑을 말한다. 한 남자와 한 여자가 만나서 서로 은애하며 좋아하는 것을 의미하고 애愛란 아버지 어머니가 자식을 아끼고 사랑하는 것처럼 큰 사랑을 말한다. 즉 연애를 한다는 것은 단순하게 한 남녀가 서로 은애하는 "당신만 사랑해." "너만 있으면 돼." "넌 내꺼야." 식의 독선적인 사랑을 포함해서 부모님을 존경하고 사랑하며, 아이를 사랑하며 이웃을 사랑하는 큰 사랑의 마음도 같이 가져야 비로소 연애를 하는 것이다.

진실로 연애를 한다는 것이 참으로 어려운 일이다.

옛 어른들은 남녀 간에 만나 사랑하는 것을 정분 났다고 말한다. 정情이란 오욕칠정을 의미하는 것으로 연정이 생겨나 서로 보고 싶고 만지고 안고 싶은 욕망의 정욕을 말하는 것이다. 이는 비록 당장은 죽고 못 살 것 같지만, 시간이 흘러 정분의 인연이 다하면 스스로 식어가는 사랑을 의미한다.

요즘 우리가 쓰는 언어로 이를 사랑이라 표현하지만 사실 사랑이란 표현보다 정분이 더 옳은 말이다. 사랑한다는 것은 이러한 욕망적인 사랑을 포함해서 앞서 말한 그러한 큰사랑을 동시에 품어야 비로소 연애하는 것이요, 사랑을 하는 것이다. 그리고 일방이 일방을 채우는 것은 온전한 사랑이 아니다. 사랑이란 서로가 서로에게 자연스레 담기는 것으로, 서로에게 이로운 관계가 되어야 참사랑인 것이다.

사랑은 자연스러워야 한다. 그것이 참사랑이며, 응어리 맺히지 않는 사랑인 것이다.

서로가 몸을 섞을 때는 네가 없으면 죽을 것 같다가 십 분도 안 되어 식상해진다면, 딴 여자 딴 남자 품을 생각한다면 그런 것은 참사랑이라 말할 수는 없다.

말이 나왔으니 섹스에 관한 이야기도 좀 하고 넘어가자.

본래 참인연의 부부란 한날한시에 태어나며 죽을 때 또한 한날한시에 간다고 한다. 그런 부부가 간혹 있기는 하지만 대부분 우리네 부부는 그렇게 만나지 못하는 것이 현실이고, 보면 사실 불가능한 일이라고 생각한다. 이런 참 인연의 부부라면 서로 몸을 섞으면 그것이 상생의 도가 되어 서로에게 기를 충만하게 해 주며 은혜롭고 감사하는 마음이 담겨 있어 양쪽 모두 공덕의 길을 가게 된다. 몸을 섞을수록 건강을 회복하며 수명이 늘어나고 가업이 번창하며 자손이 성공하고 하는 일마다 잘된다고 한다. 성행위 자체가 공덕을 쌓는 일이 되는 것이다.

본래 음양화합이 만물의 근원이요, 상생의 도이기 때문이다.

그러나 현실의 대다수 부부는 참 연으로 만나지 못하고 업보의 경중과 집착의 무게에서 만나게 된 인연이라 업연이 다할 때까지는 서로 사랑하고 은애하지만, 업연이 다해지면 서로가 미워지고 싫어져 소 닭 보듯 하는 관계가 되고 만다. 서로 좋아 죽고 못 사는 것이 삼 년이라 하지 않던가.

성관계를 생각해 보자. 섹스를 하고 싶은 마음이 생겼을 때는 그리고 관계를 가질 때 더할 나위 없이 사랑스럽고 예쁘게 보이던 상대가 사정 후에는 딱 싫어진다. 심지어 불쾌감마저 든다. 불과 일, 이십 분 사이에 그처럼 사랑스럽던 마음은 어디로 사라진 것일까?

아마도 대부분의 사람이 느껴 본 감정일 것이다. 만약 그러한 감정을 느끼지 않고 사랑의 감정이 계속 이어진다면 아마도 이러한 부부는 비록 한날한시에 태어난 부부는 아니라 해도 선연에서 만난 부부로 평생을 살아가면서 서로에게 은애하며 사랑할 수 있는 좋은 인연의 부부라 생각한다. 또한, 자식들 역시 선연으로 만나게 되어 부모 속 썩이는 일도 별로 없고 그냥 두어도 스스로 알아서 잘하는 효자, 효녀를 갖게 될 것이다.

부부가 선연에서 만나지 못했다면 본인들이 불행한 것은 당연하겠지만, 자녀의 운에 있어서도 그리 좋지 못하다는 것이다. 불행은 불행을 몰고 오고, 행복은 행복을 앞세우고 다닌다.

사바의 중생이란 그것이 부부라 해도 행복과 불행을 함께 나누지 못하는 것이다. 불행을 나눌 부부와 행복을 나눌 부부가 따로 있다는 것이다.

행복을 나눌 부부를 보면 사업이 잘되어 부유할 때 서로 은애하다가 사업이 망하거나 가난해지면 서로 헤어지거나 아니면 한쪽이 죽게 된다. 반대로 불행을 나눌 부부라면 가난할 때는 서로 의지하며 금실이 좋다가 부자가 되어 좀 여유가 생기면 딴 여자에게 눈을 돌린다거나 이혼을 하며 아니면 한쪽이 죽거나 불구가 된다. 이는 불행을 나눌 부부로 연이 맺어진 것이다.

부모 자식, 형제간에도 그러하다. 행복과 불행은 부모 자식간에도 함께하는 것이 아니며 형제간에도 함께 하는 것이 아니다.

본래 행과 불행의 두 연은 전혀 다른 것으로 평행선일 뿐 교착점이 존재하지 않는 다. 불행하게도 사람들은 행복이란 이상을 꿈꾸며 이 둘을

다 갖기를 원하지만 사실 중생의 세계란 양손에 떡이 주워지는 경우는 잘 없다고 보아야 한다.

본래 이 땅에 사는 생명체는 모두가 지구의 부정한 진액(물)을 먹고 산다. 자연이 만들어 내는 부정한 진액으로 생명을 유지할 뿐만 아니라 그것으로 자신의 몸의 7할은 채우고 태어날 때에도 어머니의 부정한 물속에서 열 달을 살며 구멍이란 구멍에선 부정한 물들이 줄줄 새고 마치 이것이 당연한 듯 사는 것이 사람이며, 동시에 이 땅의 생명체들인 것이다.

자, 앞 영혼 이야기로 되돌아가 본다. 사람이 태어남과 다르게 영혼이 이승을 떠나면 지향산에 이르러 인당수를 마심으로 과거 인간 세상에 살았던 희 로 애 락의 상처와 과거생의 모든 것을 잊고 영혼의 세계로 나아간다고 한다. 인당수를 망각의 샘이라고도 하는데 이는 '버린다', '새로워진다'는 의미도 가지고 있다. 즉 인간사를 잊지 않고 새로운 세계의 문을 연다는 것은 부정한 손으로 음식을 만드는 것과 같아 전혀 새로운 세계가 되지 못하는 것이다.

그러므로 버리고 가지 않으면 갈 수 없는 곳이라 한다.

그러나 현실은 그렇지 못하다. 영혼들이 당연히 버리고 잊고 가야 할 과거 인간 세상의 기억을 그대로 가져감으로 인해 과거생의 원증이나 사랑하고 집착했던 그 무엇에서도 벗어나지 못하고, 그에 얽매이고 구속되어 떠나가게 된다.

결국은 과거생의 모습인 사람에게서 벗어나지 못하는 존재가 되고 만 것이다.

그로 인해 현실에서는 이들의 점유나 침탈행위도 끊임없이 일어나고 결국은 이 세계와 저 세계가 모두 혼란에 빠지는 계기가 되고 말았다.

본래 이 두 세계는 파장이 서로 다르기 때문에 서로가 관여할 수 있는 세계가 아니다. 관여한다는 것 자체가 옳지 않다. 그러나 현실은 이 세계에서 저를 관여하는 것이 아니라 저가 이를 마치 안방 드나들 듯하며 자신들이 없으면 이 세계가 존재하지 못하는 듯 자신의 영역처럼 여긴다는 것이다.

사람들도 같은 부류끼리 모여 다닌다. 유유상종이라 하지 않는가? 코드가 맞아야 서로 편하게 놀 수 있고 즐길 수 있는 것이다. 이처럼 영들도 인간사에 관여함에 있어 자기가 좋아하던 것에서 벗어나지 못한다. 그들이 비록 몸은 없으나 과거 삶의 습이 그냥 남아 있어서 인간에 기댈 때에도 자기가 좋아했던 것을 즐기는 사람에게 의지하게 된다. 음식을 좋아했다면 당연히 식탐이 많은 사람에게 찾을 것이며, 술을 좋아했거나 여색을 좋아했다면 당연히 그러한 부류의 사람을 찾아가 빙의한다. 그리고 그를 이끌어 그곳으로 데려가 자신의 욕구를 채운다. 욕구가 충족되면 홀연히 떠나 아무 일 없는 듯 지내지만, 다시 욕구가 생겨난다면 언제든지 욕망을 채울 대상으로 인간을 이용한다. 한번 그들에게 이용당했다면 다음번에 또다시 찾아와 욕구충족의 대상으로 삼고, 그러한 과정이 반복될수록 인간은 그들의 숙주가 되어가는 것이다. 그들의 노예가 되는 것이다.

귀신이 아닌 사람의 입장에서는 불현듯 어떠한 욕구가 생겨나 잘 절제가 안 된다거나 자신의 의지와 무관하게 무엇에 깊이 빠져든다면 자기 내면의 표출이라 보기보다는 빙의에 의한 경우가 더 많다고 보아야 한다. 여색이나 술이라면 더욱 그러하고, 돈과 명예 뭐 이런 것 역시 예외는 아닐 것이다.

예전에 내가 아는 사람 가운데 이런 이가 있었다. 지금도 잘 살고 있는 사람인데 그는 평소에는 법 없이도 살 수 있는 참으로 순박한 사람이다. 그런데 그는 주기적으로 한 달에 딱 한 번 술을 마신다. 매달 월례행사로 술을 마시는데, 그가 술을 마신다 하면 부인은 물론 가족이나 이웃까지도 아무도 옆에 가질 않는다. 일단 술 몇 상자를 방에 들여놓고 문을 걸어 잠근다. 그리고는 병술을 마셔대는데, 다른 것은 아무것도 먹지 않고 담배와 술만으로 2박 3일 동안 그 상자를 다 비우곤 3일이나 4일째 되는 날 사람이 새까맣게 타서 문을 열고 밖으로 나온다. 그리고는 사나흘 끙끙 알고 다시 평소 생활로 돌아간다. 만약 그가 술 마시는 데 문 열고 들어가거나 '이러면 되느냐'고 훈계를 한다면 바로 칼부림 난다.

이야기 한 가지 더 해 보자.

우연한 기회에 살인을 하고 복역 중인 한 사람을 알게 되었다. 그가 살인을 하게 된 사연을 듣게 되었다.

사연인즉, 오랜 지인이 있었다. 그와는 고등학교 동창으로 막역한 사이였다. 어쩌다가 두 사람은 한 여자를 사랑하게 되었고, 여자를 두고 서로 양보하라면 다투게 되었다. 어느 날 둘은 술집에서 술을 마시며 여자 문제로 다투었다. 그 친구가 너무 화나게 하는 바람에 홧김에 그를 위협한다며 젓가락을 부여잡고 그를 찌르는 흉내를 낸 것 같은데 정신을 차려 보니 친구는 땅바닥에 쓰러져 있었고, 자기 손에는 피 묻은 칼이 들려 있었다는 것이다. 지금도 자신이 사람을 그것도 막역한 친구를 죽였다는 것을 믿지 못한다고 했다.

하필 그 시간 그 순간 젓가락이 있어야 할 자리에 칼이 놓여 있었던 것이다.

앞의 두 이야기는 대충 감이 올 것이다. 뒤의 이야기는 죽이거나 죽임을 당한 두 사람이 과거 생에 원한관계였거나 아니라면 언제인가 누군가의 원한을 산 일이 있었고, 그 원한을 갚지 못한 영혼이 이 사람에게 빙의 된 결과이다. 보통 우리는 우발적인 살인이라 말하지만, 어찌 보면 이 사람은 아무 잘못이 없을 수도 있다. 다만 불행한 것은 현실에서 인간 세상의 법은 그런 것을 알아주지 않는다는 것이다. 그는 그냥 살인자일 뿐이다. 또한, 빙의라는 것을 잘 모르는 사람의 눈에는 더더욱 그리 보일 뿐이다.

내 주위엔 특별난 사람들이 참 많다. 지금까지 읽어왔듯 이런 이야기를 입에 올리는 사람은 별로 없다. 세상과 소통을 하려니 세상 말을 써야 하고, 이해를 돕자니 여기저기서 단어들을 주워 왔지만 그렇다고 뼈다귀까지 주워 맞추고 내 것이라 말하지는 않는다. 사실 내 것이라 표현하는 것은 대자연을 모독하는 것이다. 내 것이 아니라 대자연의 것이고, 대자연을 참으로 그려 보려고 노력하고 있을 뿐인 것이다. 지금까지 그 누구도 하지 않은 껄끄러운 이야기를 난 하고 있을 뿐인 것이다. 어떻게 하면 좀 더 진실에 가깝게 설명할까, 이렇게 말하면 이해할까 고심하면서 이야기를 엮고 있는 것이다. 혹자는 미친놈이라며 욕할 것이다. 그러나 난 이 하나를 풀기 위해 평생을 투자했고, 앞으로 계속 그러할 것이다. 여기까지 읽었다면 지겹더라도 끝까지 읽어 보길 바란다. 반드시 수행에 도움이 될 것이라 여긴다.

그중에 한 분의 이야기를 해보기로 한다.

이분은 태어나서 일곱 살까지 말을 하지 않았다고 한다. 이유인즉, 사람의 얼굴을 쳐다보면 그가 무슨 생각을 하고 있는지 무슨 말을 할 것인지 다 알았다고 한다. 꼭 말을 하지 않아도 이미 말은 다 한 것이고, 이미 말을 다 하고 들었는데 또 무슨 말이 필요한가 싶어 입을 열지 않았다고 한다. 내가 그러기에 남들도 다 그런 줄 알았다는 것이다. 그러니 말할 필요가 당연히 없는 것이다. 그런데 초등학교에 입학함과 동시에 그런 예지가 사라져 그때부터 말을 했다는 것이다.

그리고 성장해 어른이 되었고 우여곡절 끝에 출가를 해 사문이 되었는데, 어느 날부터 자신의 과거 전생의 삶이 일목요연하게 훤히 보이더란 것이다. 과거에 인연이 있었던 사람을 만나면 그와의 업연 인과관계가 보였고 어떤 이를 만나면 그가 살아온 인생이 훤히 보이는 것이었다.

이 분이 잘 아는 사찰을 찾았는데 큰스님이란 분이 법문을 하려고 막 법상을 오르고 있었다. 처음에는 말이 어눌하며 무언가 좀 어릿하다가 신장이 툭 치고 큰스님의 몸에 들어오면 그때부터는 눈이 초롱초롱해지면서 말에 힘이 실리고 청산유수 같은 법문으로 그냥 대중을 확 휘어잡는다는 것이었다.

이런 모습은 자기밖에 못 보니까 그냥 혼자 웃고 말았다고 하는 이야기를 들었다.

진실로 큰스님이란 분이 법문을 하신 것일까?

당연히 아니다. 신장이 하는 법문인 것이다. 그런데 우리는 송구스럽게도 큰스님의 법력이라며 그를 칭송한다는 사실이다.

나 역시 그분의 이야기를 들으며 허허 웃고 말았다.

사실 우리가 사는 세계는 이러한 일들이 비일비재하다. 아니 전부 그러하다고 보아도 무방할 것이다. 우리보다 상층 세계인 영계 또한 욕망의 세계이다. 선연의 신장도 많이 존재하겠지만, 부정업을 떨치지 못한 부정한 영체들은 더 많이 존재한다. 그들도 우리와 같이 욕망이 있고 갈구하는 바가 있다. 다만 몸이 없어 형상화하지 못할 뿐인 것이다. 그들이 자신의 욕망을 형상화하려면 당연히 몸이 있는 대리인이 필요할 것이고, 그것이 우리가 되는 것이다.

그릇에 따라 큰 그릇이라면 당연히 커다란 욕망을 가진 신장들이 쓸 것이며, 작은 그릇이라면 또한 그를 필요로 하는 신장이 쓸 것이다. 이도 저도 아니라면 술 귀신, 놀음 귀신, 여색을 탐하는 귀신 무리가 숙주로 삼아 자신의 욕망을 충족하고 있을 것이다.

내가 내 집 주인이라 말하지만, 그것은 무지해서 이르는 말이다. 사실 우리는 온통 영계의 그늘에서 벗어나지 못했다. 그들의 입김이 나를 만들고 우리를 만들고 세계를 만들며, 그들의 손에서 권력이 나오고 그들의 손에서 부와 명예가 나온다.

온 천하가 귀신 놀음이며, 도깨비 놀음인 것이다.

"허 허 허…"

좀 다른 이야기를 해 본다.

무속인들이 모시는 신장을 보면 이순신 장군이 제일 많고, 최영 장군을 모시는 곳이 아마도 대한민국에 수십 곳은 될 것이다. 이순신 장군은 한 분인데 어떻게 그렇게 분신이 많은지 모르겠다. 그리고 무슨 대감은 그리 많은가 모르겠다. 우리나라 역대 벼슬아치 다 모아도 이보다 적은 수일 것이다. 무슨 보살 장군은 왜 그리 많은가? 할아버지라 칭하는 신과 동자라 칭하는 신은 집집마다 수명에서 수십 명이나 된다.

그들이 하는 이야기를 들어보면 보통 사람들이 점 보러 오면 뒤에 수십 명의 신장들이 주욱 따라 들어온다고 말한다. 이들 말에 의하면 본인의 조상신으로, 보통 우리네들도 좋든 싫든 수십 명의 조상신을 몸에 달고 다니는 것이다.

조상신이 후손을 따라다니는 것은 후손들의 안녕이 염려되었을 수도 있고, 혹자 원한이나 은혜를 갚기 위해서일 수도 있을 것이다.

이들에게 "신이 도대체 얼마나 됩니까?" 하고 물어보면 대답이 "뭐, 저 산의 나뭇잎보다 많다."라고 대답하기도 한다.

저 산에 나뭇잎보다 많은 신의 세계 과연 무엇이 그들을 만들었을까?

마음의 작위는 무한한 것이다. 생각이란 마음에서 일어나는 현상으로 내가 무엇을 생각하든 나의 자유이며, 그 무엇에 제재도 받지 않는다. 마음에서 일어나는 현상을 물리적으로 제어할 수는 없다. 오직 내가 그러한 생각을 하지 않으면 일어나지 않을 뿐이다.

영계란 마음의 작위와 같다. 마음을 내지 않으면 일어나지 않는 것이다. 그러나 그들은 이러한 마음의 작위를 잘 알지 못한다. 마음에서 일어나는 모든 것이 현실이며, 사실이라 받아들이고 그것에서 무엇을 구하려 하는 것이다.

즉, 자신이 위대한 영웅이란 마음을 내면 내가 위대한 영웅이 되는 것이다.

육신의 집을 가진 우리가 보면 환상이 되는 것이나 그를 벗어 버린 영체가 보았을 때는 실체가 된다. 자신이 진짜 위대하고 전능의 존재가 되어 있는 것이다.

이것이 위인이 만들어지며 수많은 허상이 생겨나는 이유인 것이다.

이러한 마음작위가 시간이 지날수록 점점 단단해지고, 자신이 진짜 그가 된 듯 착각에 빠지게 돼 그러한 모습으로 존재하려 하고, 존재하는 것이다.

이것이 수많은 영체가 만들어지는 과정이 된다.

나는 불자다 보니 사찰이 보이면 차를 멈추고 찾아가 참배를 한다. 그런데 보통 신자와는 좀 다르게 난 부처님에게 절을 하려고 참배하지는 않는다. 내 부처는 당연히 내 법당 안에 있어 늘 참배하는 것이지만, 그냥 지나가는 나그네가 주인을 먼저 찾아봄이 예이고 길손으로 당연히 주인에게 먼저 예를 갖추는 것이 옳다 여겨 참배를 한다.

무슨 이야기냐 하면, 사찰을 찾아가 참배를 하면 그곳 불단에 좌정하고 계신 부처가 가는 곳마다 다르다는 것이다. 어떤 곳은 다소곳한 여인이 앉아 맞이하는 곳도 있고, 위엄 있게 스님이 좌정해 계시는 곳도 있으며, 두루마기에 갓을 쓰고 단상에 단아하게 앉아 맞이하는 곳도 있다. 여러 명의 신장이 각기 다른 모습으로 좌정해 맞아 주는 곳도 있다. 간혹 출타를 했는지 빈 법당도 있지만, 어찌 되었건 불상을 모셨다는 보이는 세계를 말하는 것은 아니다.

내가 그분들께 예를 갖추는 것이 당연하다고 생각한다. 그래도 한곳에 머물며 수많은 신자의 아픔과 고통을 어루만지며 그들이 원하는 수많은 소원을 받아 주려면 작은 원력으로 되는 것이 아니다. 그것만 해도 대단한 것이다. 과거에 대단한 삶을 살았다는 증거이고, 충분히 훌륭한 분이라 예를 받기에 충분하다고 생각하기 때문이다.

소원을 들어준다는 유명한 기도처는 상당한 원력을 가진 분들이 계신다. 간절함이 있고 또 연이 닿는다면 그분들은 중생이 소원하는 바를 들어주기도 한다.

중생의 입장에서 본다면 소원성취했으니 가피가 대단한 곳이며, 영험하신 부처가 계시는 곳이 된다.

그러나 본질에서 본다면 이것은 부처의 가르침과는 사뭇 다른 것이다.

일각에서 한국 불교를 원력 불교라고 한다.

관세음보살의 모든 중생을 연민하는 대자대비의 원願이나 지장보살이 지옥중생을 다 건지고 성불하겠다는 것이 대표적인 원이겠지만, 모든 보살은 중생구제의 원을 가지고 있다. 구도자라면 당연히 불쌍한 중생을 구제하는 것이 본분이 되는 것으로 이것이 주축이 되는 불교를 원력 불교라 말한다.

그러나 이것을 조금 작게 나라는 존재에 국한해 보면 내가 바라는 바의 욕망이란 것으로 흘러가게 되고, 결국 욕망의 세계인 소원성취로 이어지게 된다.

자식도 잘되어야 하고, 장사가 잘돼 돈도 벌어야 한다. 시집 장가도 잘 보내야 하고, 자녀들도 건강하며 손자 손녀도 무병장수해야 한다. 재수도 대통해야 하고 뭐 이루 말할 수 없는 수많은 바람으로 가득해지는 것이다.

이것이 나에게서 우리로 바뀌게 되면 세상은 온통 수많은 소원으로 가득하게 되는 것이다.

본래 불교란 수행을 통해 업보를 맑혀 내가 부처 되는 것이지, 돈 많이 벌고 자식 잘되고 건강하고 잘 먹고 잘사는 것이 불교는 아닌 것이다.

원력 불교의 본래 의미는 욕망충족이란 작은 것을 통해 깨달음이란 본질에 나아가게 하자는 것이 목적이지만, 현실에선 욕망에 머물러 더 나아가지 못하는 폐단을 만들고만 것이다.

이들이 만든 세상이란 욕망에 편승한 욕망의 세계일 뿐이다.

욕계란 욕망이 기본이 되는 세계로 욕망이 없으면 존재할 수 없는 세계이다. 욕망의 세계. 결국, 종교라는 포장지 속의 세계를 보면 이들 또한 욕망으로 가득한 세계를 만들고 이에 편승하고 있을 뿐인 것이다.

마음이란 참으로 특별하고 위대한 존재이다. 산다는 것이 과거로부터 오늘까지 수많은 삶이 결집된 종합예술이듯, 그를 담고 보존하며 만들어 가는 공방이 마음이다. 당연히 공방 운영자는 나인 것이고, 우리가 보는 모습은 각각 내가 만들어 낸 각각의 공방 작품들인 것이다.

앞에서도 잠시 언급했지만, 이러한 침탈이나 점유 행위들은 불완전한 나이기 때문에 생겨나는 일이다. 사람에겐 누구나 약점이 있다. 약점이란 곳은 결함이며, 가장 약한 곳이다. 그를 통해 나를 잃어가는 문이 된다는 것이다.

먼저 완성된 온전한 나의 영체를 만드는 것이 먼저이다. 만약 그럴 수 없다면 보정 받아 의수나 의족이라도 해야 한다. 그것이 그나마 없는 것보다 낫기 때문이다.

수행이란 나를 완성해 가는 것이고, 구도란 나를 보고 보정하고 알아가려는 것이며, 성불이란 나를 찾은 것이다.

수행은 구도자의 전유물이 아니다

✎ 원효스님이 당나라 유학길에서 해골에 담긴 물을 마시고 깨달아 하신 말씀이다.

심생즉 종종법생 心生卽 種種法生.
심멸적 종종법멸 心滅卽 種種法滅.

"마음을 내면 갖가지 법이 생겨나지만
마음을 내지 않으면 갖가지 법이 생겨나지 않는다."

유명한 일화로 모두가 잘 아는 이야기다.

원효스님이 법을 구하기 위해 당나라로 가다가 날이 저물어 제실에서 잠을 자게 되었다. 잠결에 목이 말라 머리맡을 더듬어 보니 그릇이 손에

잡혀 잠결에 맛있게 물을 마셨다.

아침에 일어나 어제 잠결에 맛있게 마신 물그릇이 생각나 머리맡을 보니 해골이 놓여 있었다. 그뿐만 아니라 해골 속에는 커다란 지렁이가 물에 빠져 죽은 지 얼마나 되었는지 퉁퉁 불어 엄지손가락만 한 것이 담겨 있었다. 순간 구토를 느껴 토하면서 깨달음을 얻은 것이다.

'마음을 내면 모든 것이 보여 알지만, 마음을 내지 않으면 보이지도, 알지도 못하는 것이다.'

마음이라 말하는 이 마음은 우주보다 크고 넓다. 별빛이 몇백만 광년을 달려와 오늘 내가 보는 것이다. 지금 내가 보고 있는 저 별은 백 년 전이나 천 년 전에 이미 수명이 다해 소멸되었는지도 모르는 저 별빛을 나는 지금 보고 있는 것이다.

우주엔 수많은 행성이 있다. 태양계만 하더라도 인류가 가본 곳은 가장 가까운 달과 화성이 고작이고, 여기까지 가는 것도 수년이 걸리는 일이다. 이처럼 장대한 우주 은하계는 상상할 수 없이 넓어 그 안에 지구 같은 초록별이 몇 개가 더 있을지 아무도 모르는 무한한 세계라고 한다.

그런데 이 장대고 무한한 세계가 내 가슴 속에 있는 마음보다는 작다. 나의 이 마음은 그러한 은하계를 수백억 개를 담아도 한쪽 귀퉁이도 차지 않는다.

비록 한 시간에 수백 리를 달려가고 수만 리 타국 땅의 지인과 방안에서 대화를 나눌 수 있지만, 마음이란 그러한 물질세계로 가름할 대상이 아님은 우리 모두는 너무나 잘 알고 있다.

내가 우주이며, 내가 은하인 것이다. 마음을 열면 존재하는 것이나 열지 않으면 생각이며, 허상일 뿐이다. 또한, 마음을 열었다고 해서 모두가 보고 느끼고 알게 되는 것도 아니다.

본래 수행이란 탑을 쌓는 것과 같다고 한다. 한층 한층 쌓아 올라가다가 힘들면 쉬었다가 내일 쌓아도 되는 것으로 생각하지만, 사실은 그렇지 않다는 것이다. 아홉 계단을 쌓아 놓고 마지막 한 계단을 올리지 않았다면 결국 하나도 쌓지 않은 것이 된다. 열 개를 마치고 쉬는 것은 가능하겠지만, 아홉에서 멈춘다면 결국 하나도 존재하지 않는 제로일 뿐이다.

또한, 샘을 치고 거울을 닦는 것과 같다 한다. 샘을 칠 때는 그동안 담겨 있던 온갖 오물들이 쏟아져 나와 부정함 그 자체이다. 도저히 먹을 수도 쓸 수도 없는 오물 덩어리가 되지만 그를 치우고 맑은 물이 고인다면 진정 깨끗하며 맛있는 물이 되는 것과 같다.

거울을 닦는다는 것도 같은 의미이다. 억겁의 세월을 지나며 먼지와 때가 끼어 아무것도 비출 수 없는 탁한 거울이 되었지만, 그 더러운 오물이 서서히 밖으로 밀려나 맑은 거울이 되어야 비로소 무엇이든 보고 비출 수 있는 참 거울 본연의 모습으로 돌아가는 것이다.

비록 닦는 과정에서 더 부정한 듯 온통 뿌옇게 먼지가 일고 걸레 자국이 가득하겠지만, 그것은 닦는 과정에서 생기는 고통이며 아픔일 뿐이다.

그러한 고통과 아픔의 과정이 없다면 어찌 맑고 깨끗한 거울로 다시 태어날 수 있겠는가?

마음의 문을 연다는 것은 대문을 여는 것과 같아 이제부터 대문을 통해 사람이 오갈 수 있다는 의미이다. 이제부터 수행에 입문하는 첫걸음으로 이제 막 첫걸음을 떼고 있는 것이다. 또한, 거울을 닦기 위한 준비 과정일 뿐이다. 마음을 여는 것으로 모든 것이 끝나는 것은 아니다.

만약 문만 열어젖히고 들지 않는다면 굳이 문을 열어야 할 이유가 없는 것이다. 오히려 열지 않음만 못할 수도 있다.

마음을 심경이라 한다. 마음의 거울이 다겁생을 윤회하면서 얼마나 많은 때가 앉았겠는가? 말로 표현할 수 없을 정도일 것이다. 아마도 아무것도 볼 수 없으며 비출 수 없는 그런 탁하고 부정한 존재로 있을 것이다. 이제 그를 끄집어내 본래 거울로 만들고자 한다면 얼마나 많은 오물을 닦아내고 닦아내야 하겠는가? 팔이 떨어지라 닦고 또 닦아도 쉽게 얼굴을 보여 주지는 않을 것이다.

켜켜이 쌓여온 억겁의 먼지를 닦으려 손을 대면 그동안 쌓인 부정함이 일어나 아무것도 보지도, 들리지도 않을 것이다. 온통 부정함으로 가득할 것이다. 알던 것도, 보이던 것도 없어지고, 지혜도 사라질 것이다. 현실의 삶이 녹록지 않아질 수도 있다.

그러나 이를 이겨내고 부단히 노력한다면 당연히 맑고 밝은 거울로 나를 비추고 나아가 미래를 비출 수 있을 것이다. 나 한 개인에서 끝나는 것이 아니라 우리가 맑은 거울이 되고, 나라가 맑은 거울이 된다면 당연히 우리 앞에는 새로운 미래가 만들어질 것이라 생각한다.

국가나 우리라는 공업의 이야기를 차제하고 작은 것, '나'의 수행을 어떻게 무엇부터 시작하는가를 설명하고 차차로 다음 이야기를 하려 한다. 비록 표현에 부족함이 있다 해도 이야기 속에서 모든 것을 구하지 말고 자신의 마음을 열고 그 마음에 질문하고 또 마음의 소리로 답을 들어가며 생각을 정리하고 수행을 이어가길 간절히 바랄 뿐이다.

그리고 내가 하는 이야기만이 정답이 아니란 것을 밝혀두고자 한다.

서울로 가는 길은 무수히 많다. 그중에 하나를 말하려는 것일 뿐이다. 수천수만 가지 길이 있다면 내가 가본 하나의 길일뿐이다. 또한, 내가 가는 길도 하나인 것이다. 길이 아무리 많다고 해고 그 길을 모두 갈 수 있는 것도 아니다. 그리고 이 길 저 길을 기웃거린다 해서 잘 가는 것도 아니라는 것이다.

이것만이 정답이라 말하지는 않는다. 수많은 정답 중의 하나일 뿐이란 사실을 밝혀 둔다. 다만 우리가 구하고자 하는 것이 진리 깨달음과 해탈의 길이라면 그 길이 자연스러워야 한다는 사실이다. 자연스러운 것이 아니라면 참 진리는 아니기 때문이다. 더더욱 무엇을 얻고 무엇을 이루려는 내면의 욕망에 편승한다면 그것은 더더욱 진리에 멀어진다는 것이다.

진정으로 염려스러운 것은 보통 사람이 보고 느끼고 판단할 수 있고 알 수 있는 것이 아니라는 것이다. 눈이 열리고 귀가 열리지 않았다면 앞서 말했듯 빙의를 오인해 진실로 볼 수도 있고, 욕망의 거울에 비친 환영을 오인해 진실로 볼 수도 있다는 것이다.

그래서 초심자에겐 스승이 꼭 필요한 것이다. 스승 없이 혼자 간다는 것은 밤길에 전등 없이 가는 것과 같아 돌부리에 걸려 넘어지고 나뭇가지에 옷깃을 찢기게 된다. 참으로 고행길이 될 수 있음이다.

본래 수행이란 행주좌와에 구애받는 것은 아니다. 그러나 초심인 사람이 걸어 다니면서 수행을 하고, 누워서 수행을 할 수 있는 것은 아니다. 그것은 초등생이 대학생의 교재를 보는 것과 같아 수행이 될 수 없는 것이다.

초심의 시작에는 반듯이 차제가 있고, 순서와 방법이 있는 것이다. 왜냐하면, 아직 어리기 때문이다. 글을 익히지 않고 책을 읽을 수는 없는 것과 같다. 글을 익히기까지는 스승에게 배워야 하며 가르치는 대로 따라야만 한다. 그것이 최선이기 때문이다.

간략하게나마 수행방법을 소개하려 한다.

가능하다면 아침 시간이 좋다. 시간이 된다면야 좋겠지만 그렇지 않다면 자신의 여유 시간이나 짬을 낼 수 있는 시간 언제라도 좋다. 가능하면 아침이나 오전 시간이 좋고, 조용한 곳 남의 방해를 받지 않는 곳이라면 더욱 좋다.

먼저 정좌하고 앉아 합장을 한다. 그리고 반 배를 세 번 한다. (사찰에선 법당에 들어 삼배를 한다. 이렇듯 오체투지를 하는 것도 나쁘지는 않다.) 뿌리 없는 나무가 어디에 있겠는가? 첫 번째 하는 절은 날 낳아 주신 부모님에게 드리는 절이다. 가까이는 현실에 계신 부모님이 날 낳아 주신 부모님이 된다. 그분들의 피와 땀과 공력으로 오늘날 내가 있는 것이다. 살아계시든 그렇지 않든 그분들이 아니라면 오늘의 나는 존재하지 않는 것이다. 생존이라면 당연히 만수무강을 축원드리는 것이 옳은 일이고, 만일 돌아가셨다면 왕생극락을 발원 드리는 것이 당연한 것이다.

조금 크게 본다면 하늘이 된다. 사람이 본래 하늘에서(오행 오원 이야기로 이해하길 바란다.) 왔기 때문에 하늘이 곧 부모이다. 그리고 미래는 하늘의 도가 세상에 펴는 시간이다. 사실 지금 우리의 삶은 하늘의 도가 없다. 하늘이 무섭지 않은가? 하늘이 내려다본다고 말하지만 실로 하늘의 도에 의지해 살아본 적이 없다. 우리 선조님들은 하늘의 도를 알아 백의를 입었고 단동檀童을 위해 훈육법도 남겼다. 사람의 도는 곧 하늘의 도라 여겨 인내천人乃天을 말했다.

앞서 말했듯 아비가 존경받는 이유는 업보에서 벗어났기 때문이며, 업보를 벗는 길을 가르치는 스승이기 때문이다.

그러나 지금은 대의는 실전되고 몇 마디 훈시도 사라지고 없다. 오직 땅의 도에 의지해 살아가고 있을 뿐이다.

두 번째 하는 절은 날 길러 주신 부모님에게 드리는 절이다. 가까이는 날 길러 주신 친부모나 양부모님이 될 것이다. 좀 더 큰 의미로 본다면 내가 의지해 밟고 서 있는 땅이 된다. 만물이 땅에서 태어났듯이 사람 역시 땅에서 양육을 받았고 길러 주신 은혜를 입은 것이기에 그 은혜에 감사하는 것이다.

대의에서 보면 대지란 지극히 평등하다. 예쁘고 미움 없이 생명체 모두에게 공평하게 삶의 기회를 준다. 이것이 땅의 도인 것이다.

그러나 각론적으로 본다면 땅이란 기름진 곳도 있고 불모의 땅도 있으며, 사막도 있고 풀 한 포기 뿌리 내리지 못할 암벽도 있다. 즉 지극히 공평하지만, 지극히 공평하지 않다는 것이다.

그가 기름진 땅에 뿌리를 내렸다면 당연히 최고의 자태로 대대손손 생명을 영위하겠지만, 사막 한가운데 터를 잡았다면 수백 년을 자란다 해도 사람 허리 키에 닿지 못하는 것이다. 생명체들 역시 그러하며, 사람도 그러하다. 그가 터 잡은 곳에 따라 대대손손 영화를 누리기도 하지만, 일생을 허리 한 번 펴지 못하고 살다가 허리 한번 펴지 못하고 죽어 갈 수도 있는 것이다. 쥐구멍에 볕 들길 바라지만 절대 그런 일이 없다는 것이다. 왜냐하면, 쥐구멍은 볕이 들 수 있는 곳이 아니기 때문이다.

볕이 드는 곳과 들지 못하는 곳이 정해져 있고, 옥토와 박토가 정해져 있다. 성공하는 사람과 그렇지 못하는 사람도 정해져 있는 것이다. 착하다고 복 받아 잘 사는 것도 아니고, 모질다고 벌 받아 못사는 것도 아니다.

성공과 실패는 그가 뿌리내린 곳이 어디냐가 결정할 뿐인 것이다.

착하면 복 받고, 악하면 벌 받는다는 말은 하늘의 도를 이르는 말이다. 만약 이 이야기가 진리라면 아미도 이 세상은 벌 받을 사람이 너무 많아 텅텅 비어 버릴 것이다. 어쩌면 세상 전체를 감옥으로 만들어야 할지도 모를 일이다.

결국, 지금의 우리 삶이란 땅의 도에 의지한 것이고, 땅의 도만이 세상을 지배하는 것이다. 삶이란 선악의 문제가 아니라 길흉의 문제인 것이다. 옳고 그름의 문제가 아니라 유무의 문제인 것이다.

즉 땅의 도란 지극히 사사해서 가진 자와 갖지 못한 자가 존재하는 것이다. 그것이 복을 받고 벌을 받는 선과 악의 문제가 아니라 뿌리내린 곳이 옥토인가 박토인가, 있느냐 없느냐의 문제인 것이다. 지기가 순화된 곳은 길성 조림지이라 말하는 원력의 힘이 존재해 노력하지 않아도 성공하고, 착하게 살지 않아도 성공한다. 반대로 순화되지 못한 곳은 아무런 공력도 없어 평생을 땅을 헤집어도 흙덩이만 나올 뿐인 것이다. 아무리 착하고 정직하게 살아봐야 빈 깡통 소리만 날 뿐이란 것이다.

땅의 도란 옳고 그름이 본래 없는 것이다.

설령 그렇다 해도 그 은혜는 고맙고 감사한 것이다. 오늘 내가 있다는 것은 윤회를 벗어날 수 있는 마지막 기회이며, 새로운 세상을 만날 수 있는 오직 하나뿐인 기회이기 때문이다.

세 번째로 하는 절은 날 가르쳐 주신 스승에 대한 절이다. 작은 의미에서 보면 은사나 지금의 나를 있게 해 준 은혜롭고 고마운 분들에 감사하는 것이다. 크게 본다면 대자연이 날 가르쳐준 참스승인 것이다.

스승이란 지식을 가르쳐 좀 더 많이 알게 하고 사회생활을 잘 엮어가게 인도하는 것을 말할 수도 있지만, 공평하지 못한 땅의 도에 뿌리내린 우리에게 몇낱의 지식은 사실 그다지 중요한 것은 아니다.

평등치 못한 땅의 도에서 평등한 하늘의 도가 펴진다면, 그것이 미래이며 운명이라 한다면 그러한 도에 이르게 됨을 감사하는 것이 아마도 참 스승에 절하는 것이 될 것이다.

눈에 보이고 소리가 들리는 존재만이 스승이 되는 것은 아니다. 비록 형상화된 조형물이 없다 해도 무위의 존재로 나에게 스승이 될 수 있고, 무한의 법음을 들려줄 수도 있다는 것이다.

눈에 보이는 스승은 작은 스승이며, 무위의 스승은 큰 스승인 것이다.

결국, 세 번의 절은 날 낳아 주시고 날 길러 주시고, 날 가르쳐 주신 부모와 스승의 은혜에 감사하는 것이다.

진정 감사함이 담겨 있는 마음으로 절을 해야 한다. 평소에도 늘 이 마음을 잃지 않아야 한다. 우리가 잊고 살았던 태초의 것에 대한 감사가 내면의 변화를 이끌 수 있는 것이다.

모든 시작은 감사하는 마음에서 출발한다. 고맙고 감사하다는 것은 자신 내면의 깊은 마음을 이끌어 낼 수 있고, 내면 본질의 울림을 만들어 낼 수 있는 것이다. 감사하는 마음은 변화의 시작이며, 동시에 심연의 마음을 여는 열쇠인 것이다.

감사함이 담겨 있지 않다면 시작하려는 마음이 없는 것과 같아 문을 열 수 없음을 꼭 명심해야 한다.

세 번의 감사하는 마음을 담았다면 다음으로 '정도正道와 정심正心을 주십시오.' 하고 마음속으로 세 번 염한다.

이는 바른길을 가게 해 주시고 바른 마음을 잃지 않게 해달라는 또 하나의 염원이다. 사람이 사람인 이유는 바른길을 가고 바른 마음을 가질 때부터 시작된다. 만약 이 마음을 잃었다면 그 순간부터 그는 사람이 아니라 동물인 것이다. 동물이란 오직 사는 것에 목숨 건다. 종의 미래를 위해 생존과 번식만이 그들의 삶의 전부이며, 선악이란 개념이 존재하지 않는다. 생존을 위해서, 살아남기 위해서 존재하는 것이다. 그래서 동물에겐 생령生靈만 있다고 말한다. 그러나 사람이라면 이처럼 생존만이 미래를 결정하는 것은 아니다.

앞서 깊은 뜻의 영을 말했다. 하드웨어에 모든 것이 저장된다고 설명했다. 사람의 길이란 늘 올곧아야 하고, 발라야 한다. 그것이 사람이다. 바르지 않다면 장엄한 지혜의 문을 열 수 없게 되는 것이다.

감사할 줄 아는 마음이 먼저이며, 바르고 올곧은 마음이 먼저인 것이다.

그래야 들 수 있고, 볼 수 있고, 느낄 수 있는 것이다.

수행이란 참사람의 길을 찾는 것이다. 위대한 영능자에게 힘을 빌고, 위대한 신에게 힘을 빌려 내가 위대하고 훌륭한 사람이 되자는 것이 아니라 나의 본연의 길을 찾고, 나 본연의 자리로 돌아가자는 것이다.

나를 보고 나를 알고, 그리고 나를 찾는다면 당연히 지혜의 문이 열릴 것이고, 내가 가진 지혜, 내가 가진 원력, 내가 가진 공덕만으로도 세상 무엇에 남부럽지 않은 삶을 살 수 있고, 나아가 참사람의 길을 갈 수 있게 되는 것이다.

우리의 모순은 위대한 어떤 이가 날 이끌어 줄 것이란 막연한 희망을 담고 있다는 것이다. 나는 중생이니까 부처가 나타나 날 구원해 줄 것이며, 위대한 어떤 깨친 이가 날 이끌어 줄 것이란 의타심을 버리지 못하고 있는 것이다.

사실 날 구원해 줄 부처는 세상 어디에도 없다.

부처가 설한 수많은 경전을 보았지만, 그대는 왜 아직 깨닫지 못했는가? 그분이 말한 것을 듣고도 무슨 말인가 알아듣지 못했다면 그가 눈앞에 나타나 내 손을 어루만지며 설교를 한다 해서 알아들을 수 있겠는가? 절대 그렇지 않을 것이다.

다만 그대의 머릿속에는 절대자의 원력으로 마정수기 한 번에 그냥 모든 것이 이루어지길 갈망하고 있는 것이다. 감나무 아래 누워 감 떨어지길 바라는 것과 무엇이 다르다고 생각하는가? 이런 저속하고 게으른 마음이 의타신앙依他信仰이 된 것이다. 나는 중생이기 때문에 부처가 날 구해 주어야 하고, 난 중생이기 때문에 위대한 부처나 신이 피안으로 인도할 것이란 생각이 내면에 깃들어 있는 것이다.

이러한 생각을 버려야 한다. 부처가 날 구원하는 것이 아니라 내가 구원을 찾아야 하고, 위대한 신이 존재하는 것이 아니라 내가 위대한 세계로 나아가야 한다.

요즘 세상에 지식 쌓는 교육 안 받은 이 없다. 그 많은 지식이 서고를 가득 메우고 있지만, 세상은 날로 두렵고 무서운 세상으로 변해 간다. 이유는 단 하나, 사람 되는 가르침이 없기 때문이다. 세상은 오직 돈 버는 가르침에 몰두하고 배우는 이 역시 돈 되는 가르침에 골몰해 있다. 이것은 시험에 꼭 나온다며 명문대를 부추기는 선생과 명문대를 가려고 기를 쓰는 학생만이 있을 뿐이다.

명문대를 가야 하는 이유는 훌륭한 인격을 갖춘 스승을 만나 참사람이 되려는 것이 아니라 그러한 간판을 가져야 좋은 자리에 취직이 되어

남보다 돈을 많이 벌 수 있기 때문이다.

오직 학문하는 이유는 내가 잘 먹고 잘살기 위해서이다. 남들보다 좀 더 위에 서기 위해서다. 이는 동물이 생령만 존재해 오직 살아남기 위해 수단과 방법을 가리지 않는 것과 다를 바 없는 삶이다. 내가 성공하기 위해선 남을 넘어드리고 밟아야 한다. 그들이 낙오되는 것은 나에게 하나의 경쟁자가 줄어드는 것이다. 그의 실패가 마치 나에게 기회가 주어지는 것이라고 생각한다면 이는 사람이 가져야 할 덕목 하나가 빠져있는 것이다.

학문이란 칼과 같다. 칼이란 가정주부 손에 가면 요리를 만들어 가족을 행복하게 하지만, 도적의 손에 가면 살인의 도구가 된다. 또한, 물과 같다. 소가 물을 마시면 우유가 되어 모든 이를 이롭게 하지만, 뱀이 물을 마시면 독이 되어 다른 이의 생명을 해친다.

좋고 나쁜 칼이 존재하는 것이 아니라 쓰는 사람이 좋고 나쁜 것이다. 지식이란 것 역시 담는 그릇에 따라 세상을 이롭게도 해롭게도 한다.

그러나 지혜란 좋고 나쁨이 존재하지 않는 것이다.

나를 찾아감에 있어 강요나 억지가 있어서는 안 되는 것이다. 수행을 하겠다는 마음으로 자리에 앉아 합장을 한다면 이미 수많은 부처와 선법을 수호하는 신장들이 동시에 자리에 앉는 것이다. 이 순간 벌써 새로운 세계로 첫발을 내딛는 것이 된다.

이 새로운 세계는 모든 것을 자연 순리에 맡기라는 것이다.

무슨 이야기냐 하면 정좌하고 앉아 겸허한 마음을 담아 합장을 하게 되면 처음부터 어떤 일이 생겨나고, 무엇이 보이고 느껴지고 알아지는 것은 아무것도 없을 것이란 것이다.

왜냐하면, 거울을 닦으려고 걸레를 들고 거울 앞에 선다 해서 바로 거울이 닦이는 것은 아니다. 이제 거울을 닦을 준비가 된 것일 뿐이다. 또한, 우리는 수많은 삶을 통해 부정업不淨業이 쌓여 있어 자신의 의지와 상관없이 진실과 상당한 괴리를 갖게 되었다는 사실이다.

우리가 늘 진실을 추구하지만 내가 아는 것이 진실이 아닐 수 있고, 내가 하는 행동이 진실이 아닐 수도 있다는 것이다. 거울을 닦겠다는 마음은 진실에서 출발한 것이 맞지만, 그것마저도 내면에서 보면 진실이 아닐 수 있다는 것이다.

우리의 삶이란 진실을 늘 추구하지만 실로 진실 된 것은 잘 없다. 진실처럼 보이지만, 그것은 진실이란 가면을 쓰고 있는 위선이며 거짓인 경우가 대부분이다.

또한, 사바란 세계가 부정업으로 가득한 곳이기 때문에 내가 진실이란 것을 손에 쥐었다 해도 내 손의 부정함으로 인해 부정한 물건이 되고 만다는 것이다.

앞서 공덕 이야기를 했었다. 베푸는 것이 공덕이 아니라 손을 씻는 것이 먼저라고 했다. 즉 손에 더러움이 가득한데 그 손으로 집어 든 물건이 깨끗할 수 없는 것이다. 당연히 부정한 물건인 것이다. 그것이 설령 공덕이란 깨끗한 물건이라 할지라도 내 손에 닿는 순간 이미 부정한 물건이 되었고, 나는 공덕이라 말하는 부정한 물건을 손에 들고 있을 뿐인 것이다.

즉 이름은 공덕이라 말하지만, 손에 던 것은 부정물일 뿐이다. 거짓 공덕인 것이다.

수행이란 것 또한 그러하다. 비록 수행이라 말하지만, 이름이 수행일 뿐 참수행과는 멀다는 것이다. 그렇다 해서 놓아 버려서는 아니 된다. 비록 진실과는 멀다 해도 그러한 행위를 통해 서서히 진실과 본질에 다가가고 있기 때문이다.

업의 경중에 따라 어떤 이는 한 달에 참을 볼 수도 있고, 또 어떤 이는 일 년, 십 년, 백 년이 걸릴 수도 있다. 그러나 멈추어선 아니 된다. 닦고 또 닦는 것만이 참 나를 보는 지름길이기 때문이다.

어느 정도 길이 열리면 사람의 업연이나 그가 살아온 많은 날의 부정함으로 인해 합장한 손이 가만히 있는 사람도 있겠으나 위로 올라가기도 하며 혹 원을 그리고 때론 내려오기도 한다. 혹 박수를 치거나 팔을 휘두르는 행동이 나타날 수도 있고, 손만이 아니라 평소에 안 하든 몸짓이나 행동이 돌발적으로 생겨날 수도 있는데, 이러한 행동이 수행에 방해가 된다고 억지로 자제해선 안 된다는 것이다. 그냥 자연스럽게 몸에 맡겨 두라는 이야기다. 억지로 막아서도 아니 되며 또한 억지로 해서도 아니 된다. 자연스럽게 그냥 자연스럽게 물이 흘러가듯 맡겨 두라는 이야기이다.

부연하면 자리에 앉아 합장을 할 때 손을 가슴에 붙이지 말고 땐다. 그리고 힘을 주지 말고 자연스럽게 손을 모으고 있으면 된다. 생각으로 이렇게 되면 되고 안 된다는 생각을 버린다. 수행이란 옳고, 옳지 않음이 없다. 모든 생각을 버리고 가슴 저 깊은 곳에 정도, 정심의 마음을 담는다. 그러나 그것에 집착하지 않는다. 편안한 마음과 자세로 그냥 편안하게 합장한다. 그리고 순리에 맡겨 둔다.

이때 몸이 좌우로 흔들린다거나 손이 위로 올라가기도 하고 내려오기도 하며 눕거나 엎드리기도 한다. 입을 벌려 침을 흘리거나 어떤 사물을 뚫어지게 응시하고 땅바닥에 어떤 글씨를 쓰기도 한다. 미친 듯 행동할 수도 있다.

그러나 내가 기도를 하겠다는 마음으로 자리에 앉은 것이기 때문에 그런 행동들이 나쁜 것이 아니란 것이다. 모두가 업보가 맑혀지는 과정으로 억지로 절제하는 것은 옳지 않다. 그냥 제삼자가 된 것처럼 지켜보기만 하라는 것이다.

지금까지 우리가 아는 수행이란 몸가짐이 발라야 하고 흩어지면 안 되는 것으로 알고 있었다. 허리도 바르게 펴고 자세도 바르게 해야 한다고 배웠다. 그러나 진정 올바른 수행이란 이처럼 절제를 담고는 나아갈 수 없는 것이다.

수행이 나를 찾는 일이라면 그 행위에 가식이 붙으면 안 된다. 억지로 허리를 펴고 자세를 바로잡는다는 것 자체가 가식이며 위선인 것이다.

위선을 벗어야 하는 것이다.

물이 흘러가듯 자연스러워야 한다. 자연스레 흘러가야 한다.

가장 많이 나타나는 행동은 무당이 신 내림 받을 때 신장대 잡으면 부들부들 떨 듯 손을 떨리는 경우인데, 이것은 신내림 현상이다. 그러나 이때 역시 억지로 절제하면 아니 된다. 그냥 그대로 몸이 하는 대로 따라가면 되는 것이다.

이 세계는 셀 수 없이 많은 영체가 존재한다. 소위 귀신이라 말하는 영체들이다. 엄밀히 말해 나 역시 영체이므로 그들이 내 집에 오가는 것이 그리 나쁜 것은 아니다. 다만 지금까지는 몰랐을 뿐인 것이다.

지금 그것이 느껴지는 것일 뿐이다. 여기서 좋고 나쁘다는 생각을 하는 것은 옳지 않다는 것이다.

이 또한 중생이므로 겪는 고통인 것이다.

나의 업보가 어느 정도 맑혀지면 이런 행위들 역시 자연이 소멸되는 것이다. 저급의 영들이라면 맑은 영체에게 의탁할 수 없어진다. 당연히 이런 행동이 소멸되는 것이다.

자동차가 다니는 길이 있듯, 영들도 다니는 길이 있다. 사람 몸에 접할 때에 저급한 영체는 손이나 오관을 통해 들게 되고, 고급 신은 정수리를 이용해 들게 된다. 아주 저급한 영들은 허리에 팔, 다리, 목, 신체 어느 부위를 가리지 않고 마치 고무찰흙 붙듯이 쩍 달라붙기도 한다. 그러면 그가 붙은 부위가 아프거나 저리기도 하고, 때론 시퍼런 멍이 들기도 한다. 간혹 구더기 같은 벌레의 모습으로 얼굴에 붙기도 하는데 이런 부류의 저급 신은 시간이 지나면 알아서 떨어져 나가지만 경우에 따라 며칠 몇 달 몇 년 붙어 있기도 한다.

이런 부류도 나와 업연에 의해 맺어진 것이라면 당연히 내 업보이다. 내가 제도해야 하는 중생들인 것이다.

기도 한다는 것은 업보를 닦는 것이다. 그리고 중생을 구제하는 것이다. 좀 다른 의미로 본다면 기도하는 순간 벌써 이들 영체의 업보를 닦아 주는 것이며, 이들이 구원받는 것이다. 그러므로 내 업보도 맑혀지는 것이다.

기도하겠다는 마음을 먹는 순간 벌써 수많은 중생을 구제하고 있는 것이 된다.

어느 정도 눈이 열리면 나뿐만이 아니라 다른 이의 몸에 이러한 업신業身이 붙어 있는 것도 볼 수도 있다. 구더기가 얼굴에 붙어 있는 사람이라면 그의 외모가 미추를 떠나 남에게 사랑을 받지 못한다. 사람들이 그를 싫어하고 떠나게 된다. 생각해 보라. 얼굴에 구더기가 덕지덕지 붙은 불결한 사람을 누가 좋아하겠는가? 사람에게는 느낌이란 내면의 마음으로 안다. 비록 눈으로 보지는 못하지만 느낌으로 알기 때문에 그를 싫어하고 멀리하는 것이다.

구렁이가 허리에 감겨 있는 사람은 허리가 아파 고생을 한다거나 혹 허리를 못 쓰는 사람도 있다. 다리에 감겨 있다면 다리가 불편할 것이고 팔, 목에 감겨 있다면 당연히 그 부위가 불편할 것이다.

뭐, 이런 예를 든다면 또한 책 한 권으론 부족할 것이다. 이런 것들이 중요한 것이 아니다. 수행이란 기도를 통해 스스로 깨달아 보고 느껴보라는 것이다. 그리고 알아가라는 것이다. 그것이 중생구제이며, 업보를 맑혀가는 일이다. 또한, 세상을 맑히는 일이 되는 것이다.

내가 하는 말들은 여러분이 나아가 보고 듣고 느낄 수 있는 길을 가르치는 것이지, 입을 열어 음식을 떠 넣어 주는 권능을 행하려는 것이 아니다. 수행이란 입으로, 눈으로 하는 것이 아니라 몸과 마음으로 하는 것이다. 스스로 노력을 안 한다면 절대 나아갈 수 없으며, 머리로만 안다면 지식일 뿐 본질 본연과는 무관한 것이다. 공덕도 아니요, 수행도 아니다. 오히려 세상을 더럽히는 잡다한 지식 나부랭이에 불과할 뿐인 것이다.

앞서 말한 이런 부류들은 모두가 업보로 수행을 통해 내가 눈이 열리고 보아서 알게 된다면 스스로 떨어져 도망치듯 달아난다. 왜냐하면, 스스로 있을 자리가 아님을 알기 때문이다.

이런 종류의 업신은 동물이나 벌레의 형상을 하고 있다거나 부정하고 더럽고 추한 형상을 하고 있다. 마치 공상영화에 나오는 괴물처럼, 아니 더 추하고 흉측한 모습일 수 있다. 비위가 약하다면 구토가 나올 정도의 부정한 모습도 있다. 도저히 다시 보고 싶지 않은 흉측한 몰골을 하고 있기도 하고, 좀 업보가 작다면 당연히 덜 흉측한 모습으로 보일 것이다. 이들이 이처럼 부정한 모습을 하는 것은 그들 내면의 심상心像이 그처럼 탁하고 부정하다는 것이다. 내면이 부정하면 그 부정함이 드러나 보이는 것일 뿐이다.

사람 역시 이와 다르지 않다. 내면의 마음이 어떠한가에 따라 추하고 흉측한 몰골을 하거나 더럽고 부정한 몰골을 한다. 물론 매일 비누로 닦아대고 마시지 받고 두드려 대는 탄력 있는 피부가 대세인 껍질을 말하는 것이 아니다. 비록 껍질은 번들거리나 그 속에 갈무려진 내면의 심상이 동물 수준에서 벗어나지 못했다면 동물의 형상을 할 것이며 더 추한 망념으로 가득하다면 당연히 괴물이나 차마 눈뜨고 보지 못할 흉측하고 부정한 몰골로 보일 것이다.

마음의 눈, 지혜의 눈으로 본다면 말이다.

본래 참 지혜의 눈에는 셋이 있다. 제일 좋은 최상의 지혜의 눈은 마음으로 보는 것이고, 다음으로 눈으로 보는 것이다. 세 번째가 몸으로 보는 것인데, 마음의 눈으로 보게 되면 그러한 미추를 눈으로 보듯 확연히 보는 것이 아니라 마음으로 느껴진다. '저는 말의 형상이군, 저는 소의 형상이군, 아니면 더럽고 흉측한 모습이군.' 하고 마음에 느껴지는 것이다. 이처럼 느낌으로 느끼기 때문에 수행에서 덜 힘들이고 할 수 있다는 장점이 있다.

눈으로 보게 되면 모든 것이 눈으로 보는 듯 명확히 드러나는 것은 좋으나 수행을 함에 있어 자신이 힘들다는 것이다. 그의 형상이 눈으로 보듯 확연히 보인다면 당연히 내가 힘들 수밖에 없다. 훤히 보이지만 그것을 표현할 수 없다는 것이다. 인간 세상에서 인과관계에서 '너는 소의 모습을 하고 있네, 너는 돼지 형상이네.'라고 말한다면 그가 볼 때 당연히 미친놈이 되는 것이다. 그뿐만 아니라 정신병원에 가야 한다. 세상이 이를 받아 주지 않기 때문이다. 훤히 보이지만 표현할 수 없을 때 고통이란 참으로 큰 것이다. '임금님 귀는 당나귀'란 우화가 있지 않은가.

몸으로 보는 것은 모든 것을 몸으로 느껴야 하는 것으로 고통스러운 업신을 보면 내가 그처럼 고통스러워야 하고, 슬픈 업신은 내게 그처럼 슬픔을 느끼게 되어서 더더욱 힘들다는 것이다. 내가 상대방이 느끼는 감정을 그대로 느끼는 것이다. 나와 그가 하나인 것처럼 생생히 몸으로 느껴진다면 그 또한 앞서 두 경우보다 힘들고 고통스러운 것이다. 알면서 인내해야 하는 아픔, 알면서 표현하지 못하는 아픔이란 참으로 큰 것이다.

물론 내가 그러한 아픔을 겪음으로 그의 업보가 좀 줄어들고 맑혀지는 것은 사실이지만, 나의 갈 길도 멀기만 한데 만나는 영들과 사람마다 아픔을 겪고 고통스러워한다면 어느 세월에 거울을 닦겠는가?

이러한 지혜의 눈은 내가 이것이 갖고 싶다고 선택하면 되는 것은 아니다. 나의 전생 연에 따라 주어지는 것이다. 또한, 모두에게 주어지는 것도 아니다. 쓰임새가 큰 그릇이 아니면 이것을 보고 듣기는 쉽지 않다. 힘들고 좀 덜 힘들다는 차이는 있겠지만, 모두가 수행이다. 굳은 각오 없이 결코 쉽게 달려들 문제는 아닌 것이다. 다시 말하지만, 이 또한 또 다른 나이다. 귀신이라 두렵거나 무섭고 혐오스러운 존재가 아니다. 우리가 그들과 지금까지 살아왔지만 보고 듣지 못했을 뿐이다. 이러한 업에서 벗어나는 유일한 길은 어떠한 행동이 있다 해서 막거나 끊어서는 안 된다. 앞서 말했듯 모든 것은 자연스럽게 그냥 몸에 맡겨 두어야만 한다.

다만 바른길과 바른 마음에 대한 믿음으로 나로 인해 하나의 업보가 줄어든다는 감사하는 마음으로 다잡아 묶어 두어야 한다.

이것만이 쉽지 않은 수행의 길을 헤쳐 나가는 열쇠인 것이다. 추한 보습을 보고 미워하고 싫어하며, 동물의 형상을 보고 그를 멀리한다면 바른 수행과는 멀리 가고 있는 것이다. 안다는 것은 그를 예뻐하고 미워하라는 것이 아니라 그를 통해 자신을 돌아보고 귀감으로 삼으라는 뜻이다.

그리고 내 업보가 맑혀진 후 그들의 업보도 맑혀 주어야 하기 때문이다. 업보에 쌓인 중생에게 새 삶을 주는 것이며, 업신인 영체에게 해탈의 기회를 주는 것이다.

만약 그대가 이런 것을 보았다면 마음도 많이 열려 있는 것이고, 상당히 많이 노력한 결과라 본다.

사실 보통 사람이라면 사실 여기에 나아갈 수 없다. 자신의 업을 닦는 것이 최상이 된다. 그러나 이보다 좀 큰 쓰임이라면 중근기의 사람이 수년이 흘러야 할 것이다. 물론 최상지라면 며칠에 나아갈 수도 있는 문제이다. 또한, 연자라면 더 빨리 보고 듣고 알 수도 있을 것이다. 어쩌면 이미 알고 있을지도 모르는 일이다.

기도나 수행이란 거울을 닦는 것과 같다고 말했다. 거울을 닦으면서 걸레가 더러워짐을 싫어해서는 안 된다. 빨고 또 빨아서 부단히 닦고 닦을 때 본연의 모습을 드러내게 되는 것이다. 인생이 하루아침의 역사가 아니듯, 수행도 하루아침에 홀연히 모든 것이 끝나 버리는 것도 아니다. 부단히 노력하고 또 할 때 서서히 성취해 나아가는 것임을 꼭 명심해야 한다.

좌정해 합장하고 '정도 정심'을 염하고 나서 수행의 시간이 흐른 후에 그러면 언제 기도를 끝내야 하는가?

기도의 시간은 정해진 것은 없다. 보통은 십 여분에서 길게는 삼십 여분 혹 더 길어질 수도 있겠으나 자연스럽게 합장이 이루어져 삼배를 하게 된다면 그것으로 마침을 의미한다. 자연스럽게 손이 올라가고 자연스럽게 합장이 된다. 어서 빨리 이루려 하는 욕심에 무리하게 한다면 오히려 수행에 장애가 될 뿐이다. 하루 내내 이만 염한다고 성취되는 것도 아니다. 사람이란 사람으로서 생활이 있다. 가족도 있고, 직장과 동료도 있다. 부모가 있고, 아내와 자식이 있다. 이들 모두를 부정하고 나아갈 수는 없는 것이다. 자신의 생활에 장애가 된다면 그것은 올바른 수행은 아니다. 내 생활과 동화되어 있는 수행만이 참수행이며, 참공부인 것이다.

또한, 수행으로 금전의 이득을 구해서도 아니 된다. 먹고 사는 문제는 몸의 문제이고, 수행은 마음의 문제인 것이다. 마음은 돈을 먹고살지 않는다.

우리는 형상의 세계에 살고 있다. 사물이 존재하는 세계는 모든 것이 눈으로 보이며 냄새가 나며 만져진다. 오감이 발달한 것이 이 형상계의 진화 산물이다. 그러나 영계란 오감으로 느낄 수 있는 세계가 아니다. 마음의 세계인 것이다. 마음의 산물인 영계는 마음의 작위로 만들어지는 곳이며, 형상화되는 곳이다. 좀 극단적인 표현을 빌리자면 마음이 일어나면 존재하는 세계인 것이다. 마음의 세계. 내 마음도 수시로 바뀐다. 내 마음 나도 모를 마치 많은 마음이 존재한다. 한 호흡에 팔만사천의 번뇌와 생사가 일어난다. 결국, 한 호흡은 팔만사천의 마음인 것이다.

마음의 세계에서 여기까지 선이며, 여기까지 악이라는 개념은 존재할 수 없다. 오직 윤회의 업보만이 씨앗이 되어 나타나는 세계이다. 나란 한 사람에게 억겁의 윤회가 있고, 억겁의 마음이 존재한다. 그뿐만 아니라 셀 수 없는 가아假我가 내 안에 존재한다. 더 나아가 소멸되지 않고 존재하는 수많은 망자의 마음까지 더한다면 이로 헤아릴 수 없이 많은 마음의 세계가 존재한다. 우주란 이 무한한 세계가 결국은 마음의 세계인 것이다.

내가 나인가? 물론 나이다. 나라고 생각한다. 그러나 거울이 닦이기 전에 나는 나일 수 없다. 이를 이름한다면 가아인 것이다. 거짓의 나. 수많은 나중에 하나의 나일 뿐이다. 그가 나인 것은 맞지만, 그것이 참나와는 사뭇 다른 것이다.

수행이란 것이 참나인 진아眞我를 찾아가는 과정이라면 그를 둘러싸고 있는 수많은 나를 버려가는 과정인 것이다.

지금까지 이들 모두 나라고 생각하며 아무런 문제 없이 몸이란 집에 거주하고 잘 살고 있었다. 그런데 어느 날 "너는 참나가 아니야. 너는 너의 길로 가야 돼."라고 한다면 가아의 입장에서 쉽게 받아드릴 수 있는 문제는 아니다. 결국, '나'들 간의 전쟁이 시작된 것이다.

보내려는 자와 가지 않으려는 자.

거울을 닦는 것은 가지 않으려는 자를 보내는 일이다. 그가 자신을 보고 알아 스스로 깨달음의 세계로 나아가게 하는 것이 수행인 것이다.

수많은 내가 해탈하지 않는다면 결국 참나를 볼 수 없는 것이다. 수많은 가아 중에 똑똑하고 잘난 '나'들도 있을 것이다. 이를 지금의 나로 주제하자는 것이 아니다. 비록 가아라 할지라도 영특한 가아가 지금의 나로 존재한다면 현실에서 좀 더 현명하고 냉철한 사람이 될 수 있을 것이다. 그러나 그가 가아라고 한다면 그는 해탈의 문으로 가야 하는 것이고, 비록 작고 연약한 내가 참나라고 한다면 그를 잘 성장시켜 주인의 자리에 인도하는 것이 수행이다.

수행이란 수많은 나를 보아 가는 것이고, 수많은 나를 버려 가는 것이다.

우리가 가슴에 담고 있는 이 무한한 세계인 마음의 세계는 '꿈의 세계'이기도 하다. 우리가 존재하는 것은 꿈이란 희망이 있기에 가능하듯, 내일이 오늘보다 나을 것이란 희망이 없다면 오늘은 불행의 연속일 뿐이다. 수없이 다가오는 오늘이란 시간들이 모두가 불행인 것이다.

그러나 내일은 나아질 것이란 희망을 품는다면 용기가 생겨나고 헤쳐 나갈 힘이 생겨나듯, 마음의 세계는 꿈을 먹고사는 세계로 희망의 세계인 것이다. 수많은 마음이 존재하는 세계, 상처와 고통 그리고 떨쳐 버리고 나아갈 수 없었던 수많은 그 무엇들을 정리할 수 있다는 희망이 있기에 아픔 속에서도 존재해 왔던 것이다. 그들에게 희망을 주는 것은 오직 수행을 하는 것이며, 연을 풀어가는 것이다. 나를 보고 나를 알아 가는 것이다.

그러므로 현실세계는 육신이란 몸과 꿈을 담은 마음이 같이 존재하는 세계로 몸과 마음이 공존하는 세계이다. 무엇 하나라도 결여된다면 이 세계 또한 존재할 수 없는 것이다.

무슨 이야기냐 하면, 우리가 사는 세계는 마음을 위한 꿈과 몸을 위한 음식이 같이 필요하다는 뜻이다. 만약에 어느 하나가 존재하지 않는다면 나란 존재도 사라지고 만다. 마음의 세계는 오직 꿈의 세계이기에 음식이란 물질이 필요하지 않겠지만, 육신을 위해서라면 음식이 꼭 필요하다는 이야기다. 그러므로 지금의 내가 있고, 가족과 사랑과 미래가 있게 되는 것이다.

좀 더 요약해 말한다면 '사람은 음식을 먹고 살고 마음인 영혼은 꿈을 먹고 산다'는 이야기이다.

그러나 몸을 떠난 영혼도 배고픔을 느끼며 맛있는 음식을 보면 먹고 싶어 하며, 먹는다. 이는 영혼들이 과거 생을 그렇게 살아왔고, 그러한 훈습이 남아 있어서 생겨나는 현상일 뿐, 진실로 그들이 음식을 흠향해서 생명을 영위하는 것은 아니라는 것이다.

마음의 세계는 마음의 작위로 생겨난 세계라고 했다. 마음에서 배가 고프다고 생각하면 실제로 배가 고프고, 맛있는 음식을 보면 실제로 먹고 싶다는 마음이 생겨난다. 그리고 먹는다. 왜냐하면, 과거 사람으로 살았을 때의 습관이 그대로 이어졌기 때문이다. 그러나 그들이 음식의 진기를 흠향해서 생명을 이어가는 것은 아니라는 것이다.

다만, 잠시 위안이 될 뿐이다.

만일 그가 마음을 바꾸어 음식이란 것에서 생명을 얻지 못한다는 사실을 깨닫게 된다면 배고픔이란 집착에서 벗어나게 돼 새로운 세계로 나아가는 디딤돌이 된다는 것이다.

결국, 음식을 먹는다는 행위는 영혼들에게 잠시 포만감을 줄 수는 있겠지만, 본질에선 아무런 도움이 되질 않는다는 것이다.

그들에게 일체의 행위가 마음에서 일어난 망념의 작위일 뿐이라는 이야기가 된다.

그러므로 우리가 영혼을 위해 사람의 물건을 건네는 행위는 그들로 하여금 오히려 과거 삶에 옭아매는 행위로 참다운 천도와는 거리가 멀다고 하겠다. 즉 그들을 떠나지 못하게 만드는 족쇄가 될 뿐인 것이다. 진정한 천도란 그들이 인간으로 삶을 하루빨리 잊고 그들의 세계로 나아가게끔 하는 것이고, 그렇게 깨달음을 주는 것만이 진정한 천도인 것이다.

흔히들 중생구제를 말한다. 배고픈 이에게 밥을 주고 목마른 이에게 물을 주는 것이라 여긴다. 조금 생각을 달리해 보자. 여기 배고픈 이가 있다. 불쌍히 여겨 밥을 준다. 그러면 그가 생각하기에 '여기 오니까 밥을 먹을 수 있다.'라고 생각하게 되고, 불쌍히 여겨 매일 밥을 주었다. 물론 베푸는 행위를 탓하자는 것이 아니다. 그러한 상황이 계속된다면 그는 어쩌면 영원히 그 생활에서 벗어나지 못할지도 모른다. 내가 공덕을 베풀고자 하는 마음 때문에 그가 새로운 꿈을 가질 수 있는 기회를 빼앗을 수도 있다는 것이다.

오히려 아무것도 베풀지 않아 그가 스스로 일어설 수 있는 자립의 기회를 줌만 못한 것이다.

주는 사람과 주지 않는 사람 둘 다 다르지 않다. 다만 주려는 사람은 은혜로운 마음이 담겨 있고, 주지 않으려는 사람은 아깝다는 이기심이 담겨 있을 뿐이다. 만약에 그의 자립을 돕겠다는 애틋한 마음을 담아 주지 않았다면 둘은 똑같이 공덕을 베푼 사람이라고 생각한다. 행위의 결과로 그를 평가하는 것은 지극히 옳지 않다.

육도중생 인人, 천天, 수라修羅, 아귀餓鬼, 축생畜生, 지옥地獄에 있어 하늘이란 인간계에 접한 세계, 즉 영혼들이 머무는 세계도 포함된다. 좀 더 나아가 삼십삼천이 모두 될 수도 있겠지만, 어찌 되었건 그들 모두는 중생이며, 구원이 필요한 부류이다. 그중에서 가장 낮은 천도되지 않은 영혼이 머무는 세계란 당연히 구원의 일 순위가 된다고 생각한다.

개인적으로 주지 않는 쪽으로 손을 들어주고 싶다. 사람과 영혼의 관계에 있어서도 인간이 무언가를 베푸는 행위는 그들의 삶을 고착화시키는 행위로 그들에게 부정적인 영향을 줄 것이라 생각한다.

우리가 만들어 놓은 결과라는 가시적 성과보다 상위의 것이 마음이다. 무한의 세계가 되는 것도 이러한 이유이고, 내가 지향하는 세계가 마음의 세계인 것도 이와 무관하지 않다.

그러나 육신을 가진 사람이라면 이것은 먹을 수 있고 이것은 없다고 선을 걷는 것은 옳지 않다. 창세기에 '생육하고 번성하여 땅에 충만하라. 땅을 정복하라. 바다의 물고기와 하늘의 새와 땅에 움직이는 모든 생물을 다스려라.'라는 식의 권위적 삶은 옳지 않다. 결국, 이로 인해 오늘의 기독교인들의 독선이 생겨난 것은 아닌가 여긴다. 자연은 자연스럽게 존재하는 것이다. 이처럼 자연이 인간에게 소유물적인 관계가 된다면 아무런 죄의식 없이 환경파과가 생겨나게 된다고 본다. 왜냐하면, 모두가 내 아버지의 것이니 당연히 내 것이며, 내가 다스리는 소유물이기 되기 때문이다. 내 아버지의 것을 내 마음대로 쓰는데 네가 뭐냐는 논리가 된다.

음식에 있어서도 이것은 깨끗하고 저것은 부정하다는 식의 이분법적 논리로 대하는 것은 옳지 않다.

"육식을 함으로 몸에 힘이 충만해지고 생선을 먹음으로 인내를 배우게 되며 나물을 먹음으로 인해 넓은 마음을 가질 수 있음이다."

바꾸어 말하면 사람이 육식을 많이 하면 힘은 충만하지만 인내와 넓은 마음이 없고, 생선을 많이 먹는 사람은 인내심은 탁월하지만 지혜와 힘이 부족해 치고 나가는 힘이 부족하며, 나물만 먹게 되면 도량은 넓어지나 힘과 인내심이 약해진다는 것이다.

"힘이 약한 사람에겐 고기가 보약이고, 인내심이 약한 사람은 생선이 보약이며, 소갈머리 없는 사람에게는 나물이 보약이란 말이다."

결론적으로 음식이란 것은 골고루 자연스럽게 먹으라는 것이다. 이것은 좋고 저것은 부정하고 식의 편 가르기는 음식에 대한 예의가 아니며 본질이 아니다.

또한, 몸을 가진 사람에게 삶을 영위하게 하지만 몸을 벗었다면 그에 대한 집착을 버려야 한다는 것이다. 그리고 그러한 집착에서 벗어나게 도와주는 삶을 살아야 한다는 사실이다. 그것이 천도이며 중생구제이며 포교인 것이다. 꼭 사람에게 무언가를 베풀어야 공덕이 되는 것은 아니다. 육도중생, 모두가 같은 삶이기에 그들에게 깨달음을 주고 사랑과 지혜를 나눈다면 이 모두는 공덕이며 수행이 되는 것이다.

선각자가 산속에 홀로 앉아 아무것도 하지 않는 듯 보이나 그는 수많은 중생을 구제하며 한량없는 공덕을 쌓아가고 있는 것이다.

중생의 눈에 보이지 않을 뿐….

앞에서 온전한 나로 오지 못한 이유가 이정표가 없어서 생겨난 일이라 말했다. 이제 그것에 대하여 좀 부연 설명하려고 한다.

본래 사람이 분신의 씨앗으로 올 때 혜인감로의 자리를 거쳐 보옥당에 이르러 옥정수를 마시고 남자는 화성을, 여자는 수성을 거쳐 사람으로 태어나게 된다고 한다. 이를 순행의도라 하는데, 이러한 순리의 길을 거쳐 사람의 몸을 받게 되면 자신의 영체도 온전한 나로서 태어나게 되고 뜻의 영에 메모리 되어 있는 하드웨어도 손상 없이 가지고 올 수 있다고 한다.

무슨 이야기냐 하면, 우리는 태어나는 것과 동시에 전생의 기록들이 완전히 포맷되어 버렸다. 아무런 기록도 존재하지 않으며 알 수도 없다. 이런 현실이 아니라 전생을 온전히 기억한다는 것이다. 내가 누구이며 무엇을 했고 어떻게 살았다, 그리고 이생에 다시 태어난 이유는 뭐 빚은 갚기 위해서 아니면 은혜를 갚기 위해서 등등 자신의 과거사 기억을 소상히 가져온다는 것이다.

자신을 자신이 잘 알았을 때 인생이란 삶은 쉽게 느껴지고 해야 할 일도 분명해지는 것이다. 또한, 전생의 학습을 통해 이생을 맑히고 나아가 내생으로 이어지는 업연의 고리를 풀어 갈 수 있어 윤회의 삶을 벗어나는 데 공헌할 수 있는 것이다.

결국, 나라는 한 개인의 문제가 아니라 세상에 존재하는 모든 나들이 그러한 삶이라면 당연히 윤회의 삶은 줄어들 것이고, 다시 사람의 몸 받아 태어날 이유도 적어질 것이다.

사람의 몸을 받았다는 것은 일단 그 자체로 고통이다. 추우면 입혀야 하고, 더우면 벗겨야 한다. 시도 때도 없이 배고프다고 먹을 것을 찾고, 아프다고 병원 가지고 난리를 친다. 몸뚱이 하나 간수한다는 것이 쉬운 일만은 아닌 것이다.

만약 전생인 과거사를 잊지 않았다면 아마도 인류도 이렇게 많아야 할 이유가 없을 것이다.

그런데 현실에선 사람이 태어날 때 거둠의 길인 지향산의 인당수를 마시고 온다고 한다. 인당수는 망각의 샘이라고 하는데, 죽은 영혼이 샘물을 마시고 나면 과거 사람으로 살았던 희 로 애 락의 감정과 원증의 모든 상처를 잊고 마치 하얀 백지처럼 순수해져 새로운 그림을 그리듯 새로운 세계로 나아가게 되는 것이다.

그러해야 바른 정도의 길이 되는데, 죽어서 가는 이는 보옥당의 옥정수를 마셔 전생의 기록을 하나도 잊지 않고 그대로 가져가고, 태어나는 이는 지향산 인당수를 마시고 아무것도 기억 못 하는 백지상태가 되어 인간 세상에 오게 된다는 것이다. 내가 누구이며 무엇을 해야 하는지, 은 원이 무엇이며 어떻게 살아가야 하는지 아무것도 해답이 없이 그냥 와서 좌충우돌 부딪히고 깨어지고 부서지고 으깨어지면서 미움과 증오와 분노만 키우다 어느 날 죽음을 맞이한다. 그리곤 다시 인당수를 마시고 온전한 기억으로 원증만을 싸 안고 저세상을 가게 되는 것이다.

결국, 내가 분노함으로 세상을 분노케 함이다. 내가 세상을 미워함으로 미움의 씨앗을 심었고, 내가 증오함으로 증오의 씨앗만 심어 놓고 떠나는 것이다. 결국, 어느 날 내가 뿌려놓은 씨앗이 열매를 맺고 하얀 백지가 되어 다시 돌아왔을 때엔 원한과 증오 시기와 질투 분노만이 나를 기다리고 있는 것이다.

결국, 세대가 반복되며 시간이 흐를수록 세상은 점점 혼탁해지며 원증이 깊어지며 불신의 벽이 높아진다는 것이다.

앞에서 원숭이를 우리에 가두는 실험 이야기를 했다. 사람이란 동물도 이러한 이유만으로 싸우고 미워하고 분노하며 살고 있는 것일까? 윤회라는 수레바퀴가 돌아가는 것이 좀 더 진보된 나를 만드는 것이 목적이라면 왜 현실은 윤회가 거듭할수록 점점 전생이란 삶보다 못한 삶이 되어 가는가? 세상은 왜 밝아지고 맑아져 나날이 좋은 날이 오지 않는 것인가 하는 것이다.

나는 그러한 이유를 여기에서 찾고자 한다. 사랑은 사랑을 낳으며, 원한은 원한을 낳고, 증오는 증오를 만들 뿐이다. 내가 증오하는 마음을 갖는 것은 나 자신을 증오함이며, 미워하고 싫어함은 나 자신을 미워하고 싫어함이다. 내가 기쁜 마음을 가지면 그 파장은 이웃에게 전해질 것이고, 내가 싫어하는 마음을 가지면 그 아픔의 상처는 온전히 이웃에 전해질 것이다. 그리고 그것이 부메랑이 되어 나에게 되돌아올 것이다.

좀 더 나은 내일을 원한다면 오늘을 사랑으로 감사하라. 좀 더 맑고 밝은 사회를 원한다면 내게 용서하고 내게 감사하라. '너 이웃을 사랑하라.'라고 거창한 표어는 필요 없다. 그냥 나 자신에 감사하며 고맙게 생각해 보라. 그리고 사랑하라. 내 삶이 바뀔 것이라고 장담한다. 나아가 네가 바뀌고, 우리가 바뀐다. 윤회라는 수레도 훨씬 가볍고 자연스러워질 것이다.

사람의 시야는 360도가 아니라 110에서 170도 정도밖에 안 된다. 즉 한쪽도 다 보지를 못하는 것이 사람이다. 나머지 반쪽의 세상은 아는 것이 아무것도 없다. 그러면서도 우리는 마치 다 보고, 다 아는 듯 착각하며 산다. 그러한 이유는 카메라의 45도 시야에 익숙해 있기 때문이다. 사람들이 그런 좁은 시야에 익숙해져 버렸다. 줌에 익숙해져 광각의 세계를 잊고 사는 것이다.

세상은 아는 마치 보인다고 했다.

전문가란 좁은 시야로 바라보는 줌렌즈일 뿐 그것이 정답은 아니다. 하나에 좀 더 가까이 가 있을 순 있겠지만 모든 것에 그러한 것은 아니다.

생각을 바꾸고 마음을 바꾸어라. 그리고 열어라. 열린 마음으로 본다면 보지 못할 것이 없으며, 듣지 못할 것이 없다. 카메라 앵글에서 눈을 떼고 마음의 앵글로 생각하고 보라. 산다는 것은 참으로 즐거운 것이며, 산다는 것은 참으로 신비롭고 향기로운 것이다.

진실로 살만한 세상인 것이다.

제3부

한 알의 밀알이
밀밭을 만든다

창문을 열지 않아도
봄은 코끝에 와 있다

✎ 수행이란 단절되지 않아야 한다. 조금씩, 아주 조금씩 나아갈지라도 끊이지 않게 해야 한다. 정도 정심을 기본으로 삼는 수행법에 있어서도 매일 조금씩 나아가는 것이 중요하다. 만약 정좌하고 앉았는데 머리에 잡념만 가득하다면 이 또한 기도이며, 수행이라고 생각하라. 잡념이라 해도 내가 업보를 닦겠다는 마음으로 앉아 있다면 이유가 있는 것이다. 생각을 끊지 말고 주욱 이어가면 새로운 생각으로 이어지고 또 이어지다가 어느 순간에 일어나지 않는다. 이런 것이 기도인가 생각하지 말라. 본래 자연은 자연스럽게 자연스러워야 하는 것이다.

미움의 생각도 마찬가지다. 누가 죽이고 싶도록 밉다면 그 생각 역시 끊지 마라. 분노하는 마음도 그러하다. 애증에서 일어나는 모든 망념도 시간이 지나면 자연스럽게 끊어지는 것이다. 그러면서 내면 깊숙이 서서히 맑아지고 있는 것이다.

수행이나 기도란 것은 십 년 동안 풀어야 할 것을 일 년에 푸는 것이며, 더 열심히 한다면 한 달에 푸는 것이라 생각하면 된다. 어느 순간 홀연히 다가오는 것이 아닌 것이다.

십 년간 받아야 할 업보를 일 년, 한 달에 받는 것이 수행인 것이다.

하나 더 짚고 넘어간다. 약간 수행에 진척을 보여 남보다 좀 빨리 가는 이도 있을 것이다. 본래 수행이란 그동안 잠들어 있던 나를 일깨우는 것이다. 옛 어른들은 잠자는 사람을 깨울 때에 있어서도 서서히 깨웠다. 잠자는 이를 갑자기 놀라게 하거나 충격을 주면 기가 상한다고 했다. 수행도 마찬가지다. 서서히 접근해야 한다. 또한, 은밀히 조용히 이루어져야 한다.

불을 피울 때, 처음엔 바람이 불까 싶어 양손으로 갈무리고 불씨를 살린다. 아주 작은 불씨는 조금 아주 조금의 미세한 바람에도 꺼지기 때문이다. 그러나 장작더미에 불이 붙기 시작하면 바람이 불면 불수록 오히려 잘 탄다. 수행도 그러하다. 처음에는 정말로 조심하지 않으면 안 된다. 정작더미에 불이 붙기까지는 가려야 하고, 숨겨야 하고, 조용히 이루어져야 한다. 불씨를 살리지 못하면 아무것도 이룰 수 없기 때문이다.

혹, 마음의 소리를 듣는 이가 있다면 신중하게 판단해야 한다.

먼저 음성이 귀에서 들리는가, 머리에서 들리는가, 가슴에서 들리는가를 판단해 보아야 한다. 마음의 문을 열었다는 것은 내가 수행을 위해 출입하기 위한 길인 것과 동시에 남들도 들어올 수 있는 길이 된다. 나만 출입하는 길이 아니라 누구든 드나들 수 있는 것이다. 물론 수행이 깊다면 아무것도 아닐 수 있지만, 보통의 초심은 여기에서 무너져 사도에 빠지는 경우가 많다. 앞서 이야기했듯 우리 주변은 수많은 마음이 가득 차 있다. 그러한 마음들로부터 무수한 시련과 고통을 당할 수 있다는 것이다.

먼저 소리의 옳고 그름을 구분하는 방법으로 가슴에서 들려오는 소리가 가장 정正에 가깝다는 것이다. 우렁차고 힘이 실려 있는 목소리인가 아니면 그냥 자그마한 목소리인가? 이런 것으로 구분하기는 쉽지 않다.

먼저 귀에서 들리는 음성이라면 무조건 삿된 것이라 보면 된다. 두 번째로 머리에서 들리는 음성도 구할은 삿된 것이다. 마지막으로 마음에서 들려오는 음성이라 해도 반드시 바른 것은 아니라는 것이다. 귀에서 들리고 머리에서 들려오는 소리는 애초에 무시하는 것이 좋다. 가슴에서 들리는 소리라 해도 꼭 '세 번 확인'해야 한다. 가령 "내가 하늘님이니라."라는 음성이 들린다면 그가 진짜 하늘님이라고 믿어 버려선 안 된다는 것이다. "누구십니까?"라고 다시 물어보라는 것이다. 그러면 그가 다시 "하늘님이니라."라고 답을 한다면 그 상태로 믿어 버리지 말고 꼭 세 번 확인하라는 것이다. 한결같은 답을 한다면 그인 것이 확실하나 네 번째 대답을 망설이거나 답을 못한다면 그가 진짜 하늘님이 아닌 다른 이의 이름을 도용한 어느 잡신에 불과한 것이다.

물론 하늘님이나 불보살 같은 신이 인간의 몸에 깃든다는 것 자체가 불가하지만, 예를 든다면 말이다.

소리. 우리는 수많은 소리 속에 살고 있는 것이다. 대화도 소리요, 생각도 소리가 되어 머리에 들린다. 내가 내뱉은 소리뿐만 아니라 남들이 내뱉은 수많은 소리도 있다. 또한, 그들의 생각도 소리가 되어 들릴 수 있다. 그뿐만 아니라 대기가 융화되는 소리, 풀이 자라고 꽃이 피는 소리도 있다.

본질에서 본다면 정과 사는 존재하지 않겠지만, 과정에선 반드시 존재하는 것이다. 지금 이 순간 손가락에서 눈은 떼고 달을 보는 각자의 견해가 아니라면 반드시 그러하다. 이미 달은 보는 이라면 이러한 차제 자체가 필요 없겠지만, 달을 보기 위해 달을 찾는 이라면 이를 무시하고 이루어지는 것은 없다고 본다.

지금 이것은 달을 보기까지의 과정을 설명하는 것이다. 이를 통해 달을 보는 것은 내 몫이 아니라 내 글을 읽는 여러분의 몫인 것이다. 이는 손가락일 뿐 달은 아닌 것이다. 혹 손가락에서 달을 찾는 어리석음을 범하지 않길 바란다.

사실 수행이란 것은 스승이 제자의 성취 정도에 맞추어 다음 단계로 이끌어 가는 것이 맞다. 앞으로 일어날 것에 대하여 너무 많은 지식을 머리에 담고 있으면 오히려 생각만 앞서게 되어서 수행이 수행을 방해하고 오히려 관념의 벽에 부딪히게 될 수 있다. 그러므로 많은 지식은 수행의 방해물이라는 것을 전제로 한다. 이 글을 읽는 이라면 두 배로 각오를 다지지 않으면 안 될 것이다. 지식이란 꼭 필요한 자리에서 필요한 것이다. 잡다한 지식은 오히려 장해물이 될 뿐이라는 사실을 먼저 기억해 두길 바란다. 안다는 것, 머리로 아는 것이 때론 장애가 될 수도 있고, 몸이 따르기 전에 생각이 앞선다면 오히려 알지 못함만 못한 것이다.

마음의 문이 열리게 되면 출입하는 영들이 많아진다. 많아진다는 것은 시끄러워진다는 의미도 된다. 누구나 들어오고 누구나 나갈 수 있다. 이러한 상황이 되면 나는 아직 초심자이다 보니 누가 뭐라고 말을 하면 그것을 액면 그대로 믿게 되는 어리석음을 범하게 돼 오히려 길을 찾기 어려워진다는 것이다.

인간세계와 같이 이들의 세계도 부정과 거짓말이 난무하고 속이고 협박하고 빼앗고 뭐 남 잘되는 꼴 못 보는 것은 인간사회보다 심하면 심했지 덜하진 않다. 특히나 이들이 사람을 볼 때 자신들보다 하수로 여겨 시험해 보고자 함부로 대하며 우롱하는 경우도 있다. 혹 이용가치를 찾는 영체들도 있을 것이며, 간혹 진실로 자신들의 세계와 소통할 수 있다는 것에 희망을 걸고 이 세계와 접촉을 원하는 영체도 있을 것이다.

뭐 우리 세계와 다를 바 없이 혼탁하고 부정하다고 생각하면 된다.

결론적으로 나는 이제 막 걸음마를 뗀 유치원생이고, 그들은 닳고 닳은 사회인이다. 당연히 내가 지는 싸움이다. 그러니 싸움은 피해야 하고 옳고 그름을 분별할 능력이 안 되니까. 되묻고 되물어 확인하고 또 확인해야 한다는 것이다.

그것만이 속지 않는 길이 되는 것이다.

귀에서 들리는 소리는 대체로 저급 영들의 소리다. 그것은 아예 무시하는 것이 좋다고 했다. 환청이나 환각을 본다는 것이 이 세계를 이르는 것으로 만약 귀가 얇아 여기에 무심하지 못하면 소위 말하는 정신병자가 된다. 뭐 약물에 의해 환청과 환각을 경험하기도 하지만 우리네 삶에선 환청을 듣거나 환각을 보는 사람을 정신병자로 본다. 그러나 수행자의 눈으로 본다면 마음이 맑고 깨끗한 사람이다. 그렇지 않다면 영계와 접속이 쉽지 않은 것이다. 다만 그들은 마음의 문이 열리면 나도 오갈 수 있지만 남도 오간다는 것을 모르고 있으며, 그 소리가 무엇인지 실체를 모른다는 것이다. 또한, 누구도 이런 사실을 설명해 주지 않는다는 것이다.

그러면 보고 듣는다는 것에 정의를 내려 보자. 예를 들어 TV를 틀었다고 가정하면 채널이란 특정의 주파수가 맞아야 한다. 우리가 알고 있는 TV 채널이 족히 수백 개는 된다. 이 모두는 특정의 주파수를 가지고 있으며, 그것이 맞았을 때 우리는 영상을 보고 소리를 듣게 되는 것이다. 우리가 사는 이 공간은 이러한 주파수들이 수백 수천, 수만 개 어쩌면 이보다 많이 떠돌아다니고 있지만 우리는 TV라는 특정의 집파기가 없다면 특정의 주파수를 잡아내어 볼 수 없는 것이다. 이를 그냥 육안으론 볼 수도, 들을 수도 없는 것이다. 단순한 논리로 사람과 사람의 대화 역시 특정의 음파가 서로 같기에 들을 수 있는 것이다.

그러한 특정의 기계가 없거나 음파가 같지 않다면 우리는 아무것도 보거나 듣지 못한다.

이처럼 특정의 주파수를 가시적으로 보고 듣게 되는 육신에서 벗어나 마음에 맞추게 된다면 비록 훈련이 많이 필요하겠지만, 마음으로 보고 듣는 것이 가능하게 되는 것이다.

마음의 문을 연다는 것은 주파수를 마음에 맞춘 것을 의미하는 것으로 본래 마음의 문이 저절로 열리지는 않는다. 열려서는 안 되는 것이다.

환청이나 환각을 본다는 것은 어떤 계기로 마음의 문이 저절로 열린 것을 의미한다. 이런 경우 대부분이 영적으로 나약해서 생긴다. 영은 맑으나 문을 여닫을 힘도 없고 능력도 없을 때 나타나는 현상인 것이다. 사람으로 친다면 백치나 무능력한 사람이다.

심성이 맑은 것은 참 고마운 일인데 그를 다독일 힘과 능력이 안 된다는 것은 참으로 슬픈 일인 것이다.

수행이란 힘이 필요한 것이다. 노력만으론 나아갈 수 없는 것이다. 음식을 가려먹지 말라고 앞서 설명한 것이 힘과 인내도 꼭 필요한 덕목이기 때문이다.

머리에서 들리는 소리 역시 귀에서 들리는 것보다는 높은 차원의 소리는 분명하나 이 또한 저급 세계로 따라가면 정신병동으로 가야 한다. 본래 정신병자와 정상인의 차이는 백지 한 장이다. 그 벽이 정신병자와 선각자의 차이인 것이다.

우리가 수행을 한다는 것은 이 백지 한 장을 넘지 않고 가야 한다. 결국, 저 세계를 알지 못하면 이 세계에서도 알 수 없는 것이다. 이들 둘은 서로 다른 것 같지만 실은 같은 것이며, 같은 세계인 것이다.

마음(가슴)에서 들리는 소리는 대체로 고급 영의 소리이긴 하나 고급 영이라 해서 다 좋은 선신善神만 있는 것은 아니다. 우리 세계에서도 지위가 높거나 덕망이 있다 해서 다 착한 사람이 아니듯 영의 세계에서도 그러하다.

나는 이 집의 주인이다. 이것은 내 집인 것이다. 이 몸의 주인은 나인 것이다. 내 집에 손님이 찾아오면 그를 접대하고 대화를 나누고 휴식의 시간을 갖기도 하고 또 하룻밤 묵고 갈 수는 있겠지만, 내가 주인임은 변함이 없다. 훌륭하고 위대한 분이 왔다고 해서 그가 주인이 되는 것은 아니다. 이유를 막론하고 이 집의 주인은 나인 것이다.

주인이 손을 맞는 것이지, 손이 주인이 될 수는 없는 것이다. 내가 존귀한 이유가 여기에 있다. 만약 나를 잊고 주인의 자리까지 내어준다면 그것은 무능한 것이며, 어리석은 것이다. 주인은 영원히 주인이며, 손님은 어떤 일이 있어도 손님일 뿐인 것이다.

무속인들이 대접을 못 받는 이유에 대해 생각해 보았는가? 내 집을 전

세 놓은 것까지는 좋은데 아예 주인 자리까지도 내어 주었기 때문이다. 그들이 점언을 할 때는 그가 아니라 아예 그 신명이 하는 것이다. 그 순간 나는 이미 존재하지 않는 것이다. 결국, 용한 점쟁이라고 해 봐야 그 귀신이 용한 것이지, 내가 용한 것은 아니다. 내가 어떠한 행위를 하더라도 결국 내가 주인이 아니기 때문에 나와는 무관한 행위가 되고, 그냥 몸 빌려주는 행위에 지나지 않는다는 것이다.

주인이 주인이 되지 못한다면 그것은 수행과는 거리가 먼 것일 뿐이며, 본질과 다른 것으로 수행자가 해서는 아니 된다.

그런데 현실에서 무수히 일어나는 것이 바로 이런 행위들이다. 앞서 법문하는데 신장이 툭 치고 들어온다는 것도 결국은 여기에서 벗어나지 못한다. 조금 고급의 신일 수는 있겠지만, 그 또한 점유며 침탈행위에 지나지 않는다.

세상은 온통 이처럼 부정한 일로 가득 차 있다. 정도의 차이는 있겠지만, 본질에서 볼 때 참다움이란 애초에 존재하지 않는 것이다. 모두가 부정한 것이며 점유이며 침탈인 것이다.

사람과 사람 사이도 내 편, 네 편은 있을지 모르나 정의는 존재하지 않는다. 누군가를 이롭게 하기 위해선 누군가를 해쳐야 가능한 것이다. 우리가 살아간다는 것 역시 누군가의 희생으로 가능한 것이다. 소, 돼지의 살점이 필요하고 푸성귀라는 풀들의 희생이 있어야 겨우 연명하게 된다. 모두에게 이로운 것은 어디에도 없는 것이다.

사실 우리가 살아가는 세상은 온통 이러한 일들이 가득하다. 그러함 속에서 그것이 무엇인지도 모르며, 돈과 명예에만 골몰해 살아가는 부류가 인간이란 사실이다.

불교에서 중생이란 어리석음의 상징이다. 중생이 어리석은 것은 자신을 모르기 때문이다. 세상의 지식이나 잣대란 것은 육신의 안위에서 벗어나지 못하고 티끌 같은 삶이 마치 영원한 것으로 착각하고 살아가고 있는 것이다.

오직 돈과 명예를 소중히 여기지만 사실 이것은 영혼을 살찌우기 위해서 필요한 것이 아니라 육신을 살찌우기 위한 것에 지나지 않는다는 사실이다.

이제부터 생각을 바꾸어야 한다. 그래야 세상이 달리 보이며, 달리 느껴질 것이다.

결국, 이러한 점유 침탈의 행위들은 자신을 잃었기 때문에 생겨나는 현상이다. 자신을 잃었으니 당연한 것이다.

수행자라면 절대로 자신을 잃어선 안 된다. 사람은 무의식인 깊은 내면에서 옳고 그름을 알고 있다. 사회라는 관습과 교육이라는 훈습 때문에 무의식의 영능이 사라지고, 본래 자신 것이 아닌 옷을 자신 것 인양 껴입고 무엇을 알고 보아야 하는지 본질을 잃고 살아갈 뿐인 것이다.

가슴에서 들리는 소리라 해도 확인하고 또 확인해야 할 필요가 그러한 이유에서이다.

상급 세계에서 온 영이라면 꼭 전해야 할 말이나 수행을 이끌어 줄 중요한 일이 없다면 모습을 잘 나타내지 않는다. 그래야 할 이유가 없기 때문이다. 본래 영역이 다른 세계에 굳이 간섭하려 하지 않는다. 부득이 간섭을 해야 한다면 그 분네의 목소리는 자애롭고 감미롭고 위엄이 있으며 인자하다. 마음에 욕심만 버리면 누구나 쉽게 확인할 수 있지만, 사람이란 존재가 욕심 덩어리다 보니 욕심에 가려 보지 못하고 듣지 못해 잘못

된 판단을 하고 잘못된 길로 접어들 뿐인 것이다.

그리고 끝까지 자신의 잘못됨을 알지 못하는 족속이 인간인 것이다.

욕심을 버려야 한다.

하늘님의 이름을 팔고 신의 계시를 받았느니, 말씀이니 뭐니 하며 세상을 어지럽힌다. 군중을 모으고 기적이고 이적이라며 이상한 행동을 해댄다. 어리석게도 사람은 그런 모습에 현혹되고 홀린 듯 따라다닌다.

이런 부류의 사람들을 보면 그런 행위를 하는 사람이나 따라다니는 사람이나 모두 가슴속에 욕망 덩어리로 가득 차있다. 이들이야말로 참으로 미친 나를 만들어 가고 있는 것이다. 참으로 미친 세상을 만들고 있는 것이다.

우리가 이적, 기적이라 말하는 것도 여기서도 가능하다. 수행의 첫 계단 올라서면 마주하는 욕망의 문에서 생겨나는 행위들이 무지의 눈으로 본다면 기적과 이적이 될 수도 있다.

결국, 인간은 자신이 깨달아가는 것에 관심 있는 것이 아니라 누군가 자신에게 깨달음을 한 아름 안겨 주기만을 기다린다. 부처나 위대한 선각자가 말이다. 그러나 대자연은 그런 행운이 존재하지 않는다. 인간세계에선 불로소득이 있을지 모르겠으나 대자연은 누구나 공평하게 기회는 주어지지만 그냥 주는 것은 절대 없다.

그리고 차제를 무시하고 한걸음에 뛰어넘을 수 있는 행운도 없다. 대박이란 존재하지 않는 것이다.

앞서 말했듯 아홉을 만들고 열을 채우지 못하면 아홉이 아니라 제로인 것이다. 열이란 완성의 수를 이루지 못했다면 하나도 존재하지 않는 것이 수행이며, 대자연인 것이다.

우리나라 근대사만 보아도 기적 이적으로 혹세무민한 예는 무수히 많다. 내가 열거하지 않아도 대한민국 국민이라면 누구나 다 아는 일일 것이다. 예언서나 결서의 말들을 끌어와 자신의 것처럼 포장해 이용하고, 어리석을 대중을 선동해 정신을 피폐하게 하고, 금전의 이득을 구하지만, 이러한 행위들은 무한의 세계에서 보면 아주 작고 미미한 것으로 본질과는 너무나도 먼 망념의 산물들일 뿐이다. 그저 욕망의 덩어리를 욕망의 눈으로 본 것에 지나지 않는 것이다.

만약 수행자가 이런 혹세무민의 행동을 한다면 당연히 죄업을 받아야 한다. 하는 나도 받아야 하고 내 몸을 빌려 중생의 눈을 어지럽힌 그도 받아야 한다.

앞서 바른 마음 바른 생각을 강조한 이유가 여기에 있다. 정도와 정심의 마음이 아니면 이런 삿된 길을 마다치 않고 나아갈 수 있는 것이 인간이다. 이는 수행도 아니요, 깨달음도 아니요, 계시는 더더욱 아니다. 마귀에 휘둘리다가 결국 그 귀신이 떠나 버리면 텅 빈 몸뚱이만 남고 행위에 대한 죄업만 남아 영원히 구원받을 수 없는 영혼으로 전락하고 만다. 지옥행은 따 놓은 당상인 것이다.

그래서 수행자의 제일 덕목은 정도와 정심이다. 처음부터 마지막 끝나는 순간까지 이를 잃어선 절대로 안 되는 것이다.

만약 이를 무시한다면 사도에 빠져들게 되어서 나를 망치고 남을 망치고 세상을 망치게 되는 것이다.

각설하고 소리 언어에 관한 이야기 좀 해보기로 한다. 20세기 지구 사람의 언어는 5천여 가지나 된다고 한다. 이들 언어는 크게 소리 말인 음성어와 문자어로 구분된다. 소리 말은 입으로 나와 귀로 들어가는 것을 말하는 것이고, 문자어는 손으로 나와 눈으로 들어가는 것을 말한다. 세계 수많은 종족은 그들만의 독특한 문화를 가지고 있지만 개 중에는 자기들 고유 언어를 갖지 못한 경우도 있고 또 자기들만의 언어는 있으나 문자를 갖지 못한 경우도 있다. 서구 열강이라 일컬어지는 독일, 프랑스, 이탈리아, 스페인만 보아도 자기네 말은 가지고 있지만, 글을 갖지 못했다. 그래서 로마어를 빌어 표기하고 있을 뿐인 것이다.

그러나 지구본을 돌리면 한참을 뒤져야 겨우 찾을 수 있는 동방의 작은 나라인 우리나라는 그들만의 글과 말을 다 가지고 있다. 요즘 서구 문화가 안방을 차지한 지 반세기도 안 되어 마치 영어 아니면 출세를 못 하는 것처럼 영어 공부하기가 대세가 되었다. 영어에 몰입하는 사람들에게 한글은 소수민족의 언어쯤으로 우스운 글로 보일 수도 있을 것이다.

로마제국이 번성했을 때는 시골 촌구석에 가도 라틴어를 모르는 이 없었듯 대영제국의 몰락으로 위기에 처한 영어를 구한 것이 미국이고, 보면 미국이란 시류에 편승하지 못하면 살아남기 어렵다는 것도 잘 안다.

그러나 안목을 좀 바꾸어 생각해 보았을 때 지구상에 수많은 글과 말은 모두가 대자연을 기반으로 만들어진 것이다. 개중 유일하게 대자연 본래 음색을 담은 언어가 우리말이며, 대자연의 본래 모양을 담은 것이 우리글이란 사실이다.

국수주의며, 한글 예찬론자는 아니다. 그래야 할 이유도 없다. 본래 대자연의 입장에서 대자연을 대변하자는 것이지, 다른 의도는 없음을 밝혀 둔다.

가령 여기에 세상의 모든 소리를 담을 수 있는 테이프가 있다. 그리고 세상 모든 것을 그릴 수 있는 화선지가 있다. 이 엄청난 물건은 상상을 초월해 존재하는 것으로 우리의 신음 소리 하나, 손동작 하나까지 모두 녹음되며 기록하는 것이다. 다만 피기록자는 그러한 사실을 전혀 모를 뿐이다. 그런데 어느 날 무의식중에 이 녹음 테이프의 주파수와 나의 주파수가 딱 연결되어 자신이 과거에 했던 말을 듣게 되었고 또한 과거에 했던 행동을 보게 되었다고 하자.

순간 무척이나 당황할 것이다. 어쩌면 황당할 것이다. 그러나 이것이 대자연 본래 모습인 것이다.

장자가 "천망회회 소이이불루天網恢恢 疎而不漏."라고 했다. 하늘 그물은 넓고 넓어 성글어 보이나 새지 않는다고 한 말인데 대자연이란 아무런 표정 없이 그냥 존재하는 것 같지만, 사실은 너무나 쫌쫌하고 너무나 완벽해 새고 넘침이 없다는 것이다. 천망은 그러한 것이다. 샌다면 대자연이 아닌 것이고, 대자연이라면 샐 수는 없는 것이 본질인 것이다.

이처럼 새고 모자람이 없는 천망 속에서 대자연의 소리를 조금 흉내내어 본다면 자연의 소리는 마치 범패나 궁중음악과 비슷하고 서양의 오페라처럼 부드럽고 감미롭다. 그리고 "빨리 빨리!"를 부르짖는 우리들과 달리 "천천히 천천히!"이다.

천천히 그리고 부드럽고 감미롭고 향기롭다. 꼭 언어를 빌자면 말이다. 그것이 자연인 것이다. 사람들은 이러한 자연의 리듬보다는 소위 경쾌하다고 말하는 빠른 음악을 찾고 젊거나 스트레스가 심할수록 그러한 경향이 뚜렷하다. 그러다가 나이가 들어 평온해지면 서서히 느린 음악을 듣게 되는 것도 어찌 보면 성숙해 가는 과정이라 생각한다.

오래전 우연한 기회에 사자산 법흥사를 참배한 적이 있었다. 한국 불교 오대성지 중의 하나로 진신사리를 봉안한 곳인데 내가 찾았을 때는 참배객이 별로 없어 그야말로 절간 같은 고요한 시간이었다. 법당에 들어서자 누가 향을 피운 것도 아닌데 어디에서 나는 향기인지 참으로 감미로운 향기가 코끝에 닿았다. 말로 무어라 표현할 수 없는 참으로 감미로운 향기였다.

누가 참 좋은 향을 공양하고 갔나 보다 생각했었다.

그리고 많은 시간이 흘렀다.

어느 날 한여름 밤의 고요 속에서 넓은 잔디밭에 앉아 잠시 생각에 잠긴 적이 있었다. 칠흑 같은 어둠과 적막만이 나를 감싸고 풀벌레 한 마리 울어대지 않는 고요한 시간이었다. 얼마의 시간이 흘렀을까? 주위에서 마치 누가 조용히 걸어오는 듯 사각사각하는 소리가 들렸다. '누구지?' 하며 귀를 쫑긋 세웠지만 역시 소리만 들릴 뿐 주위는 고요함만이 감돌았다.

사각 사각 사각 사각….

사각 사각 사각 사각….

상당한 시간이 지나고서 겨우 깨달았다. '아! 이것이 잔디가 자라는 소리구나.' 한여름 밤 촉촉한 이슬을 머금고 잔디가 자라는 소리였다. 참으로 신비로운 소리였다. 참으로 맑은 소리였다. 참으로 아름다운 음율이었다. 저처럼 작은 잔디 입새에서 저처럼 아름다운 소리를 내다니 나도 모르게 소리의 무아경으로 빠져들고 있었다.

그리고 얼마의 시간이 흘렀을까? 예전 법흥사에서 맡아 본 향기가 코끝에 가득 맴돌았다.

"어? 이 향기는…."

순간 당황했다. 예전에 이 향기를 맡을 때엔 처음 맡는 향기로움에 잠시 황홀했지만, 처음이라 별생각 안 했고, 더욱이 사찰이라 늘 향 공양을 올리는 곳이다 보니 더욱 어느 신자가 올린 좋은 향 공양쯤으로 넘겼었다. 그런데 오늘 한여름 밤 푸른 잔디밭에서 같은 향기를 맡게 되니 내심 당황스러우면서도 그 향기를 따라갈 수밖에 없었다.

"흠…."

내가 살아오면서 느끼는 최고의 향기였다. 무어라 표현하고 설명할 수는 없지만 참으로 향기로웠다. 꼭 비유를 한다면 일본에서 제조된 나비 그림이 그려진 향을 태울 때 나는 향기와 조금 비슷했지만 지금 이 향기에 비한다면 인간의 손에서 만들어진 향 내음이란 마치 땔감이 탈 때 나는 냄새라 할까 조악하기 그지없다는 생각이 들었다.

표현력이 부족해 어떤 단어를 주워 맞추어야 할지 잘 모르겠다. 어찌되었건 심신의 피로가 완전히 녹아내리는 듯 참으로 향기롭고 감미로운 향기였다.

그러한 소리와 그러한 향기에 완전히 몰입해 무아경에 있을 때 즈음 어디선가 참으로 감미로운 음악 소리가 들려 왔다. 글쎄, 한 번도 듣지 못한 음악이라 빗대어 말할 그 무엇이 없다. 가장 가까운 음악이라면 불교 음악 중에 실크로드 정도라고 할까? 하지만 여기에 비한다면 그것은 음악이란 표현보다 쇳소리나 나무 두드리는 소리 정도라고 할까? 뭐, 이처럼 표현할 수 없는 감미로운 향기와 표현할 수 없는 감미로운 음악은 지금까지 한 번도 들어 본 적이 없는 것이었다. 인간이 만들어 놓은 언어, 인간이 만들어 놓은 연필로는 표현하고 그릴 수 있는 것이 아니었다.

그러나 들리고, 느껴졌다.

내가 너무나 볼품없이 작고 어리석다는 것을 처음으로 느꼈다.

혹자 천상의 향기 천상의 음악이라 이름할지는 모르겠지만, 난 이렇게 생각한다. 내가 듣고도 표현할 수 없는 세계 내가 가진 얄팍한 언어로 표현할 수 없는 세계, 아니 내가 주워 담은 언어로 빚댈 수 없는 참으로 신비로운 세계가 존재하는 것이다. 어리석은 내가 귀와 눈이 어두워서 보고 듣지 못할 뿐 나와 같은 공간에 존재하고 있다는 것이다.

사실 난 이것이 천상의 세계가 아니라 대자연의 세계라 본다. 대자연은 이처럼 감미롭고 향기로운 세계이다. 오감이 무딜 때로 무뎌진 인간들이 느끼고 보고 듣지 못하는 세계일 뿐이다.

이것이 참으로 위대한 대자연이며, 무한한 세계의 한 모습이라 생각한다.

본래가 자연은 '슬로우 슬로우'이다. 천천히, 천천히 그리고 천천히 여유롭고 부드럽고 감미롭게 천천히 이루어져 나아가는 세계인 것이다.

자연이란 소리도 향기도 그 무엇도 자극적이지 않다. 평화와 안온함을 주지만 선동적인 것은 어디에도 없다.

현실에서도 가난이 지겨웠던 우리네의 빨리빨리와 다르게 선진국이란 나라들은 매사에 천천히, 천천히 그리고 완벽하게 하기를 좋아한다. 그들의 이런 행동들은 참으로 자연스러운 모습이다. 대자연의 도에 어긋나지 않는 순행의 도에 딱 맞는 행동이며, 삶의 모습인 것이다.

어찌 보면 그들은 우리보다 더 자연스럽고 더 진리에 가까이 다가선 삶을 살고 있는 것이다.

자, 그러면 언어 이야기로 돌아가 보자. 우리글은 소리글로 자연의 소리를 모태로 하고 있다. 자연의 소리란 끊고 맺음이 분명한 음색으로 존재하는 것이 아니다. 마치 글을 쓸 때 서론, 본론, 결론이 있는 것처럼 소리에도 이러한 음절이 존재하는 것은 아니다. 존재한다면 그것은 사람들이 만들어 놓은 논리에 맞추기 위한 도구일 뿐 자연의 음색은 아니다.

우리나라 지방 방언들만 보아도 절음은 잘 없다. 전라도, 충청도, 경상도, 제주도 등 지방 방언들을 잘 관찰해 보라. 여음이 길다. 다른 소리글인 영어를 예로 보아도 말이 부드럽게 이어지며 넘어간다. 자연의 소리를 모태로 만들어진 소리글은 각지거나 모가 나지 않는 것이 특징이다. 사실 우리말도 연음으로 발음되는 것이 대부분이고 절음은 많지 않았다. 그런데 해방 후 학자들이 전 국민 교육이란 이름으로 경기도 말을 표준말로 정하고 무슨 법칙이 어떻고 하는 식의 논리를 만들어 냈고, 우리 모두 잘 아는 반음 넷을 버렸다. 이 반음이 경기 말에 잘 맞지 않는다는 이유 때문인지는 잘 모르겠지만, 어찌 되었건 이때부터 우리말이 절음으로 바뀌었다.

소리란 끊어지면 안 되는 것이다. 끊어진 소리는 아름답게 들리지 않는다. 소리의 최고경지인 음악을 보아도 끊어진 소리는 없다. 전체가 한 소절처럼 자연스럽게 연결된다. 자연의 소리도 이처럼 연음이 되어야 하는 것이다.

경기도 말을 듣고 있으면 깍쟁이 같다거나 도시 사람 같다고 느껴지는 것이 절음이라서 느껴지는 느낌이다. 사실 음절이 끊어지면 딱딱하게 느껴지고 그러함이 도시스럽게 느껴질지는 모르지만, 대자연에서 본다면 본질과 멀리 있는 소리일 뿐이다. 인위적인 소리라고 할까? 뭐, 그런 것에 지나지 않는 것이다.

난 개인적으로 우리말 글도 냉정히 되돌아보는 시간을 갖고 마치 존재해서는 안 되는 듯 버려왔던 반음을 표현하는 글자들 모두를 되찾아 써야 한다고 생각한다. 그들이 가지고 있는 연음이 없다면 우리글도 완벽한 소리글이 아니며, 더욱 자연의 소리는 될 수 없다고 여기는 사람이다.

물론 난 학자가 아니다. 학자로서가 아니라 대자연을 찾아가는 사람으로서 가장 자연스러운 것을 찾는 사람의 견해쯤으로 여겨 주길 바란다.

그러나 언제가 되었든 누군가는 해야 할 일이라 생각한다. 때가 된다면 자연스레 그러할 연이 주어질 것이다. 자연스럽게 말이다.

아마 이것도 우리의 미래일 것이다.

어찌 되었던 학자들이 자판이 편리하다, 과학적이다 하는 논리를 차재하고 우리글은 천손으로 하늘이 주신 하늘 글이며 우리말은 하늘의 말이며 대자연의 모양이며 대자연의 소리인 것이다.

그러나 지금 현실을 보면 대자연의 모양을 그려내지도 못하고 대자연의 소리를 흉내 낼 수도 없다는 것이 참으로 안타깝고 불행한 일이다.

오고 가는 것이 어디에 있겠는가

✎ 이제까지 오는 이야기를 계속해 왔다.

간단하게나마 가는 이야기를 해 보려고 한다.

'불성의 자리'는 인명을 거두는 곳이다. 이를 과거의 자리라 부르기도 한다. 이는 지나간 시간의 업보를 거둔다는 의미를 가지고 있다. 꼭 죽음에 관해서만 과거가 되는 것은 아니다. 내게 주어진 시간들이 순간순간이 현재이지만, 곧 과거 시간이 되듯 우리의 삶에서 현재는 잠시 스치듯 지나가는 찰나의 현재라는 시간과 켜켜이 쌓여 가는 업보의 무게와 같은 과거라는 시간이 존재하고, 미래라는 다가오지 않은 수많은 시간으로 대변한다고 할 수 있다. 우리에게 주어진 업보도 현재보다는 과거의 업보가 중요한 비중을 차지하고 있음은 이를 말하는 것이다.

먼저 사람과 인간이란 말에 대해 짚고 넘어간다. 사람이란 표현은 소수의 사람을 지칭하는 단위로 쓰이고 인간이란 다수의 사람은 칭하는 개념으로 쓰이기도 한다. 못돼먹은 사람을 인간이라 부르기도 하는데 내가 하고자 하는 말은 좀 다른 의미이다. 본래 이 세상에는 사람과 인간이라는 두 종족의 사람들이 살고 있다. 사람이란 천손을 이르는 말로 동물에서 진화해 사람이 된 종족이 아니라 본래 사람으로 태어난 종족을 이르는 말이다. 보통 선善에서 온 사람이라 말하는데 본래 천손인 사람은 선에서 왔기 때문에 오롯이 순박하고 착하고 또한 남에게 베푸는 것을 좋아한다. 남이 잘되는 것을 감사히 여기며 기뻐한다. 늘 무엇 줄 것이 없나 생각하고 받는 것에 연연하지 않는 아주 순박하고 소박하며 자애로운 사람이다.

반대로 인간이라 말하는 사람은 악惡에서 태어난 사람으로 동물에서 진화해 사람이 된 종족을 말한다. 동물의 자손이라 부른다. 대체로 이러한 사람은 비록 사람과 더불어 살아가며 사람의 행동을 하지만 동물의 습성이 남아 있어서 배려가 부족하고 남보다 내가 얻어야 하며 시기와 질투가 많다.

본래 동물이란 살아남는 것이 최우선이기 때문에 생존을 위해서 그 어떠한 짓도 할 수 있는 종족인 것이다.

개는 먹이를 앞에 두면 주인도 없다. 밥 주고 그릇을 뺏어 보라. 바로 물려고 달려든다. 이것이 동물의 습이다. 늘 주인이 밥을 주지만 그의 내면 본능인 먹이는 주인이란 개념보다 우선한다. 주인이 나에게 먹이를 주지만 그것이 먹이보다 우선하지는 못하는 것이다. 사람에 있어서도 인간이란 종족은 그러하다. 비록 진화해서 사람이란 이름으로 살아가지만, 진화의 흔적으로 남은 것이 끝없는 탐욕과 이기심이다. 오직 동물적 본능만이 살아 있을 뿐인 것이다. 평소에 그냥 소탈한 듯 보이는 사람도 이권이 걸려 있다면 순간 동물 근성이 살아난다. 인간으로서 본능이 말이다. 진화의 흔적이란 교육이란 것으로 갈무릴 수 없는 것이기 때문이다.

교육이란 여인네가 화장하는 것과 같이 하루 동안 표정만 화사해지는 것에 지나지 않는다. 잠시 그러함을 잊게 하는 것이며, 상대에게 경계심을 늦추는 도구일 뿐이다. 오히려 그를 통해 더 많은 먹이를 얻는 수단으로 존재하는 것이다. 오직 먹이를 구하는 존재로서 교육이 이용되고 있을 뿐이다.

그리고 또 다른 하나의 종족이 있는데 전생에 물형으로 수백 년 혹 수천 년 살면서 사람이 되길 염원했고, 수백 혹 수천 년의 삶을 통해 얻은 지혜를 가지고 인도 환생한 부류이다. 속된 말로 천 년 묵은 여우나 용이 되어 승천하려거든 이무기 같은 부류로 이들도 연이 주워지면 사람의 몸을 받아 태어나는 것이다. 21세기에 무슨 황당한 소리냐고 반문하겠지만, 대자연은 넓고 무한하다. 무수히 많은 삶이 있고, 무수히 많은 영체와 무수히 많은 에너지가 공존공생하고 있다. 서로 다른 모습으로 서로 다른 환경에서 존재하지만, 그들 또한 자연의 일부인 것이다. 사람 또한 자연의 일부일 뿐 전체는 아니듯 인본주의라는 좁은 틀로만 보면 전체를 보지 못한다. 대자연에서 인간이란 종을 본다면 그저 나뭇가지 하나에 지나지 않듯 무한한 열린 마음으로 보아 가지 않으면 안 된다.

이들은 과거생의 오랜 삶의 노하우가 있어 보통의 사람보다 좀 더 지혜롭고 슬기롭게 살아간다. 그리고 사람 되는 것이 염원이었기에 좀 더 사람답게 살려고 무던히 노력한다. 그리고 사람답게 사는 것을 좋아하고 사람을 잘 따른다.

그들은 본능적으로 인간과 사람을 알아보는 안목이 있어 사람을 좋아하고, 그들을 본받으려 노력하며 그렇게 살아간다. 수백 년의 염원이 쉽게 이루어졌겠는가?

지구상에는 이 세 종족이 뒤섞여 같은 사람이란 이름으로 살아가고 있다. 모두가 사람처럼 행동하며, 사람처럼 말하며, 사람처럼 먹고 마시고 입으며 말이다.

그러나 본질에서 본다면 이 세 종족은 각기 다른 종족으로 윤회의 업연도 각기 다르다. 그뿐만 아니라 습성도 다르고 관념도 다르다. 수행이란 잣대로 본다면 이들 세 종족은 수행 방법도 다르고 수행으로 얻는 결과도 다르다. 내가 말하는 것은 사람의 수행 방법이고, 이들이 할 수 있는 수행법은 아니다. 만일 이들이 이러한 수행을 한다면 조금의 업보는 맑혀지겠지만 사람처럼 과를 이루어 갈 수는 없다는 것이다. 그것은 그릇이 본래 다르기 때문이다.

가령 여기에 밥상이 있다고 하자.

한 끼의 밥상을 차리려면 많은 그릇이 필요하다. 밥그릇, 국그릇 그리고 여러 종류의 반찬 그릇이 필요하게 된다. 그릇이란 모양에 따라 쓰임새가 다르다. 국그릇에 반찬을 담거나 반찬 그릇에 국을 담는다면 격에 맞지 않는다. 이러한 밥상에서 사람과 가장 가깝고 사람의 손이 가장 많이 가는 것은 밥과 국그릇이다. 반찬 그릇에도 손이 가지만 국과 밥에 손이 많이 간다는 것은 그가 주체이고, 반찬은 부차적인 것이기 때문이다. 그런데 반찬 그릇이 이를 시기해 국그릇이 되고 싶어 국그릇 자리에 가 앉아 국을 담는다 해도 그가 국그릇이 되는 것은 아니다.

본래 중생 모두가 불성이 있고 해탈해 부처가 될 수 있는 것이다. 그러한 불성이라 말하는 것은 반찬 그릇이 밥그릇과 국그릇이 되는 것이 아니라 오롯이 자신의 그릇으로 소명을 다하는 것을 말한다. 본래 그로서 오롯이 그가 되는 것이 깨달음이며 해탈이다. 그러한 씨앗이 불성이며, 그를 맑히는 것이 업보를 닦는 수업修業인 것이다.

해탈. 그것은 온전한 자신을 만드는 것이다. 온전한 그릇을 찾아가며 보아 가는 것으로 욕망이란 때를 벗기는 것이 수행이며, 반짝이는 그릇이 되는 것이 성불한 것이다.

그런데 밥그릇과 국그릇으로 성불은 사람의 자손만이 할 수 있는 길이다. 본래 사람이 아니라면 갈 수 없는 길인 것이다.

각설하고 사람이 인명을 거두게 되면 숨이 끊어졌다 해서 영체가 바로 몸을 떠나는 것이 아니다. 완전히 떠나기까지는 48시간이 걸린다. 제일 먼저 몸의 영들이 떠날 준비를 하고 마음의 영과 뜻의 영 순으로 떠나게 되는데, 제일 마지막에 떠나는 것은 뜻의 영체로 몸 밖으로 출입하지 않고 늘 좌정해 있던 두 영체이다. 이가 온전히 육신을 벗어나는 시간이 2일, 약 48시간이 소요된다. 그리고 대자연의 품으로 돌아가 삼칠일을 머물며 사람으로 살았던 삶의 업보를 되돌아보는 길고 긴 회개의 시간을 갖게 된다.

영체가 몸을 떠나는 이틀의 시간은 그야말로 이별의 시간이며 정리의 시간이다.

이러한 시간. 정리하는 시간은 후손으로 조용하며 차분하게 그분에게 맡기는 것이 옳다. 소란한 행동은 격에 맞지 않는 것이다. 옛날 우리 선조들도 부모가 입적하고 나서 하루가 지나서야 입관했다. 그것이 아마도 여기에 기인했다고 본다. 조용히 그분의 역할을 다하기까지 시간을 드리는 것이다.

그러한 연후 대자연에 이르게 되는데 여기서 삼칠일을 머물며 보정 받게 된다. 이는 그가 죄가 있고 없고를 떠나 모두 똑같은 조건에서 그의 부족함을 보정해 주는 시간이다. 본래 대자연은 선악이란 개념이 존재하지 않는다. 미추美醜와 호오好惡도 없다. 모두가 다 같은 대자연의 일부이며, 또한 대자연 본래 자리로 돌아가기 위한 일환일 뿐이다. 본래 자리 본래 있던 곳, 본래 내 것인 자리로 가기 위한 여정이며 이 삼칠일의 시간은 깨달음을 얻어 진화의 길을 가며 해탈의 길을 가라고 주어진 본연을 시간이다. 또한, 대자연 본래 모습으로 돌아가기 위한 보정의 시간인 것이다.

이때에 선업을 많이 쌓거나 공덕을 많이 지어 온전하며 맑고 영특한 영체는 이 시간을 통해서도 해탈의 길을 바로 나아가기도 한다. 그러나 대부분의 영체는 선업이나 공덕이란 개념도 모를 뿐 아니라 자신이 죽었다는 사실도 인지 못 해 무엇을 어찌해야 할지 몰라 방황하게 된다. 또한, 사람으로 살면서 마음속에 쌓아 두었던 원망과 증오를 내려놓지 못해 업보가 맑혀지는 일이 잘 없다.

즉 이러한 영체는 불완전한 영으로 완전한 영이 되기 위해 보정과 교정이 필요하게 되는 것이다. 보정 교정이라 해서 전능한 어느 누가 존재하며 그가 무엇을 어떻게 해 주는 것은 아니다. 대자연 그대로가 완벽하며 오롯한 존재로 자연과 동화되어 영체 스스로가 깨달아 가는 것을 말한다. 영체의 그릇에 따라 자신이 담아야 할 만큼의 아름을 주며 그것이 온전한 보정이 되는 것이다.

인간의 논리로 본다면 팔다리 없는 이에게 의수나 의족이 보정이겠지만, 대자연의 보정이란 깨달음의 시간을 말하며 그를 통해 깨달아 가는 것이 보정인 것이다. 앞서 말했듯 영은 육신이란 몸이 존재하지 않으며, 영체의 깨달음이 몸이 되고 깨달음의 깊이가 빛이 되어 그것으로 자신을 표현하게 되는 것이라 말했었다. 깨달음이 깊을수록 밝고 맑은 빛이 되며 옅을수록 어둡고 탁한 빛을 띠게 된다.

즉 수행의 시간이라 보면 된다. 다만 그의 행위에 따라 다를 뿐이지, 대자연이 차별을 두어 누구에게 작은 것을 주고 큰 것을 주는 것은 아니란 것이다.

어찌 되었거나 결과는 모두가 빛이 되어 대자연으로 돌아간다는 사실이다.

이처럼 오롯한 보정의 시간이 흐른 후에 105일간 수행의 시간이 주어지는데 이 시간이란 과거 사람으로 살아온 시간을 반성하고 되돌아보며 회개하는 시간인 것이다.

앞서 말한 삼칠일의 보정은 모두가 동일하게 차별 없이 거치는 과정이라 한다면 여기서의 105일간의 보정이란 모두에게 주어지는 공평한 보정의 시간이 아니라 그가 지어 놓은 공덕의 양에 따른 선별 보정의 시간이란 것이다. 과거 사람으로 살았을 때 그가 무엇을 했으며 어떻게 살아왔는가? 또는 어떠한 행동으로 악연을 맺었고, 어떤 생각으로 나와 남을 이롭게 하고 해롭게 했는가 하는 것들이 보정의 기준이 되는 것이다.

앞서 장자의 천망 이야기를 했다.

천망이 "회회하야 소이불루"라 말했듯 선별 보정의 시간은 자신이 사람으로 살아온 나날들을 마치 과거란 파일을 열어 보든 자신이 보게 되며, 그러한 회상을 통해 반성하고 깨달아가게 되는 것이다. 물론 반성이란 것을 모르는 부류도 상당히 많이 있겠지만, 어찌 되었거나 동일한 조건의 기회가 이들 모두에게 주어진다는 사실이다.

이러한 보정의 시간은 후손에 있어서도 매우 중요한 시간이다. 즉 부모가 돌아가시고 128일간은 자손이 망인을 위해 기도를 한다거나 망인을 위해 공덕을 짓는다면 그것이 망인의 몫으로 돌아가 업보를 줄이는데 기여하게 된다는 사실이다.

만약 이와는 반대로 후손들이 가문에 불화가 있다면 예를 들어 재산 싸움을 한다거나 형제 남매간 의롭지 못한 다툼이 있다면 자식을 바르게 이끌지 못한 것이 큰 죄업이 되기 때문에 그러한 업보가 망인에게 돌아가게 된다는 사실이다.

삶에 있어 대를 잇는다는 것은 당연히 책임도 따른다. 가르쳐야 하고 먹이고 입혀야 한다. 물론 그러한 교육이란 것이 우리가 배우는 그러한 교육도 해당하겠지만 자연스러운 삶을 살아가게 가르치지 못하는 것이 더 큰 죄가 되는 것이다.

대자연 법에서 본다면 선영을 잘못 모신 책임보다 후손을 잘못 가르친 책임이 더 크다. 이는 물이 아래로 흐르는 이치와 같다.

책임의 업도 그러하다. 내가 잘못 산다는 것은 물론 내가 그렇게 산 것이나 이는 부모가 날 잘못 가르쳤기 때문이다. 사람으로 태어나 자식을 잘못 가르친 것은 크나큰 죄업이 되는 것이다.

이것으로 인해 망인의 영체에게 죄업의 사슬이 가게 된다는 것이다.

남의 자식 되는 것보다 남의 어버이 되는 것이 더더욱 어려운 것이다.

본래 자연의 섭리는 오르는 것이 아니라 내리는 것이다. 물이 낮은 곳으로 흐르고 기 또한 낮은 곳으로 흘러내린다.

이것이 자연인 것이다.

기가 위로 흐르면 상기된다고 하고 골바람이 골짜기를 치고 오르면 골 때린다고 한다. 또 평지를 벗어나 골짜기로 들어가는 것을 골로 간다고 말한다. 요즘 우리는 골 때린다. 골로 간다는 표현을 좀 다른 의미로 쓰지만, 사실 이 말은 풍수지리상의 표현들로 골짜기에 살거나 골바람 치는 곳에 사는 것이 건강에 해롭다는 뜻이다.

사람은 자연의 일부이다.

자연스럽게 산다는 것은 자연의 기를 거스르지 않고 동화되어 가는 것이다. 기는 바람이 훅 훑고 지나가는 곳은 모이지 않는다. 엄마가 아이를 양손으로 보듬어 안듯 좌우의 산이 보듬는 곳이 명당이며, 엄마 품의 허전함을 포대기가 감싸주듯 앞의 허함을 재워주는 것이 안산이 된다. 풍수지리에서 안산이 있다면 더더욱 명당이 되는 것이다.

명당이란 기가 모이는 곳 모일 수 있는 곳을 말한다. 기가 모이는 곳에 머물러 살게 된다면 자신의 건강을 유지할 수 있고, 더불어 재물도 풍성해질 것이다. 그뿐만 아니라 자손에게 운을 열어 주기도 하며, 총명한 후손이 태어날 수도 있기 때문이다.

각설하고 그러한 보정이 있은 후 지향산 인당수에 이르러 성수에 목욕을 하게 되는데, 인당수란 '망각의 샘'이라 한다. 사람으로 살았던 과거를 보정 받고 반성해 완전한 성체를 이른 후 망각의 샘에 이르러 과거 인간사를 오롯이 잊고 새로운 세계로 나아가게 되는데 여기까지 128일이 걸린다고 한다.

업보가 닦이지 않은 영체는 이곳까지 옷을 걸치지 못한 벗은 몸으로 가게 되고 달의 자리를 거쳐 대한층에 이르게 된다고 한다.

반대로 업보가 맑혀진 영체는 명주옷과 무명옷으로 갈아입고 지향산에 올라 태양의 자리를 거쳐 대청국大淸國, 중청국, 소청국에 이르게 된다고 한다.

여기서 대한층이란 지옥을 말하는 것이다. 사실 지옥이란 우리가 알고 있듯 쇳물을 입에다 붓고 혀를 한발씩이나 끄집어낸다거나 시뻘건 기름 가마에 던져진다거나 하는 그런 끔찍한 곳은 아니다. 기독교에서 말하는 지옥같이 한 번 떨어지면 영원히 나올 수 없는 그런 절대의 장소도 아니다. 그런 것은 없다고 단언한다. 대자연이란 이처럼 편을 갈라 옳고 그름의 선을 긋고 "여기 넘어오면 죽어." 하는 식의 경계는 없다.

어찌 되었건 사람이 명이 다해 이승을 떠나게 되면 128일이란 시간이 지나야 온전히 자신의 자리를 찾아가게 된다고 한다. 망인의 후인이라면 당연히 이 시간 동안 망인을 위해 수행하거나 기도를 하고 공덕을 쌓아야 하는 것이다. 그것만이 오롯이 그분 자신의 자리를 찾아가는 데 보탬이 되는 것이다.

또한, 이것이야말로 참으로 남의 자식 된 자의 도리라 생각된다.

명주明紬를 글자 그대로 번역하면 밝음을 깁다는 의미가 되는데, 밝음을 보고 이은 사람을 상징하며 무명은 목사木絲, 면사綿絲, 목화木花라 번역하는데 나무가 올곧고 무던히 한자리를 지키듯 올곧고 무던한 사람을 상징하는 것으로 보인다. 대청국이란 크게 맑은 나라란 의미로 부정함이 존재하지 않는 세계를 나타내고 중청 소청도 같은 의미이나 대청국보다는 좀 낮은 단계의 맑은 세계를 의미한다고 여겨진다.

사실 나 역시 불행히도 여기는 가 보질 못해 잘 모른다. 원론적인 이야기 이상 설명할 것이 없음이 참으로 송구스럽다.

앞서 마음의 세계란 무한하다고 했다. 어느 하나에 몰입하게 되면 그러한 환상을 볼 수 있고 체험할 수도 있다. 실체인 내가 겪는 듯 생생히 느끼고 보지만 그것은 마음이 만들어 낸 환영에 지나지 않는 경우가 많다. 마치 자신이 그 세계를 체험한 듯 간증하지만 사실 그것은 마음이 만들어 낸 블랙홀에 지나지 않을 뿐이다.

환영을 오인해 진실로 본 것이다. 수행자라면 당연히 경계해야 할 대목인 것이다. 그 무엇에 대한 지나친 몰입은 환영을 만들고 만들어 낸 환영이 허상이 되고 그러한 허상 속에 자신을 가두게 된다. 만약 그러한 허상에 갇히게 된다면 이 또한 벗어나기 힘든 또 하나 마魔의 세계인 것이다.

수행은 믿음이란 신뢰가 절대이다. 그런데 이처럼 잘못된 길에서 절대의 믿음을 갖는다면 오히려 갖지 않음만도 못해 아마도 영원히 벗어날 길은 없게 되고 만다. 앞에서 허심청법을 말하고 선별청법이라 말했지만, 사실 우리가 믿을 것이 별반 없는 세상을 살다 보니 얻게 된 결론이 '그래, 가려서 듣자.'가 된 것일 뿐이다. 가르침이란 것이 요즘 정치인처럼 도무지 속을 알 수 없는 존재가 되고 만 것이다. 그러한 원인은 내가 모순되어서 빚어진 결과겠지만 그러한 나를 만든 것은 세상이고 세상의 가르침들이었다.

늦가을 낙엽 떨어지듯 휘날리는 숱한 가르침들 사실 보통 사람으로 어떤 것이 참인지, 거짓인지 구분할 방법이 없다는 것이다.

그러나 마음에서 욕망의 허울을 벗어 놓고 본다면 확연히 보일 것이다. '내가 너에게 무엇을 이루어 준다.'든가 '이것을 하며 복을 받고 잘된다.' '이것만이 진리며 전지전능하다.' '내가 부처며, 하느님이다.'라는 등자신을 과시해 최고의 지위를 부여하고 맹목적 순종을 강요하거나 욕망을 충족시키고 부추기는 가르침이라면 이것은 당연히 거짓 가르침인 것이다.

또한, 자연스럽지 못하다면 그것 역시 거짓 가르침인 것이다.

자연스러워야 한다. 자연스러움만이 진리인 것이다.

욕망을 벗어나야 한다. 욕망에 편승하지 않은 것이 진리인 것이다.

강요하지 않아야 한다. 강요받지 않은 것이 진리인 것이다.

그러나 진리의 길은 가 본 적이 없는 길이다. 내가 가 보지 못한 길을 당연히 가 본 스승을 절대 믿지 않으면 안 되는 것이다. 『화엄경』에 이르기를 "믿음은 도에 근원이며, 공덕의 어머니이다.信爲道原功德母."라고 했다. 믿음이 이처럼 중요하지만 잘못된 길에서 잘못된 믿음은 도리어 갖지 않는 것만 못하다. 오직 바른 믿음만이 공덕의 어머니가 되는 것이다.

그런데 그 옳고 그름을 누가 구분할 수 있는가? 그런 정도 안목을 가졌다면 진작이 깨달았지 않았겠는가!

사실 세상 모든 것은 인연이 있어야 한다. 세상사는 연이 주어지지 않으면 정말 안 된다는 것이다. 옛날 도인들이 법을 전함에 있어서도 연자가 아니면 전하지 않았다. 주어도 담을 수 없는 그릇이라면 주지 않은 것이다. 준다고 해도 그 그릇으론 담을 수 없기 때문이다.

결국, 담을 수 있는 그릇을 먼저 만들어야겠지만, 연이 우리를 만들고 연이 우리를 앞으로 나아가게 한다. 복이 있고 없고의 문제가 아니라 참좋은 인연을 만나는 것이 해탈의 문인 것이다.

그러면 좀 전에 말했든 천당과 지옥이란 것에 대해 부연해 이야기해 보기로 한다. 우리 관념 속에 자리 잡고 있는 천당이나 극락이란 기화여초가 만발하고 대궐 같은 집이 있다. 그리고 그곳에 사는 사람들은 늘 천하제일의 옷을 입고 음식을 먹으며 천하제일의 주거는 물론이거니와 무엇이든 천하제일의 것으로 가득한 곳이다. 삼천 년에 한 번 열린다는 천도복숭아가 주렁주렁 열려 있고, 열매 하나만 먹어도 수명이 몇백 년씩 늘어나는 과일이 주렁주렁 달려 있다. 옷은 입기만 해도 하늘을 날 수 있는 비천의도 있다. 뭐 인간 세상에 존재하지 않는 그야말로 최고의 최고만이 가득한 그런 곳이며, 최고의 즐거움이 가득한 세상이 극락이라 생각한다.

　마치 인간계의 최고 행복만이 나열되어 있는 곳 그런 곳이라 상상한다.

　반대로 지옥이란 극한의 고통이 있는 곳으로 경전에서도 팔열지옥을 말하고 있다. 나열해 보면 1) 등활지옥等活地獄. 천 길 낭떠러지를 살아보려고 기어오르는 모습. 2) 흑승지옥黑繩地獄. 나찰들에게 사지가 묶여 이리저리 끌려다니는 모습. 3) 중합지옥衆合地獄. 좁은 공간에 많은 죄인을 가둔 모습. 4) 호규지옥號叫地獄. 울부짖는 소리가 난무하는 모습. 5) 대규지옥大叫地獄. 울부짖는 소리가 천하를 진동하는 모습. 6) 염열지옥炎熱地獄. 대지가 이글이글 끓는데 살아보려고 발버둥 치는 모습. 7) 극열지옥極熱地獄. 극한의 뜨거움이 존재하는 모습. 8) 아비지옥阿鼻地獄. 말 그대로 아비규환인 지옥이다.

　하나하나 천천히 상상해 보길 바란다. 이처럼 극한의 고통이 존재하는 곳이 곧 우리 관념 속에 존재하는 지옥이다. 여기에 간다는 것은 최악의 상황으로 절대 가서는 안 되는 곳이라 생각한다.

그러나 우리 주위를 잘 살펴보면 우리 주의에도 얼마든지 존재할 수도 있는 모습들이다. 아마 지구상에 이런 곳들이 상당히 존재하고 있을 것이다. 그뿐만 아니라 우리 내면을 살펴보면 본인이 아니라고 부정할지는 모르겠지만, 이런 마음을 담고 사는 사람이 상당히 많이 있다.

만약 그렇다면 자신은 이미 지옥에 가 있는 것이다. 죽어서 가게 되는 것이 지옥이 아니라 이미 지옥에서 살고 있는 것이다.

뭐 이러한 마음속에서 만들어 가는 지옥을 떠나 우리 관념 속에 있는 지옥이란 죄인들이 가는 곳으로 희망이란 없는 고통과 두려움만이 가득한 곳이며 영원히 벗어날 수 없는 곳으로 존재한다. 즉 이생의 삶을 잘못 살면 가게 된다고 굳게 믿는다. 또한, 자신이 이생에서 무슨 죄를 짓지 않았을까 내심 두려움을 안고 살아간다. 사후에 이러한 고통을 받기 두렵기 때문이다.

진실로 천당이란 이처럼 화려한 환상이 현실로 존재하는 곳이며, 지옥이란 이처럼 두려움이 현실이 되는 공간인가?

관념 속 쾌락에 대한 동경을 버리지 않고 살고 있다면 천당이란 환영은 머릿속에서 사라지지 않을 것이다. 또한, 아프고 상처받는 고통이 곁을 떠나지 않았고, 진실로 마음의 평화를 얻지 못했다면 아마도 그러한 세계는 존재할 것이다.

이러한 관념들이 자신을 그런 곳으로 이끌 것이며, 사후에 반듯이 그러한 세계를 보게 될 것이다. 그러나 이러한 생각의 벽을 허물어 버렸다면 분명 그러한 세계는 존재하지도 보지도 않을 것이다.

본래 그러한 곳은 존재하지 않기 때문이다.

천당이라 말하는 최고의 쾌락과 지옥이라 말하는 최악의 고통은 수행 근기가 약한 사람을 경책하기 위한 방편으로 만들어 놓은 것일 뿐이다. 본래 그러한 세계가 존재한다고 믿는 것은 옳지 않다.

앞서 원효스님의 "심생종종법생 심멸종종법멸"이란 게송을 말했었다. 천당과 지옥이란 중생심에 존재하는 블랙홀로, 중생이기에 보고, 중생이기에 가는 곳일 뿐이다. 마음에서 생겨나면 존재하나 마음에서 생겨나지 않는다면 존재하지 않는 세계인 것이다. 즉 모든 것은 자신이 만들어 놓은 공간으로 옳다 또는 그르다고 이름 짓는 순간 옳고 그름이겠지만, 그러한 이름을 짓지 않는다면 옳고 그름은 본래 없는 것이다. 모두가 머릿속 알음이며, 지식이나 관습이고 인과에서 담아둔 허접한 것들일 뿐이다.

'일체유심一切惟心'이라 한다. 담아 두면 있는 것이지만, 담아 두지 않으면 본래가 없는 것이다. 허공에 원을 그리면 눈에 보이는 듯하지만, 실체가 남아 있지 않은 것과 같다. 눈두덩을 지그시 누르면 눈앞에 섬광이 번쩍인다. 분명 섬광이 보였지만 손을 떼고 나면 섬광은 사라지고 만다. 보이는 듯 실체인 듯 느껴지지만, 허상을 본 것으로 진실은 아닌 것이다.

물론 그러함을 우리 모두는 잘 알고 있지만, 담는 것에 너무 익숙해 있어 잠시 잊고 있을 뿐이다.

아는 것이 힘이 된다는 것은 사람과 사람 사이에 상대방보다 좀 우월해 보이려는 것으로, 내가 우월하기에 돈과 명예에 좀 더 가까이 가 있다는 것이고, 그러므로 난 너보다 높은 자리에 있다거나 우월하다는 것이다. 지식이란 이처럼 세속적인 것에 불과하다. 결국, 무언가를 열심히 주워 담는다는 것은 육체적인 안위를 위한 것일 뿐이다.

이들의 본질은 물질적인 것으로 모두가 욕망에 기인한 것들이다.

오히려 오욕락에 나를 가두는 물건들인 것이다.

잘 알고 있는 이야기지만, 오욕락이란 재財, 색色, 식食, 명名, 수壽이다. 다 아는 이야기를 왜 하느냐고 반문하겠지만, 다시 한 번 되짚어 보자는 것이다. 인간이 갖는 첫 번째 욕망이 돈이다. 잘살고 싶은 것이다. 남들보다 번쩍번쩍 광을 내며 어실대며 걷고 싶은 것이다. 모두가 나를 부러운 눈으로 쳐다보길 바란다. 그리고 머리 숙여 주길 바란다. 이러한 돈에 대한 욕망이 무엇보다 강하다. 인간들은 잘 풀리기를 바란다. 잘 풀린다. 그것이 인간의 최고 행복인 것이다. 무엇보다 돈이 최고의 행복을 주는 것이다.

재물을 얻었다면 다음으로 갖고 싶은 것은 이성이다. 예쁜 여자를, 멋있는 남자를 품에 안고 싶은 욕망이 돈 다음으로 강한 욕망이다. 이성에 대한 욕망은 다음 세대에 우성인자를 남기겠다는 것이 기본 욕구겠지만, 이 시대에서는 그것보다 쾌락을 추구한다는 것이다. 무언가 짜릿해야 하고, 무엇보다 극적인 쾌감을 주어야 하는 것이다. 그러한 심리는 자신이 이루고자 하는 것을 얻지 못하는 스트레스가 원인이겠지만, 그러한 자극을 위해 별의별 방법들이 동원된다. 이성을 학대한다거나 자신을 학대하기도 한다. 쾌감을 얻기 위해서 말이다. 그런데 사실 이런 행위들은 선에서 온 것이 아니라 악에서 온 것들로, 양인보다는 음인들에게 많이 나타난다. 그러한 이유는 물질의 본질이 음기에서 생겨난 것이기 때문이다.

양기는 내면의 세계를 말하는 것으로 무위의 세계, 우리가 살아가는 3차원에서 4차원, 5차원 더 나아가 48차원까지 무한한 양의 세계를 말하는 것이다. 음기란 현실에 존재하는 모든 사물을 말하는 것으로 극음에 이르면 이런 모습을 보이기도 하는데, 윤회에서도 극양보다 극음이 다음 생으로 전이되는 경우가 많다. 사실 우리의 업보란 이런 극양 극음의 모습으로 인자가 되어 다음 생으로 전이되는 것이다.

윤회에서는 색업의 전이가 가장 많다. 우리 미래를 결정하는 것이 이 색업에서 시작되는데 우리 머릿속을 가득 메운 것은 이성에 대한 것들로 결국 윤회라는 수레의 한 바퀴를 굴려 가고 있는 것이다.

이성에 대한 욕망과 육체적인 쾌락이 어느 정도 만족했다면 다음으로 추구하는 것은 먹는 것이다. 소위 미식가들이 말하는 식도락이다. 먹지 않으면 살지 못하지만 사는 목적이 먹는 것은 아니다. 그러한 이유는 재물과 쾌락을 얻지 못한다면 먹는 것에 별 의미가 없기 때문이다. 물론 예외도 존재하지만, 입으로 음식이 들어간다는 것은 가장 원초적인 본능으로 이것 또한 우리의 삶에 꼭 필요한 목록이다.

돈을 얻고 또 예쁜 이성을 품에 안았으며, 맛나는 음식을 먹고 있다면 다음으로 생각나는 것이 명예로움이다. 세상에 나를 좀 더 알리고 그들이 나에게 고개 숙이며 머리를 조아릴 때 행복감이 오는 것이다. 욕망의 세계란 끝이 없다. 얻는다는 것, 소유한다는 것은 끝이 없다. 명예란 또 하나의 나를 만드는 것이다.

만일 능력이 되어 이것까지 얻었다면 다음으로 생각나는 것이 오래오래 사는 것이다. 오래 살아야 이 모든 것을 지킬 수 있기 때문이다.

물론 이러한 순차가 맞지 않을 수도 있겠지만 본질적으로 삶의 기준이 여기서 벗어나지는 못한다. 우리가 돈을 버는 이유는 행복하게 살기 위해서다. 행복하기 위해 사랑도 갈구하며 명예도 구하고, 행복하기 위해 그 무엇도 구한다.

우리는 행복이란 이름으로 이를 평생을 찾아 헤맨다. 그러나 이 모두를 손에 넣기란 참으로 어려운 것이다. 헤매다 못해 어느 순간 타협을 하게 되고 그러함에도 내면에서 끝없이 갈구한다.

'난 할 수 있어, 난 할 거야. 난 하고 말 거야….'

사실 극락과 지옥이란 곳은 거대한 업인의 산실로, 무한한 업인의 저장고를 말하는 것이다. 무슨 이야기인가 하면 극락이란 선업의 온장고이고, 지옥이란 악업의 저온장고인 것이다.

'극락이란 온화하며 따뜻한 느낌이 감도는 무한한 장고藏庫이다.' 연한 황금빛이 감돌며 희고 투명한 따스한 빛이 가득한 공간이다. 춥거나 배고프다 아프다 슬프다는 생각이 일어나지 않으며 그냥 무한히 즐거운 공간이다. 그냥 있기만 해도 즐겁고 행복한 공간이다. 조금 과하게 비유하자면 적멸하며 또한 적멸의 공간이라 할 수 있을 것이다.

마치 우리 주위에 있는 온장고溫藏庫라 보면 될 것 같다. 무한히 넓은 온장고에 무한히 많은 선업善業의 인자因子들이 가득 평화롭게 저장되어 있는 것이다.

인자란 표현이 좀 불쾌하다면 사람들이 모여 삶을 영위하는 모습이 적멸寂滅 역亦 적멸상寂滅像이며, 평화와 안온함이 가득한 즐거운 공간이라 표현해도 괜찮을 것 같다.

반대로 '지옥이란 저온장고低溫藏庫로 늘 서늘하며 한기가 느껴지는 공간에 무수히 많은 악업의 인자들이 저장되어 있는 곳'이라 보면 된다.

온장고의 씨앗은 따뜻하고 아늑한 상태로 보존되고, 저온장고의 씨앗은 서늘한 공간에 차갑고 서늘하게 보존 되는 것이다. 그래야 인자의 기능을 잃지 않고 오래 보존되기 때문이다.

온장고에 저장된 선업의 인자들은 시간이 흘러 연이 주워진다면 28천 천상의 세계로 가서 나기도 하며 인도 환생해 사람의 몸을 받기도 한다. 이러한 선업에서 온 사람은 선인으로 사람의 길을 알고 사람의 도를 알아 맑고 깨끗한 모습으로 한세상 살다가 연이 다하면 본연의 자리로 돌아가게 된다. 본래가 선연이었기에 자연스레 선의 길을 알며 사람의 도를 아는 것이다.

그것이 참사람의 길이며, 인도환생의 참 의미가 되는 것이다.

악업의 장고인 지옥의 모습을 표현해 본다면 마치 주위엔 아무것도 존재하지 않는 듯 철저한 고립 속에서 나 혼자 엄청나게 큰 냉기 가득한 공간에 덩그러니 방치된 것 같은 느낌이 드는 곳이다.

피부에 와 닿는 서늘한 느낌만 존재하는 뭐, 그런 곳이랄까? 누구의 간섭도 존재하지 않았지만, 말로 표현할 수 없는 적막감 그리고 고독감 피부에 엄습해 오는 싸늘함. 마치 한 줄기의 빛이라도 있었으면 하는 간절함이 일어나는 곳 뭐 그런 곳이다. 이처럼 적막한 곳을 지옥이라 칭하는 것은 이곳 장고를 거치면 사람으로 환생이 불가하고 동물이나 식물의 길로 되돌아가는 곳이라는 의미이다. 본래 동식물은 당연히 달의 자리를 거쳐 동식물로 태어나기 때문에 정상적 윤회의 자리가 되는 것이다. 지옥이라 부르는 것은 옳지 않다. 다만 그 씨앗인 인자를 보관하는 장소로 존재하게 되는 것이다.

그러나 사람이 명이 다해 이곳에 간다는 것은 천상의 세계로 간다거나 사람으로 인도 환생하는 기회가 없어지고, 동식물의 길을 가게 되므로 하생下生하는 것이 된다.

사람이 인명이 다해 이곳을 간다는 것은 참으로 불명예스러운 것이다. 상생上生 하여 진화의 길을 가야 할 연이 주어졌지만 그것을 알지 못해 하생의 길을 간다는 것은, 말 그대로 지옥에 가는 것이 된다.

본래 극락의 온장고에서 사람이 태어나고 지옥이라 표현하는 저온장고에서 동실물, 만물이 태어나는 것이 대자연의 순리이다. 그것이 참 자연스러운 대자연 본래 모습인 것이다.

그리되어야 세상 삶에 진화가 있고 윤회가 끊어지며, 사람다운 삶이 되고 은혜로움이 가득한 참으로 살만한 곳이 되는 것이다.

그러나 현실처럼 입에 오르내리기 불편할 정도의 사건, 사고들 그리고 욕망이 파도치는 그런 세계가 만들어진 것은 이곳 지옥의 문이 깨어졌기 때문이다. 그로 인해 과거 사람으로 잘못 살아 이곳에 간 수많은 씨앗이 쏟아져 나오게 되었고, 동식물의 길을 가야 할 수많은 인자가 흩어져 인간 세상에 오게 된 것이다.

달리 말한다면 대자연 본연의 선도善道에서 적자생존의 세계, 오욕락이 지배하는 세계인 악도惡道가 만들어진 것이다.

우리 모두는 그러한 악도에 묻혀 옳고, 옳지 않음을 잘 가름하지 못한다. 오직 저 위에 무엇이 있다고 생각해 오르는 일에만 몰두한다. 밟고 밟히고 짓이겨가면서 내면의 욕망에 따라 행동할 뿐이다. 무엇인지도 모르는 그 무엇을 찾기 위해 오직 얻기 위해 동서로 분주하다. 마치 장님의 보이지 않는 눈을 끔벅이며 동서남북을 쳐다보는 것과 같이 말이다.

『금강삼매경』에 보면 이런 구절이 있다.

법종분별생 法從分別生
환종분별멸 還從分別滅
멸제분별법 滅諸分別法
시법비생멸 是法非生滅.

법이란 분별심에서 생겨나고,
도리어 분별심을 따라 멸하는 것이다.
모든 분별법을 버리고 나면
이 법이 생멸이 없는 법이 되는 것이라.

넓은 의미에서 진리라 말하는 것이나 좀 작은 의미에서 인위적으로 만들어진 수많은 법조문, 관념, 관습들 우리의 머릿속에 들어 있는 수없이 많은 알음이라는 지식들, 이들 모두는 분별하고자 하는 마음에서 생겨난 것들이다. 옳고 그름을 가르고 선과 악으로 가른다. 이것은 예쁘다고 품에 안고 저는 추하다고 멀리한다. 이는 내 편이라고 챙기며, 저는 남편이라고 멀리한다. 좋아하고 싫어하는 것이 있으며, 이것이 진리이고 절대라 말한다.

사실 그것은 그냥 분별하고자 하는 마음, 즉 내 것과 네 것을 나누는 것에 지나지 않는다. 결국, 이익을 얻고 이익을 빼앗기지 않으려는 것일 뿐이다.

좀 더 많은 지식을 가졌다는 것은 그러한 내 것을 좀 더 안전하게 지킬 수 있다는 것이다. 그래서 우린 배우려 노력한다. 잃지 않으려고 말이다. 우리는 그런 것들이 전부이며, 그래야 한다고 여긴다.

산다는 것의 정의는 지금 이 순간 행복하면 된다는 논리로 오늘과 내일 그리고 지금이란 말하는 한 생만이 존재한다고 여긴다. '나 살아서 잘 살면 그만'이란 식의 논리가 머릿속에 가득한 것이다.

인간의 눈에 비친 모습들은 남들 모두가 그러하기 때문에 나 또한 그러함이 당연한 것이고, 그렇게 따라가는 것이 세상에 뒤지지 않는 것이며 나를 돋보이게 하는 것이라 여긴다.

오욕락이라 표현되는 행위들이 결국 나를 위한 행위이고, 그것에서 행복을 얻고자 하는 것이다.

본질은 행복을 추구하는 것이지만 그 행복이란 것이 욕망과 쾌락에서 시작한다는 것이 다를 뿐이다.

그런데 불행하게도 쾌락이란 하나를 얻고 나면 다음번에는 좀 더 자극적인 것을 원한다는 것이다. 점점 자극적인 것을 찾게 되고 결국은 그러한 중독에서 벗어나지 못하고 만다. 욕망이란 것도 이와 다르지 않다. 처음엔 작은 것에서 시작하지만, 점점 큰 것을 원하게 되고 결국은 모두를 가져도 더 갖기를 바란다. 쾌락과 같이 말이다. 점점 더 갖지 못하면 결국 무너지고 마는 것이다.

절제가 없는 즐거움이란 영원할 수 없는 것이다. 우리가 추구하는 첨단이란 것이 날카로움의 끝은 무뎌지고 말 듯, 쾌락이나 욕망이란 것의 끝은 허무함이라는 공허가 존재할 뿐이다. 영원하지 못한 것 영원할 수 없는 것들이 행복해야 한다는 이름으로 우리가 추구해 온 이상향이 '행복'이라 부르는 것이다.

결국, 행복하기를 간절히 바라지만, 그 행복이란 것을 내가 아닌 저에게서 구하는 행위가 될 뿐인 것이다.

행복을 위해 행복을 제물로 삼는 것이다.

영원히 채워지지 않는 것이 행복인 것이다.

결국, 해답은 쾌락과 욕망이란 영원할 수 없는 것이며, 그에서 갈구하는 행복이란 작은 것일 뿐이다. 일순간의 즐거움에 지나지 않는다는 사실을 빨리 인지하는 것만이 이러한 욕망에서 벗어나는 것이 된다. 멸제분별법滅諸分別法에 있는 것이다. 분별하는 모든 법을 멸滅해 버리는 것이 구도자가 찾아야 하는 길이기 때문이다.

모든 분별법을 버리고 모든 분별심을 버려야 하는 것이다.

버린다고 하면 분별하는 마음 자체를 내지 않는 것이라 생각한다. 남들이 뭐라고 하던 시비에 휘말리지 않으려 한다. 너희는 시비를 하든 말든 나와는 상관없는 일이라 생각한다. 옳고 그름을 말하면 그 자체를 부정해 버린다. 옳고 그름이 어디에 있는가? 멸제분별법인데 말이다.

이렇게 생각한다면 참으로 위험한 생각이다. 멸제분별의 의미를 잘못 이해하고 있기 때문이다. 이것은 흉내 내기로 멸제분별을 흉내 내는 것에 불과하다. 마치 봉사가 코끼리 다리 만지는 격으로 어쩌면 영원히 코끼리를 보지 못할지도 모른다.

분별은 그렇게 멸하는 것이 아니기 때문이다.

『금강삼매경』「여래장품如來藏品」에 깨달음의 경지를 표현한 대목이 있다.

요견식위상 了見識爲常.
적멸역적멸 寂滅亦寂滅.

깨달아 마치고 보면 의식은 항상 존재하는 것이다.

그 의식이란 것은 적멸하고 또 적멸한 모습으로….

지법적멸자 知法寂滅者

부적멸심 不寂滅心.

심상적멸 心常寂滅.

득적멸자 得寂滅者.

심상진관 心常眞觀. (『금강삼매경』)

법이 적멸함을 아는 이는

마음을 적멸하게 가지지 않아도

마음이 항상 적멸하며,

적멸함을 얻은 이는

마음이 항상 참된 것을 꿰뚫어 보게 된다.

이것은 석가모니께서 깨닫고 난 후에 깨달음의 세계를 표현하신 것이다.

깨달음이란 무엇인가? 자신에게 반문해 보기 바란다. 깨달음이 무엇일까? 무엇을 깨달음이라 말하는 것일까?

어찌 되었거나 석가모니 말씀에 의하면 깨닫고 보면 의식이란 평소와 다름없이 항상 같은 모습으로 주욱 이어진다는 것이다. 了見識爲常. 그런데 그 의식이란 것은 고요하고 고요한 모습으로 한결같이 이어진다. 寂滅亦寂滅는 사실이다.

깨달음을 성취한 다음의 변화는 의식은 항상 하지만 고요하고 고요하게 이어지는 것이다. 중생들처럼 요란스럽게 희 로 애 락에 들고 나지 않는다는 사실이다. 적멸하고 적멸하게 의식이 이어지는 것이다. 또한, 적멸함을 얻은 이는 마음으로 사물을 보며 사물의 진실을 꿰뚫어 보게觀 된다는 것이다.

멸제분별이란 것 역시 그러하다. 보지 않고 듣지 않으려 하는 것은 멸제를 연습하는 것에 불과한 것이다. 허심청법이란 것 역시 다르지 않다.

아쉽게도 우리는 연습하는 행위로 본질이라 착각하고 그것에서 무엇을 구하는 것이다.

관觀을 우리말로 표현한다면 분장 속에 숨겨진 내면과 가면 속에 가려진 속마음이 보려고 노력하지 않아도 그냥 보인다는 것이다. 좀 더 넓게 본다면 그가 무엇을 하고, 무엇을 할 것인가? 무엇이 연이 되었고, 무엇으로 오늘의 삶을 만들었는가? 나는 어떠한 연으로 왔으며 누구인가? 하는 일체의 진면목이 그냥 보이觀게 되는 것이다.

관觀이란 '관통하다', '꿰뚫는다'는 의미로 속을 들여다보는 것을 의미한다.

관세음보살觀世音菩薩은 그냥 관세음보살이란 명사일 수도 있겠지만, 세상의 소리世音를 꿰뚫어 보觀는 보살이란 의미로 해석할 수도 있다. 즉 관세음보살이란 중생들의 속내를 꿰뚫어 보아서 그들이 어디가 아픈지 살펴보며, 그들이 무엇을 구하는지 잘 살펴보는 것이 참다운 보살수행이란 의미를 담고 있다고 생각한다.

세상의 소리에 관해서 중생의 아픔을 잘 살펴보고, 내면의 소리에 관해서 참진리의 길을 바로 보고 바르게 찾아가는 것이 참다운 수행이며,

그것이 참 수행자란 의미를 담고 있는 것이다.

사실 깨달음이란 문제를 설명하기 위해 석가모니께서도 49년을 설법
說法하셨다.

경전에 수록된 수많은 이야기가 모두 다 깨달음을 설명한 것이고, 『조
사어록』에 등장하는 수많은 일화가 그분들의 깨달음의 세계를 표현하고
설명한 것이다.

그러나 우리가 그분들의 같은 경지에 이르지 못해 보지 못하고 듣지
못할 뿐인 것이다.

『임제록臨濟錄』에 수록된 선사의 상당법문 중에 「삼구三句 삼현三玄 삼
요三要」가 있다. 간략하게 소개해 본다.

임제께서 법단에 오르시니 한 학승이 물었다.

"어떤 것이 제 일구입니까?"

스님이 대답했다.

"삼요인三要印을 찍고 뗀즉 빨간 점이 우뚝 나타난다. 말을 하려고 하기
전에 손님과 주인이 명백하게 나타난다."

학승이 물었다.

"어떤 것이 제이구입니까?"

스님이 말했다.

"근본지根本智인 문수보살이 무착無著의 묻는 것을 용납하느냐? 그러
나 방편의 후득지後得智는 일체를 끊어버리는 근본지根本智와 모순이 되
느냐?"

학승이 또 물었다.

"어떤 것이 제삼구입니까?"

스님이 대답했다.

"무대 위에 꼭두각시 놀리는 것을 잘 보아라. 줄을 당겨서 움직이는 것은 모두가 무대 뒤에 사람이 있어서 하는 것이니라."

스님이 말했다.

"일구의 말은 삼현문三玄門을 갖추지 않으면 안 된다. 일현문一玄門은 삼요三要를 갖추지 않으면 안 된다. 거기에 방편도 있고 작용도 있다. 여러 대중은 이것을 어떻게 아는가?"

하고 법상을 내려왔다.

삼구, 삼현, 삼요는 관심이 있다면 찾아보기 바란다.

사실 임제께서는 제자를 가르치기 위해 각자覺者의 견해를 간절하게 말씀하신 것이나 각자의 경지가 아니 사람이 알아듣지 못하는 것이다. 그냥 뜬구름 잡는 이야기로 들릴 뿐이다.

경전을 본다는 것도 또한 마찬가지이다. 경지에 이르지 못하면 보아도 보이지 않으며 들어도 들리지 않는다. 왜냐하면, 중생심으로 나아갈 수 있는 경지가 아니기 때문인 것이다.

진리는 적멸하고 적멸하게 또한 적멸하게 이어지는 것이다.

"법이 적멸함을 아는 이는 마음을 적멸하게 가지지 않아도 마음이 항상 적멸하며, 적멸함을 얻은 이는 마음이 항상 참된 것을 꽤 뚫어 보게 된다."

조금 다른 이야기를 해 보자.

구름을 타고 다니며 하늘의 비를 부르고 신장의 세계를 마음대로 쏘다니는 것은 신경동神境通이라 한다. 천 리 밖의 소리를 듣는 것은 천이통天耳通이라 하고, 천 리 밖의 물체가 눈앞에 있는 듯 확연히 보이는 것이 천안통天眼通이라 하며, 다른 사람의 마음을 훤히 꿰뚫어 보는 것을 타심통他心通이라 하고, 남의 전생을 훤히 아는 것이 숙명통宿命通이라 한다. 마지막으로 누진통漏盡通이란 우주의 질서를 보며 인간의 숙명을 뚫어 버린 것으로 신통 중에 가장 어렵다고 한다.

이런 육통六通을 얻는다는 것은 참으로 어려운 일이다. 중생의 눈에는 무한 능력자로 보인다. 신장을 부리고 천 리 밖 소리를 듣고 보며 남의 마음을 훤히 읽는다. 그도 모자라 사람의 전생을 훤히 볼 수 있다는 것은 참으로 신통방통한 일인 것이다. 누구나 능력만 된다면 꼭 갖고 싶은 신통력이다.

그런데 경에서는 별로 대수롭지 않은 능력으로 치부한다.

이처럼 무한능력을 지녔는데 왜 대수롭지 않은 것일까? 이런 능력 하나만 있어도 세상에 부러울 것이 없을 것 같은데 말이다. 모 종교 교주는 사람의 전생을 보는 것으로 수많은 신자를 끌어모았고, 세계에 굴지의 종교로 성장했다. 그의 추종자들은 그가 하늘님과 동기동창으로 알고 있다.

그런데 불교의 잣대로 보면 그러한 것들은 작은 능력으로 그다지 대단한 것이 아니다. 왜 그런 무한능력이 작은 것으로밖에 보이지 않는 것일까?

무엇을 한다는 행위는 유위법有爲法으로 무위無爲에서 본다면 작은 행위에 지나지 않는다. 마치 하늘에 막대기로 휘젓는 행동에 불과한 것이다. 또한, 육신통의 행위들은 욕망에 기인한 것에 지나지 않는다. 신장을 부리는 것은 욕계천의 행위이며, 천 리 밖을 보고 천 리 밖의 소리를 듣는 것은 '보고 싶다, 듣고 싶다.'는 욕망에 기인한 것이다. 타인의 마음을 알며 전생의 업보를 보는 것은 마음 거울이 맑아지면 누구나 가능한 것이고, 우주의 섭리를 안다는 것은 욕망에 기인한 것은 아니지만, 궁극의 자리 적멸寂滅 역亦 적멸寂滅의 경지에서 본다면 그리 대단한 것은 아니기 때문이다.

물론 그러한 능력이 있다는 것이 대단한 것은 맞지만 그러한 것들이 궁극의 해탈은 아니란 것이다.

그래서 불교에선 육신통을 대단한 것으로 여기지 않는 것이다.

그것은 그냥 신통일 뿐이다. 무엇을 보고 무엇을 듣고 다른 이의 심중을 꿰뚫어 본다 해도 그것은 신통에 지나지 않는다. 수행의 본질은 내가 해탈해 성불하는 것이다. 내가 부처가 된다면 내가 무한한 공덕의 길을 가며 또한 무한한 공덕으로 중생을 구제할 수 있는 것인데, 그러한 수행의 본질을 망각하고 작은 신통에 빠진다면 결국 외도外道가 되고 마는 것이라 보았다.

불교에서 말하는 외도란 해탈이라는 본질 수행에서 벗어나 지말 수행을 하는 자를 이르는 말로, 작은 것에 탐착해 큰 것을 보지 못하는 수행자를 이르는 말이다.

즉 이런 것은 작은 것이다. 육신통을 얻어 세상 사람들 모두를 보고 안다 해도 세상 사람 모두가 날 우러러본다 해도 본질인 나의 해탈과는 사뭇 먼 거리에 있기 때문이다.

이는 남에게 나를 돋보이게 할 수는 있겠지만, 내가 해탈해 성불하는 것과는 사뭇 먼 거리에 있다는 것이다. 신통을 얻었다고 깨달음을 얻을 것은 아니기 때문이다.

본질에서 내가 해탈한 것이 아니다. 해탈이 아니라면 윤회를 벗어날 수 없고, 윤회를 벗어나지 못한다면 작은 것일 뿐이다. 그러한 것에 머물러 있다면 결국 본질을 볼 수 없다는 것이다.

결국, '하루 종일 남의 돈을 세지만 나에게는 한 푼의 이로움도 없다終日數他寶自無半錢分.'는 것과 다르지 않을 뿐이다.

해탈이란 것은 욕망의 자로 잴 수 없는 것으로 욕계의 잣대로 들이댈 크기가 아니다. 그래서 옛 선사禪師들이 할이나 방으로 대신했을 것이다.

욕망에 찌든 언어로 표현할 수 없기 때문에 그리했다고 본다.

사실 깨달음 이후의 경계는 깨달은 사람이 아니면 감히 느끼고 볼 수 있는 것이 아니다. 그뿐만 아니라 표현을 한다고 해서 표현되는 것도 아니며, 말한다고 해서 알아들을 수 있는 것도 아니다. 석가모니나 임제 역시 간절하게 말씀하신 것이나 중생의 눈에는 경외의 대상으로 오히려 도가 멀리 있는 것으로 오인해 두려움만 갖는다는 것이다.

중요한 것은 내가 열린 마음을 갖지 못해서 마음에서 마음으로 전하는 이심전심以心傳心의 묘미를 모를 뿐 아니라 눈앞 물질에 현혹되어 마음의 세계 자체도 모른다는 것이다. 가끔 경전을 보았다는 사람들도 경전 몇 권 듣고 보고 게송偈頌 몇 구절 암송하는 것을 대단한 것이라 여겨 마치 자신이 다 알고 있는 듯 가득한 마음으로 남의 이야기를 들으려 한다. 그가 본 것이란 겨우 머리로 아는 글자 몇 개 게송 몇 구절이면서 마치 그것이면 다 알고 본 것처럼 어기댄다.

내는 알고 있다는 자만심으로 우월하다는 욕구가 가득 차 있는 것이다.

이는 알지 못함만도 못한 앎인 것이다.

슬프게도 우리 모두의 모습이 그러하다. 무지해서 알지 못하고, 앎이 앞을 가려 알지 못하고, 스스로 자만해서 알지 못하고, 중생이라 알지 못하는 것이 우리네 삶이란 것이다.

그러면서도 우리 모두는 다 아는 척하고 살아간다.

'적멸한 삶. 우리의 일상은 항상 이어가지만, 그것은 고요하고 고요함 속에서 적멸하고 또한 적멸하게 이어지는 것'이라 했다.

극락이란 것도 앞서 말하듯 그러한 환상적인 즐거움이 있는 몽환의 공간이 아니다. 지옥이란 것 역시 초극의 아픔이 존재하는 두렵고 공포스러운 공간도 아니란 것이다.

깨달음의 실상이 적멸하고 또 적멸한 것이라면 그러한 적멸의 세계가 극락인 것이다. 달리 말하면 곧 적멸이 극락의 모습이며 적멸치 못함이 곧 지옥의 모습이 아니겠는가?

깨달음이란 생각을 여는 것이고, 생각을 열면 곧 극락이요, 생각을 열지 못하면 곧 지옥이 되는 것이다.

생각을 연다는 것이 '자 열었어!' 하면 되는 것은 분명 아니다. 석가모니가 6년 고행을 통해 적멸을 얻었듯, 거울을 닦고 샘을 치고 걸레를 빨고 또 빨지 않으면 안 되는 것이다. 수많은 거짓된 나를 버리고 버렸을 때 비로소 여는 것이고, 그러한 수고 없이 하루아침에 홀연히 나타나는 것은 절대로 아니란 사실이다.

옛날 석가모니와 미륵불이 경합을 하게 되었다. 깊은 선정에 들어 누구의 손에 연꽃이 먼저 피느냐를 가름하여 세상에 먼저 나갈 순번을 정하기로 한 것이다. 둘 다 선정에 들었는데 석가모니가 눈을 살며시 뜨고 미륵불의 결수한 손을 보니 연꽃이 막 피어나고 있는 것이었다. 시합에 질 것 같은 석가모니는 얼른 연꽃을 가져다가 자기 손 위에 올려놓고 눈을 지그시 감고 선정에 든 척하고 있었다. 선정에서 깨어난 미륵불이 보니까 석가모니의 손에 연꽃이 피어난 것이 아닌가? 게임에서 미륵불이 진 것이다.

그래서 석가모니가 먼저 오고 다음으로 미륵불이 온다는 이야기가 생겼다고 한다. 이런 이야기는 사실 말쟁이들이 부처를 모욕한 것에 지나지 않는다. 그런 말에 가부를 따지자는 것이 아니라 우리가 사는 세계의 모습이 잘 표현되었다고 생각한다.

수행의 초극에 달한 깨달음을 이룬 이가 남의 연꽃은 훔쳐 자기 것으로 만든다. 이는 도둑이다. 다섯 살 어린애가 해도 '그러면 안 된다'고 가르쳐야 하거늘 이런 모순을 내면에 숨기고 성불할 수 있다면, 그렇게 해도 깨달음을 이룬 것이 된다면 그런 깨달음이라면 참깨달음은 아니라고 본다. 지극해 맑고 지극히 깨끗해야 할 자리가 훔쳐서 얻을 수 있다면 그것은 대자연 본래 모습은 아니기 때문이다.

선문禪門에서도 '법을 훔치다', '법을 도둑맞았다'는 표현이 간혹 등장한다. 진실로 법을 훔치고 도둑질할 수 있는 것인가? 법이 훔쳐져도 되는 것인가? 훔쳐서 내 것을 만들었고 그것을 참다운 법이라 이름할 수 있는 것인가? 뭐 말쟁이 말에 토를 단다는 것이 옳지 않겠지만, 우리가 사는 세계란 욕망이 가득한 세계로 이처럼 수단과 방법을 가리지 않고 내 것으로 만들면 그만이란 것을 단적으로 보여 준 예라 하겠다.

참다운 수행이란 이처럼 훔쳐 가질 수 있는 대상은 아니다. 그래서 되는 것도 아니다.

아주 오랜 옛날 무한한 신통력과 무한한 힘을 지닌 절대자로 세상을 밝히며 오롯이 존재하는 호로병(이름을 짓는다면)이 있었다.

모든 사람은 그의 힘에 의해 살아가지만, 그가 있어 자신이 존재한다는 사실도 잊고 살아가고 있었다. 그러던 어느 날 음흉한 도둑의 마음을 가진 자가 나타났다. 이를 손아귀에 넣으면 세상을 지배하며 무소불위의 권능을 가져 자신만이 대대손손 영화를 누릴 것이라 생각해 이를 훔치려 들었다.

지금까지 사람들은 그가 세상을 밝히며 오롯이 존재하는 성스러운 존재로만 여겼지, 그것을 내 것으로 만든다는 생각은 해 본 적이 없었다.

경쟁자가 없다 보니 도둑은 손쉽게 손에 넣었다.

그리고 무소불위의 힘으로 세상을 지배하기 시작했다. 그의 말 한마디는 곧 법이며, 진리였다. 누구도 감히 어길 수 없었다.

그런데 영원할 것 같았던 어느 날 또 다른 도둑이 나타났다. 세상은 오롯이 내 것만 있지는 않은가 보다. 도둑은 이 보물을 훔쳐 나오다가 그만 실수로 떨어뜨려 깨지고 말았다. 지구상에 존재하는 유일한 보물이 깨지자 사람들이 몰려들었다.

도둑이 훔쳐 나오려던 이 보물은 세상을 지배하는 권능이 있어 이를 소유하면 그러한 권능을 가질 수 있다는 사실을 사람들이 알아 버렸다. 사람들은 달려들어 이 보물의 조각들을 주워 가기 시작했고, 하나의 조각이라도 손아귀에 넣은 사람은 모두가 소원하는 바를 다 이루는 행복한 삶을 살게 되었다.

이러한 소문이 세상에 퍼지자 이젠 이를 훔치려는 도둑들이 세상을 횡횡했다. 요행히 손에 넣은 사람은 빼앗기지 않으려고 온갖 노력을 다했다. 이제 춘추전국시대가 열린 것이었다. 사람은 사람을 믿지 않았다. 모두가 도둑이 되었다. 수단과 방법을 가리지 않고 빼앗기지 않으려는 사람과 수단과 방법을 가리지 않고 빼앗으려는 사람만이 존재했다. 사람을 죽인다는 것이 별로 대수롭지 않았다. 죽이기 위해 기발한 방법들이 만들어졌다. 또한, 죽지 않으려는 수많은 방법도 고안되었다.

이제는 불신의 시대, 죽고 죽이는 시대가 만들어진 것이다.

그리고 시간이 많이 흐른 어느 날 이 물건의 참주인이 나타났다. 세상에 횡횡하는 죽음의 그림자를 지켜본 참주인은 이 물건을 회수하기로 마음먹었다. 그리고 세상을 돌며 조각들을 주워 모으기 시작했다. 물론 회수된 조각들에는 원력도 같이 회수되었다. 회수되지 않은 조각들을 원력도 함께 남아 있었다.

주인이 조각을 주워 모으는 것은 이를 다시 사용하려는 의도가 아니라 과거의 잘못을 다시 반복하지 않기 위해서인 것이다. 본래의 자리로 돌려놓고 인간사회란 힘으로 다스리는 것이 아니라 사람 스스로가 소중하다는 인본주의를 가르치기 위함이다. 빼앗고 빼앗기는 세상에서 벗어나 자신의 소중함을 알고 이웃의 소중함을 일깨우기 위함이라 한다.

본연의 사람의 도를 알아 사람 위에 사람 없고, 사람 아래 사람 없음을 가르치기 위함이라고 한다.

인연 있는 곳이 따로 있다

✎ 본래 대자연은 누가 누굴 일깨우는 그런 형이상학적인 공간이 아니다. 인간의 언어로 번역하자니 그리 표현된 것이라고 이해해 주리라 믿는다. 본래 참대화는 언어로 하는 것이 아니라 마음에서 마음으로 하는 것이다. 참마음과 참마음은 보는 순간 서로를 알아 버리는 것이다. 그냥 알아버리는 것이다. 알려고 노력하지 않아도 되며, 알리려 노력하지 않아도 아는 것이다.

깨달은 이는 그냥 척 보는 순간 알아 버린다. 몸짓, 손짓, 발짓에 의미가 있는 것이 아니다. 그러한 모양에서 어떠한 의미를 구한다면 그것이 연목구어緣木求魚인 것이다. 달이 손끝에 있다고 보는 이와 다르지 않다. 적멸에 나아가면 적연寂然히 보이며, 적연히 들릴 뿐이다. 거기에 이유가 있지 않음이다.

앞서 말한 이야기들이 열린 마음으로 본다면 곁가지를 문제 삼지 않을 것으로 생각한다.

우리의 삶이란 업보에서 시작하고 업보에서 끝을 맺는다. 그것이 무엇인지도 모르면서 막연히 좋아지고, 그것이 무엇인지도 모르며 막연히 싫어한다. 죽일 듯이 증오가 일어나며 눈에 쌍심지를 켜고 눈알을 부라린다. 그런데 조금 시간이 흐르고 난 후 생각해 보면 참으로 아무것도 아닌 것들이다. 누군가 막연히 좋아지고 그가 없으면 세상이 다 끝나는 듯 두려움에 떨지만, 그 역시 시간이 지나고 보면 참으로 아무것도 아닌 것으로 내 마음이 만들어 낸 블랙홀일 뿐이다.

사랑이라 이름 짓는 행위들로 시작해서 미워하는 행위들 좋고 싫음, 맛나고 맛없음에 이르기까지 내게 알게 모르게 일어나는 일체의 행위들이 사실 업보에서 기인한 행위들로 업보를 완성하는 것에 지나지 않으며, 또 다른 업인을 심는 데 지나지 않는다는 사실이다. 그저 심어 놓은 것에 대한 수확물이며, 그저 씨앗을 심는 행위일 뿐이다. 그러나 그것이 또 다른 윤회이며, 또 다른 업보가 되는 것이다.

업보. 무엇인지 왜 그러해야 하는지 모르며 이끌려 다닐 수밖에 없는 업보. 이를 설명해 보려 한다. 수행을 하다 보면 누구나 자신의 업보를 보아가게 된다고 앞서 말했다. 그래야 진실로 자신이 누구인지 무엇을 해야 할지를 바로 알게 되고 보게 되어서 참 나를 바르게 찾아가게 된다고 했다.

그러나 내가 아직 그러하지 못했다면 당연히 의구심만 들게 될 것이다. 그런 초보 수행자를 위해 업보 이야기를 조금 하려고 한다.

수행자가 자신의 업보를 알게 되고, 또 남의 업보를 보게 될 수도 있다. 다른 이의 업보를 안다고 해서 함부로 입에 올리는 것은 수행자가 가져야 할 덕목이 아니다. 왜냐하면, 그것을 안다고 해서 소멸되는 것도 아니며, 가르쳐 준다고 해서 소멸되는 것도 아니기 때문이다. 이를 알아야 하는 이유는 수행자가 지신의 업보를 보았을 때 그를 통해 다시 그러한 업보를 짓지 않기 위함이다. 이를 벗어나 중생구제라는 명분의 욕망을 가득 담아 보려 한다면 당연히 보이지 않고 들리지 않을 것이다. 그것은 본질의 수행과 무관하기 때문이다.

손을 씻지 않은 자가 남의 손을 씻기려 한다면 그것은 자신의 더러움을 떠넘기는 행위일 뿐이다. 그것은 수행이 아니다. 오히려 알지 못함만 못한 것이다.

그것은 또 다른 업보만 만들 뿐이기 때문이다.

이러한 생각을 전제로 읽어 주었으면 한다.

조선 시대 이야기이다.

하얀 명주 자루가 실룩실룩 꿈틀거린다.

이마의 땀방울을 훔치며 뽀얀 자루를 풀 섶에 조심스레 내려놓은 청년은 그윽한 눈빛으로 자루를 응시한다. 참새가 집을 지은 듯 더벅머리가 뭉쳐 있고, 새까만 얼굴은 눈만이 반짝인다. 헤어진 삼베 깃은 속살을 드러내고, 땀 냄새가 무슨 향수인 양 온몸을 휘감는다.

어슴푸레한 달빛 사이로 저 멀리 소쩍새는 솥이 비었다고 울어대고 있다.

무엇이 그리 좋은지 미소를 머금은 입가엔 명주 자루 장만한다고 들어간 거금도 아랑곳하지 않는 듯했다.

"저기유, 마님! 쫌만 참아유."

대답이라도 하는지 자루는 꿈틀 그린다.

한 여인의 첫날밤이 시작된 것이다. 첫날밤 첫 기억이 밖을 볼 수 없는 어둠과 여기가 어딘지도 모르는 두려움으로 투박하게 들려오는 남정네 목소리만 정적을 깨고 있는 것이다.

"저기유…."

"이봐유…."

총각은 혹시라도 여인이 힘들어할까 봐 무척이나 배려하고 있었다. 그러나 어디부터 무엇을 해야 할지 몰라 진땀만 흘리고 있었다.

"마님. 이봐유…!"

양가집 규수가 부모가 정해 준 혼처로 몸종을 앞세우고 시집을 가게 된다. 시집을 가보니 신랑이라고는 아직 뭘 모르는 아홉 살 코흘리개로, 누룽지 끓여 달라고 치맛자락 잡고 늘어지는 뭐 그런 아이였다. 그래도 출가외인이라 투정 한 번 부려 보지 못하고 시집살이를 했다.

그냥 다들 그렇게 사는 것이라 여겼다.

시간은 주변이 조금씩 익숙해지게 만들었다.

남편이라 여기는 아이도 조금씩 솜털을 벗으며 어린 청년으로 성장해 갔다.

데리고 온 몸종은 두 살 연상이었다. 조금 더 성숙한 여인으로 어린 서방님을 무척 좋아했고, 남몰래 연정까지 키우며 살았다.

그러든 어느 날 이 순박한 여인에게 불행이 닥쳐왔다. 코흘리개 신랑이 마마를 앓다가 그만 죽고만 것이다. 결혼은 했으나 신방 한번 들지 못한 처녀가 그만 생과부가 되고만 것이다.

참으로 슬픈 일이었다. 여인으로 태어나 남편을 잃는다는 것은 하늘이 무너지는 것이고 의지할 곳을 잃는 것이다.

그러나 여인은 친정어머니로부터 여필종부란 말을 귀에 싹이 나게 들어온 터라 여인의 숙명으로 알고 시부모 모시는 일에 전념을 다했다.

그러나 시부모 생각은 달랐다. 젊디젊은 여인이 초야도 치르지 못하고 혼자 산다는 것이 애처로워 도저히 시중을 받을 수 없는 일이었다. 시간이 갈수록 성숙해 가는 며늘아기가 내심 부담이었다.

"영감." 조금 떨어진 별당을 쳐다보며 나직하게 불렀다.

"음…."

"어찌하면 좋겠습니까?"

"무얼 말이요?"

"영감님도 알지 않습니까!"

"…."

"옆에 두고 살기는 너무 젊지 않습니까?"

"…."

"우리가 살아서는 그나마 의지가 된다고 하지만 죽고 나면…. 그리고…."

"부인 생각은 어떻소?"

"제 생각은…, 미망인은 보쌈도 한다던데…."

"부인 생각이 정 그러면 그리하시구려…."

시부모는 며느리가 홀로 사는 것을 안타깝게 여겨 수소문 끝에 산중에 심성이 착하다는 총각을 찾아가 멀찍이서 엿보았다.

산이 첩첩이 두른 화전 밭 사이로 조그마한 초가가 눈에 들어왔다.

조금 기다리자 더벅머리에 먼지를 흠뻑 뒤집어쓴 청년이 화목인 듯 나뭇짐을 내려놓으며, 두 부부를 의아한 시선으로 바라보며 고개를 숙여 인사를 건네는 것이었다.

"이 산중엔 저희 집밖에 없는데, 어딜 찾아가시는 길이신지요?"

"길을 잘못 든 것 같네. 내 자네에게 물이나 한 그릇 얻어먹음세."

총각의 뒷모습을 찬찬히 살피던 부부는 물 한 그릇 비우고 길을 재촉했다.

며늘아기를 산중 총각에게 보쌈시켜 주기로 마음을 먹은 것이었다. 그나마 혼자 사는 것보다는 나을 거라 여겨 결정한 것이다.

당시의 시부모로서 파격적인 배려인 셈이다.

그러나 며느리는 여인네의 일부종사는 양반가 규범으로 당연히 그리해야 한다고 배워온 터라 보쌈을 당해 이렇게 살아간다는 것이 그야말로 생지옥 같았다. 비록 처한 환경에서 벗어나지 못하지만, 낭군은 오직 하나였다.

산중 총각은 자신의 처지에 과분한 부인을 얻은 것에 감사하며, 늘 하늘처럼 떠받들고 부인이 원하는 것은 무엇이든 다 들어주었다. 부인의 말이 법이며, 부인이 하는 것은 무엇이든 옳았다. 단 한마디의 의심도 없이 오직 순종하였다. 너무나 소중한 아내였기에 그러할 수밖에 없었다.

그러나 마음 한구석에는 양반가인 부인이 자신을 버리지 않을까 하는 두려움에 늘 남몰래 숨죽이며 아내를 지켜보며 살았다.

이 여인은 얼굴에 표정으로 드러내지는 않았지만, 속마음은 오직 첫 낭군, 그밖에 없었다.

무상한 세월은 흘러 이들 부부도 노인이 되어 늙어 갔고, 어느 날 흙으로 돌아갔다.

그리고 몇백 년이란 시간이 지난 후 연자들은 각각의 연에 기인하여 윤회에 들게 되었고, 풀어야 할 것이 많았든지 덧없는 삶의 시간들이 이들을 동시대로 안내해 어느 마을 한 귀퉁이를 차지하고 각각의 업연에 따라 태어나게 되었다.

앞서 민들레 씨앗 이야기를 했었다.

그러한 한 시대의 한이란 상처를 담은 삶을 풀어가기 위해 자연스레 동시대를 택했으리라.

인과란 원인과 결과를 말하듯 마음에 담아 두면 그것이 윤회의 씨앗이요, 씨앗을 뿌렸으면 열매가 맺히는 것이 당연한 것이다. 그것은 자연이며 운명인 것이다.

앞서 말했듯 만남이라는 것이 무언가 맺힌 것이 있어 풀어야 할 때 은혜롭고, 섭섭함이 쌓였을 때 만날 확률이 높다. 동시대에 태어나 서로에게 호감이 간다면 무언가 사연과 이유가 있다. 특히 남녀 사이에는 더더욱 그러하다. 윤회에 드는 것이 자신을 성장시켜 해탈하기 위해서라 한다면 우리가 태어났다는 것은 풀고 갈 매듭이 있을 때, 그래야만 해탈에 방해가 되지 않을 때 이루어진다. 그것을 옷깃만 스쳐도 인연이라 말하는 것이다. 옷깃 스치는 인연이란 남, 여의 문제이다. 업연에서 이 남녀의 문제가 윤회에 들 확률에 제일 많기 때문이다.

앞서 한산 습득 설화를 소개하며 '며느리는 삼생 전 할머니의 후신'이란 말을 했다. 윤회에서, 조모에서 어머니나 며느리 또한 딸로 전생轉生하는 것이 그리해야 할 업인이 가장 무겁기 때문이다. 즉 가족관계에서 애틋하고 짠한 것들도 모두가 업인이 되기 때문이다. 결국, 사람이 윤회라는 전생을 거듭하지만, 한국 사람이 미국에 태어나고, 미국사람이 한국에 태어나는 전생은 잘 없다는 것이다. 왜냐하면, 한국 사람이 미국인의 업을 짓기가 쉽지 않고, 미국사람이 한국 사람의 업을 짓기가 쉽지 않기 때문이다. 특별한 원력을 세운다면 모르겠지만 말이다.

그리고 여자로 이생을 살다가 다음 생에 남자의 몸으로 태어나거나 남자의 몸으로 살다가 다음 생에 여자의 몸을 받아 태어나는 경우는 잘 없다. 그러한 이유도 여자의 삶은 여자로 태어날 업보를 짓게 마련이고, 남자는 당연히 남자로서 업보를 짓게 되기 때문에 성이 바뀌어 태어나는 경우는 잘 없다는 것이다.

물론 예외도 있다. 여자가 꼭 여자의 업만 짓고, 남자가 꼭 남자 업만 짓는 것은 아니기 때문이다. 그러나 대부분 그러하다는 것이다.

이들 모두는 각자 마음에 맺힌 것이 있었다. 마마를 앓다가 죽은 어린 신랑은 결혼이 무언지는 잘 모르겠지만, 누나같이 좋아하던 부인 옆에 가보지도 못하고 죽었다. 피지도 못하고 시든 꽃이 되고 만 것이다.

부인은 혼인을 통해 낭군을 만났지만, 첫날밤이 무언지도 모르고 보쌈 당해 산중에서 원하지도 않은 남자와 한평생을 살아야 했다.

몸종은 서방님에 은근히 연정을 품었지만, 곁에 한 번 가 보지 못했으니 가슴에 맺힐 것이고, 보쌈한 산중의 남편은 평민으로 자신보다 신분이나 교양, 학식이 많은 아내를 얻었으니 늘 불안해하며 한 생을 살았을 것이다.

결국, 이들 모두는 가슴에 응어리를 한 개씩 안고 한평생을 살다가 간 것이다.

이것이 이들의 슬픈 전생의 기억이다.

맺고 맺히고 무언가 응어리를 가슴에 안고 살아가야 했던 삶이다. 그러한 업보는 버릴 수 없는 것이다. 맺고 맺힌 것, 담고 살았던 것들이 인자가 되어 시간의 업이 성숙해졌을 때 우리 앞에 홀연히 나타나게 되는 것이다.

윤회를 거듭하면 나아지고 달라질 것이라 생각하지만 사실 시간의 업보만 바뀌었을 뿐 달라지는 것은 아무것도 없다. 그때 그 상황이 그대로 재현될 뿐이다. 마치 녹화 필름을 다시 돌리듯 똑같은 상황 일들이 만들어질 뿐이라는 사실이다.

그러한 업인을 심었기 때문에 당연히 따르는 결과인 것이다.

그러므로 수행이란 윤회를 알고 업을 맑혀 또다시 그러한 전생轉生에서 벗어나야 하는 이유가 되는 것이다.

만약 이 여인이 가슴속에 담아 두었던 첫 낭군을 남편으로 맞이했다면 당연히 마음속 염원이 이루어진 것이니 별 아픔 없이 살아가겠지만, 산중 총각이 연이 되어 부부가 되었다면 가슴 한구석에 공허함을 담고 살아가게 될 것이다. 내면에 담겨 있는 전생의 기억으로 인해 그것이 무엇인지는 잘 모르지만, 자신도 모르는 그 무엇을 끊임없이 찾아다닐 것이다.

전생에서 옛 남편을 잊지 못하고 산 것이 업인이 된 것이다. 다만 그것이 무엇인지 본인이 잘 기억을 못 하겠지만 그를 만나지 못한다면 아마 평생 알지 못하는 그 무엇을 찾으며 또 다른 사랑에 목말라 하며 살아갈 것이다.

그러나 현실에서 설령 전생의 업보인 어린 신랑을 만난다고 해도 서로 이미 전생의 기억이 온전하지 않는 터라 알아보기 힘들 뿐 아니라 설령 서로에게 이끌려 업인을 짓는다 해도 결과적으로 풀리지 않는다는 사실이다.

어린 신랑이라면 사실 아직 어린 나이라 즐거움이나 증오 같은 것은 담지 않았겠지만, 그래도 과거 부부이었던 연을 보면 말로 할 수 없는 끌림이란 것이 있을 것이다. 무언가 애틋하고 가까이 가보고 싶다는 생각이 들 것이다.

요즘 말로 호감이 갈 것이다.

어린 신랑에게 연정을 품었던 여인이라면 어느 한 생에서 어린 신랑을 부부로 만나 살아갈 수도 있을 것이고, 다른 더 큰 업연을 부부로 만났다면 어린 꼬마 신랑을 만났을 때 불륜 관계의 연인이 되어 잠시 만날 수도 있을 것이다.

이는 여인의 일방적인 연정이었기 때문에 현실에서 만난다면 아마도 남자가 여자를 좋아하는 것이 아니라 여자 쪽에서 먼저 사랑을 고백한다거나 연정을 품게 될 것이다.

이들에게 정분이 다할 때까지 업인은 존재하지만, 그것이 대단한 것이 아니었다면 그리 오래가지는 못하고 헤어질 것이다. 또한, 꼭 풀어가야 할 업인이 아니라면 어쩌면 서로 만나지 못할 수도 있을 것이다.

앞서 민들레 씨앗 이야기처럼 잘 익은 씨앗은 무거워 멀리 날아가지 못하고 가까이 떨어지게 되어 과보가 빠른 것이라 했다. 가벼운 씨앗이라면 바람을 타고 멀리 나는 것과 같아 과보의 시간이 오래 걸리며, 때론 싹이 돋지 않을 수도 있다는 것이다.

무게의 경중이 업보의 순차이기 때문이다.

여기 등장한 모든 관계에서 업인의 무게를 따져 본다면, 부인의 입장에서 찾아 헤매던 어린 신랑의 연이 무엇보다 중요하고, 다음으로 중요한 것이 산중 총각의 가슴 졸이는 사랑이다. 그래서 이 여인은 어린 신랑보다 일생을 함께한 산중 총각의 연을 만날 확률이 높을 것이다. 그러한 이유는 내가 그와 함께한 시간이 중요하지만, 그가 나와 함께한 시간도 중요하기 때문이다. 반상이 분명한 사회에서 양가집 규수가 얼마나 어렵고 소중한 존재였겠는가? 자신의 모든 것을 바쳐도 아깝지 않은 사람으로 일생을 가슴에 담고 살았다면 당연히 업연이 되어 다음 생에 만날 수밖에 없는 것이다.

내가 마음이 없다거나 마음에 담지 않는다고 해서 업인에서 제외되는 것은 아니다. 나는 의미를 두지 않았지만, 상대가 간절했다면 그것이 무엇보다 소중했다면 그것이 업연이 되어 내게 돌아올 수 있는 것이다. 맺었다면 그것은 풀어야 하기에 한생을 살아 갚을 수밖에 없는 것이다.

시부모와의 관계를 본다면 배려와 사랑이 담겨 있는 관계이다. 며늘아기를 진심으로 배려해 산중 총각에게 보낸 것으로 이러한 은애는 업인이 잘 되지 못한다.

기쁘고 좋은 것은 마음에 잘 담아 두지 않는 것이 사람의 습성이고, 보면 시부모와의 관계가 업인으로 발전하는 것은 사실 불가능한 것이 된다.

업인이란 마음속에 담아 둔 응어리이며 맺힘이다. 마음속으로 간절히 원했다면 그것은 다음이 아니면 다다음 생이라도 꼭 이루어진다는 것이다. 간절함이 씨앗이 되기 때문이다.

이 이야기는 한 부부가 한생을 살아가면서 맺은 업인이다.

여인은 일생을 살면서 두 남자의 업인을 심었고, 어린 신랑 역시 짧은 생을 살면서 두 여인의 업인을 심었다.

우리의 윤회가 한생만이 아니라 수많은 전전생前生을 가지고 있다면 얼마나 많은 업인을 심었겠는가! 가슴이 먹먹한 일들이 또 얼마나 많았겠는가! 빚을 지고 갚지 못한 것 생채기 내고 헤집은 일들은 얼마나 많았겠는가!

수레에 실어도 여러 대가 필요할 것이다.

또 다른 이야기를 해 보겠다.

갓에 도포 자락을 휘날리며 훤칠한 키의 노인이 어린 손자의 손을 잡고 길을 나섰다.

"할아버지 어디 가는 거야?"

초등학교 고학년쯤 보이는 어린 손자가 할아버지를 쳐다보며 말했다.

"음 그냥 가보면 알 거야."

할아버지는 간단하게 말을 끊고, 놓칠세라 손자의 손을 꼭 잡았다.

"할아버지."

"응."

"근데 사람들이 왜 한쪽으로만 가?"

일자로 쭉 뻗은 도로였다. 주위는 온통 회색이었다. 비포장도로였지만 4차선 도로쯤 되어 보이는 넓은 도로에 사람들이 가득 걷고 있었다. 마치 광화문 광장처럼 많은 사람이 모여 걷고 있었는데, 특이한 것은 한쪽 방향으로만 걷고 있다는 것이다. 정장 차림의 신사도 있었고, 초라한 모습의 농부도 있었다. 각설이 차림의 엿장수도 보였고, 광대 차림의 무녀도 있었다. 아이를 안고 가는 여인도 보였고, 피투성이가 된 사람도 보였다. 지팡이를 짚고 힘겹게 걷는 이도, 팔다리가 없는 사람도 보였다. 끔찍하게도 머리가 없고 눈이 없으며 몸뚱이만 데굴데굴 굴러가는 사람도 보였다.

그런데 이들 모두는 땅만 쳐다보면서 한쪽 방향으로만 걸어가고 있다는 것이다. 어느 누가 하나 고개를 들거나 이야기를 나누지 않았다. 모두는 맥이 풀린 듯 아무런 삶에 의욕이 없는 듯 걸어가기만 하였다.

"할아버지…."

손자가 불렀지만, 할아버지는 그냥 손만 꼭 잡을 뿐이었다.

얼마를 걸었을까? 할아버지가 입을 열었다.

"얘야."

"응, 할아버지?"

"조금 더 가면 일주문이 나오는데, 그냥 고개만 푹 숙이고 있으면 된다. 알았지?"

다짐을 받듯 할아버지는 말을 했다.

"응."

조금 걷자 마치 사찰의 일주문처럼 커다란 문이 나타났다. 두 명의 신장이 양옆에 서 있는데 오른쪽 신장은 갑주에 장창을 곧추세우고 야구공만 한 눈알을 부라리며 서 있었고, 왼쪽 신장은 갑주에 삼지창을 꼬나잡고 서 있었다. 키가 구 척이나 됨직했다. 왕방울 눈을 부라리며 지나가는 사람들을 하나하나 쏘아보고 있어 너무나 무서워 그냥 고개를 떨어뜨리고 할아버지 손을 꼭 잡고 걷기만 했다.

다행이었다.

무사히 잘 통과했다.

그리고 얼마를 더 걸었다.

이번에도 문이 있었는데 좀 전 지나온 문보다 크고 화려한 문이 나타났다. 네 개의 기둥이 떠받들고 있었다. 여기를 지키는 신장은 좀 전보다 키도 더 크고 더 험상궂고 더 무서웠다.

할아버지를 쳐다보았다.

할아버지는 아무 말 없이 묵묵히 손만 잡고 있었다.

무슨 말을 해야 했으나 도저히 입을 뗄 수가 없었다. 말을 하면 안 될 것 같은 생각이 불현듯 스쳐 지나갔다.

다행하게도 아무 탈 없이 잘 통과했다.

얼마를 걸었을까, 또 아까와 같은 문이 나타났다. 열 배는 큰 문과 문지기 신장은 키가 십 미터는 되는 듯 어마어마한 크기였다. 무섭다고 표현하기보다 신기하다는 생각이 앞섰다. 역시 할아버지는 아무 말씀이 없이 묵묵히 손만 꼭 잡고 계셨다.

막 문을 통과하려는 순간 신장이 아이의 목덜미를 집게손가락으로 마치 벌레를 집듯 집어 들며 말했다.

"요 생쥐 같은 놈."

문밖으로 휙 집어던졌다. 마치 메뚜기 한 마리 허공에 던진 것처럼 힘없이 하늘을 날았다.

"으으으 윽!"

깜짝 놀라 일어나니 꿈이었다. 꿈을 꾼 것이었다.

얼마나 용을 썼던지 옷이 흠뻑 젖어 있었다. 얼마나 땀을 흘렸는지 이

불이 다 축축했다.

"후우…."

어려서 할아버지의 사랑을 독차지했다. 할아버지는 손자가 원하는 것은 무엇이든 들어주었고, 맛있는 것이 있다면 그것은 모두 손자의 차지였다. 이처럼 절대인 할아버지는 초등학교 시절에 돌아가셨다.

할아버지가 돌아가시던 날 꾼 꿈이었다.

꿈속에서 할아버지를 따라 세 번째 관문도 무사히 통과했다면 아마도 죽었을지도 모르는 일이다.

아마도 세 번째 관문에서 신장이 집어던진 것이 죽을 때가 아닌 자가 왔다고 보았기 때문일 것이다.

꿈 이야기를 기준으로 본다면 죽는다는 것은 정해진 운명이다. 우리는 비명횡사라 말하지만, 사실 비명횡사는 없는 것이다. 이래 죽으나 저래 죽으나 모든 죽음이 필연 그리해야 할 운명인 것이다.

앞서 운명이란 선택이라 말했다. 하드웨어에 끼워 넣는 소프트웨어를 말했다. 이러한 운명은 중간 과정에서 방법의 선택을 말하는 것이다.

시작과 끝이란 개념에서 운명이란 선택이 아니라 정해진 숙명인 것이다. 그러한 숙명의 씨앗도 결국 자신이 뿌린 것이겠지만, 그것에 대해 결정권이 주어지는 것은 아니라는 사실이다.

또 한 가지. 귀여워하던 손자를 데려가려 했다는 것으로 보아 죽음이란 우리가 생각하듯 두렵고 무서운 존재가 아니라는 것이다. 이 세계나 저 세계가 별다른 것이 없고, 삶의 모습 또한 엇비슷하다는 것이다.

해탈해 윤회를 벗고 중생계를 벗어난 것이 아니라면 이승이나 저승이

나 별반 다를 것이 없다. 양자 모두 같은 욕계의 삶일 뿐인 것이다. 다른 것이 있다면 그것이 오히려 이상한 것이다.

태어나는 것이 두렵지 않았듯 죽음도 또한 두려운 존재가 아닌 것이다. 두려워해야 할 이유가 없는 것이다.

중생에 있어 죽음이란 또 다른 시작일 뿐이다.

내면은 현생의 삶을 거울 하는 것이 아니라 과거 업보를 거울 하기 때문이다.

어머니의 태를 빌어 세상에 왔지만, 어머니와 자식이 부부의 연으로 오는 예도 있다. 사실 이러한 연이 무지 많다는 것이 문제지만 이런 경우 대체로 일찍 남편을 잃는다거나 아니면 자식의 혼사에 어머니가 방해가 되어 결혼이 늦거나 아니면 못 하는 경우도 있다. 내면에서 본다면 아들과 나는 부부이다. 자식이란 표면의 생각과 달리 내면은 남편으로 보는 것이다. 결국, 남편이 나 외에 다른 여자를 선택하는 것이 당연히 예뻐 보일 수가 없는 것이다.

만약 이러한 인연으로 현생에서 만났다면 어머니 입장에서 빨리 자식을 독립시켜 주는 것이 자식의 미래를 위해 바람직한 일이다. 자식이라면 빨리 분가하는 것이 새로운 인연을 만나는 데 도움이 된다.

그러나 막상 연이 주어져 현생에서 만나고 보면 서로가 집착하게 되어서 자신도 모르게 그러한 고리에서 벗어나기 어렵다는 것이다.

이론적으론 본인들이 알면서도 벗어나지 못하는 것이 업보인 것이다.

만약 효도를 다하기 위해 어머니를 모시려 한다면 평생 혼자 살 각오가 되어 있어야 한다.

사제의 연이 부부로 왔다면 또한 그리 행동할 것이며, 남매가 부부의 연으로 왔다면 누이동생이기 전에 여인으로 보며, 오빠 이전에 남자로 보이게 되는 것이다. 결국, 남매이기 이전에 이성이 되는 것이다.

우리의 관습에 의하면 이런 것은 천륜이라 절대로 될 수 없는 일이다. 그러나 우리 내면은 전생의 업연에 기인해 판단하기 때문에 그리 보고 그리 행동하려 한다는 것이다.

다만 우리는 교육이나 관습에 의해 절제하려 노력할 뿐인 것이다.

몇 가지 예를 들어 보았다. 모두는 아니라도 일부는 그럴 수 있다고 생각할 것이다.

업연이란 완전 상속이 아니다. 모든 연이 온전히 업인이 되어 돌아오는 것은 아니다. 또한, 현생에 만난 가족이라 해서 전부 지극한 연으로 만나는 것도 아니다. 특정의 관계에서만 그렇다는 것이다.

무슨 이야기냐 하면 부모, 자식, 형제로 태어났다고 해서 이 모든 인연이 지극한 업연에서 태어나게 된 것이 아니다.

나라는 사람이 이생에 태어나려 하면 제일 먼저 연자를 찾게 된다. 제일 먼저 감사하고 고마운 인연을 찾게 되는데, 가령 할아버지가 전생에 스승이었고 흠모하는 분이었다. 그런데 막상 연이 되어 와 보니 그분들은 늙어 아이를 가질 능력이 안 되는 것이다. 그러면 궁여지책으로 그분과 연을 만들기 위해 그분의 며느리인 어머니의 태를 빌어 나게 된다.

이러한 상황이라면 내가 어머니의 태를 빌었지만 실은 어머니와 연이 없는 것이다. 할아버지와 연자인 것으로 조손 간에 돈독한 관계가 될 수 있겠지만, 아버지나 어머니와는 돈독한 관계가 성립하지 않는다. 당연히 부모 자식이라 해도 정을 주고받기 어려워지는 관계가 되는 것이다.

내면에서 보면 아무런 관계가 아니기 때문이다.

이처럼 인도환생에서 제일 중요한 것은 사랑과 존경하는 관계의 만남이 가장 이상적인 만남이다. 서로 은애할 수 있어 서로에게 도움이 되는 삶을 살 수 있기 때문이다. 꼭 지키려는 언약도 중요한 업인이다. 서로가 약속을 하고 그것을 서로 절대라 믿고 있다면 그러한 약속은 다음 생에 업인이 되어 만나게 된다. 다음으로 원한과 증오 빚을 지고 받을 것의 관계가 중요한 업인이 되기도 한다.

인도환생이란 맺힘을 푸는 관계인 것이다. 은혜를 갚고 약속을 지키며 원한을 갚고 빚을 받는 관계가 만남의 핵이 되는 것이다.

이러한 업연에서 나와 직접 관계없이 가족과 가족 간에 또 다른 맺고 풀 관계의 연이 주어질 것이고, 나와 직접 관계없는 부차적인 연이 또 다른 연이 되어 나와 만나게 되어서 지금의 가족관계가 만들어질 수도 있다는 것이다.

무슨 이야기인가 하면 앞서 말했듯 나는 다른 인연으로 와 지금의 가족을 만난 것이고, 지금 가족인 그는 또 다른 인연으로 오게 되어 나를 만나게 된 것이라는 이야기이다.

옷깃만 스쳐도 인연이란 말이 있지만, 주변의 모든 인과관계가 필연에서 꼭 만나야 할 인연이 만나게 되는 것은 아니라는 것이다.

최고 기쁘고 좋은 것과 최악의 아픔과 고통스러웠던 상처들이 업인이 되는 것은 맞지만, 가족이라 해서 모두 지극한 인연에서 최고 좋은 것과 나쁜 것에서 꼭 만나지는 않는다는 것이다.

친구나 지인들의 관계에 있어서도 은혜를 갚고 빚을 갚는 관계가 많다.

그뿐만 아니라 주거지 선택에 있어도 그곳에서 꼭 만나야 할 연이 있어 이사를 하거나 풀어야 할 무엇이 있어 그곳에 머무는 경우도 있다. 당연히 맺힘을 풀었다며 다음 연이 주어진 곳을 향해 옮겨 갈 것이다.

업연이 성숙하면 모습을 드러내는 것이고, 연이 다하면 멀어지는 것이다.

산다는 것은 이처럼 무언가 표현할 수 없는 수많은 연이 모이고 모여 만들어지는 것이다. 또한, 꼭 그러해야 할 연의 필연은 아니지만, 연과 연 사이의 만남으로 지금이란 이 시간이 만들어지고 있는 것이다.

현실의 우리 삶이란 과거 인연들이 잠시 표출된 것에 지나지 않는 것이고, 우리는 그것을 삶이란 이름으로 보고 느끼며 살아갈 뿐인 것이다.

그것이 무엇인지도 모르면서 과거를 살아가고 있는 것일 뿐이다.

보통 사람들이 막연히 전생이란 것에 대하여 알고 싶다는 욕구가 있지만 진실을 말했을 때 받아들일 준비는 되어 있지 않은 경우가 많다. 그리고 자신의 전생이 있다면 뭐 공주라든가, 왕 같이 위대한 존재였을 것이라는 막연한 상상에 사로잡혀 더더욱 진실을 받아 드릴 준비가 되어 있지 않다. 아마도 자신의 초라함이 다른 이의 입에 오르내린다면 민망하기 그지없기 때문일 것이다.

진실로 중요한 것은 수행자는 자신이 자신의 업보를 보아야 하는 것이다. 그러한 이유는 자신의 업보를 맑히기 위해서이다. 진실을 안다는 것은 그것을 계기로 새로운 나, 완성된 나를 만들자는 것이다. 다른 이의 업보를 보아 안다고 해서 내게 도움이 되는 것도 아니고, 그에게 말해 준다해서 그의 삶이 바뀌는 것도 아니다. 그것을 자랑한다고 내가 훌륭한 사람의 되는 것도 아니다.

만일 다른 이의 업보를 볼 수 있다 해서, 그러한 사실을 본인에게 설명해 준다고 해서 그의 업보가 맑혀지는 것도 아니다. 오히려 그에게 혼란만 초래하게 되고 의심만 키우게 된다는 것이다.

그뿐만 아니라 함부로 연을 발설하는 것은 대자연의 도를 거스르는 것이 된다.

수행자는 입을 여는 것을 아껴야 하는 것이다.

보아도 본 것이 아니고 들어도 들은 것이 아니 되어야 한다.

결국, 업보를 안다는 것은 나의 수행을 위한 행위일 뿐 더 이상 그 무엇도 될 수 없는 것이다.

우리네 삶이란 것은 이러한 한의 응어리가 하나만 맺힌 것이 아니라 수도 없이 많은 응어리가 연속적으로 맺혀 있다는 것이다. 하나가 다하면 이젠 좀 나아지겠지 생각하지만, 그보다 더 큰 응어리가 나타난다. 결국, 인생이란 이러한 응어리의 연속으로 현재라는 삶을 살고 있는 듯 보이지만 사실은 과거를 살고 있을 뿐인 것이다.

앞서 영체 이야기에서 새로운 소프트웨어를 연다면 새로운 연이 주어진다고 말했다. 인과관계에서 하나의 업보가 다했다고 해서 그 사람과 모든 업연이 종식된 것은 아니다. 또 새로운 연이 주어지게 되고, 그에 따라 새로운 행, 불행이 만들어가게 된다. 즉 인생이란 수없이 산재한 업연의 산실이며, 망망대해를 표류하는 눈먼 거북이일 뿐인 것이다.

이러한 업연.

대체로 한 생에서 만난 풀어야 할 전생 업연은 3년이다. 3년이란 시간

동안 풀어야 한다. 물론 응어리가 특별나다면 7년, 9년 평생 갈 수도 있고, 작은 것이라면 3개월, 3일에 풀어야 할 경우도 있겠으나 보통은 3년의 시간이 주어진다. 주위에 바람피우는 사람 있으면 자세히 관찰해 보라. 둘이 붙어 죽고 못 사는 기간은 3년이다. 부부로 만난 사람도 그렇다. 사랑한다고, 너 아니면 못산다고 하는 시간은 3년이다. 업연이 다한다면 그가 불륜이라면 각자 자기 길을 갈 것이고, 부부라면 사랑보다는 정으로 살아갈 것이다.

왜 그처럼 죽고 못 살 듯 좋아하던 사람이 어느 순간 싫어질까? 그것은 연이 다했기 때문이다.

우리가 이생에 태어난 목적이 점점 깨달아 해탈에 이르는 것이라 했다. 해탈이란 벗어버리는 것 풀어 가는 것이다. 벗어 버리려면 어깨에 짐을 내려놓아야만 한다. 어깨의 짐. 사람만이 짊어질 수 있는 짐이 바로 업보의 짐이다. 대자연에서 오직 사람만이 업보를 짓는 것이다. 이를 벗어 버리지 못하거나 새로 맺는다면 다음에 또 윤회에 들어야 한다. 그리고 내려놓을 기회를 다시 가져야만 한다. 그것이 대자연의 도이며, 윤회의 공식인 것이다.

역설적으로 말하면 윤회라는 것은 사람에게만 주어진 기회인 것이다. 윤회를 계속한다는 것은 해탈의 기회가 다시 주어지는 것이다.

이는 참으로 고마운 대자연의 배려인 것이다.

옛 어른들이 늘 "풀고 살아라." 말씀하신다.

맺은 것을 풀지 못한다면 이 땅에 온 이유를 배반하는 것이며, 대자연의 배려를 저버리는 것이다.

풀고 살아야 하는 것이다.

서울로 가는 길은 많다.
그러나 목적지가 없으면 갈 곳도 없다

오래전『철학에세이』라는 책을 읽은 적이 있다. 한 구절 인용해 보면 "물에 물결이 인다."

이유는 누군가 돌멩이를 던졌기 때문에 물결이 생겨난 것이고, 돌멩이를 던지지 않았다면 물결도 생겨나지 않았을 것이다. "누군가 던진 돌 때문에 물결이 생겨났다."라는 논리에서 만약 물이 꽁꽁 얼어 있었다면 물결이 생겨날까?

그것은 불가능한 것이다. 오히려 돌멩이가 얼음판 위를 미끄러져 날아가 버릴 것이기 때문이다.

왜냐하면, 얼음판이니까.

생각을 좀 바꾸어 보자.

물에 돌멩이를 던지면 물결이 인다는 것은 돌멩이가 날아오기 전에 물이 이미 물결을 만들어 낼 수 있는 가능성을 가지고 있기 때문에 물결이 인다는 결과물이 생겨난 것이다.

얼음판이 물결을 만들지 못하는 것은 물결을 만들어 낼 수 있는 가능성을 가지고 있지 않기 때문에 생겨난 결과물이다.

즉 물에 물결이 이는 것은 누군가 던진 돌멩이가 원인이 아니라 자신이 가지고 있는 물결을 일으킬 수 있는 가능성 때문인 것이다.

물이 물결을 만들어내는 가능성을 버린다면 물은 물결을 만들어 내지 않을 것이다. 즉 물에 물결이 이는 것은 돌멩이가 날아온다는 외적인 요인이 있기 이전에 물 자신이 물결을 만든다는 모순을 안고 있기 때문이란 것이다.

이러한 논리로 볼 때 내가 누군가에 상처를 입었다 한다면 이는 저 사람이란 외적인 요인이 있기 이전에 내가 가지고 있는 흔들릴 '가능성' 때문이란 것이다.

우리는 늘 누군가를 늘 탓하며 산다. "네가 나를 힘들게 하며, 네가 날 이렇게 만든 거야. 이 모두는 네가 날 이렇게 할 수밖에 없게 만든 거야. 난 네게 아무런 상처를 주지 않았는데 넌 어떻게 날 이렇게 해? 왜 나에게 아픔을 주는 거야?" 식으로 말이다.

나는 아무런 잘못을 하지 않았다. 그런데 이렇게 되고 만 것이다.

너 때문에 이 모든 것이 생겨난 것이다. 이 모두가 말이다.

우리가 행복하지 못하는 이유도 이러한 것이다. 저란 돌멩이가 날 이렇게 만든 것일 뿐이다.

수행자라면 저를 탓하기 이전에 내가 물결을 만들어 낼 수밖에 없는 그러한 결과물이 생겨날 수밖에 없는 가능성을 기진 내게 문제를 되돌려 보는 것이 옳을 것이다.

본래 안이 공허하면 밖에서 아무리 균형을 잡으려 해도 쉽게 잡히지 않는다. 그러나 안이 충만하면 밖에서 굳이 그러하지 않아도 자연스럽게 조화로워지는 것이다. 표정에서 여유로움이 생겨나고 말 한마디 행동 하나에서 여유로움이 묻어난다.

자신이 그러하면 보는 이도 그러하고 모든 일에서 그러해진다면 그는 행복한 사람이 되는 것이다.

결론적으로 모든 것이 '나'에서 시작된다. 밖에서 뭘 구한다는 마음을 놓아 버린다면, 욕심을 조금만 접어 둔다면 원망하는 마음도 사라지고 시기나 질투 탓하는 마음도 자연스레 사라질 것이란 사실이다.

어리석은 사람은 돌에게 잘못을 돌리지만 현명한 사람은 자신을 한 번 더 돌아보는 계기로 삼는다. 그래야 현명한 사람인 것이다.

본래 수행이란 행주좌와가 따로 있는 것이 아니다. 원론적으로 말하면 그렇다. 그러나 각론으로 들어간다면 행주좌와는 분명히 다른 것이다. 무슨 말이냐 하면 수행 기도를 처음 시작하는 사람은 눕거나 서서 수행을 할 수 없다. 반드시 정좌하고 앉는 것부터 시작해야 한다. 바른 자세, 바른 행동은 내면의 마음가짐에도 영향을 주며 나아가 영계에도 영향을 준다.

그러나 앉고 눕는 것이 모두가 바른 몸가짐이라면, 늘 한결같이 바르다면 당연히 그러한 제약은 없을 것이다. 한결같은 경지, 이러한 경계에 이르지 못했다면 그리해선 아니 된다. 행동으로 옮길 수 없는 것이다.

좋아하고 싫어함도 없고, 미워하고 예뻐함도 없다. 본래가 공한 것인데 무슨 그런 것이 있단 말인가? 맞는 말이다. 본래 그러함은 없다. 그것이 우리가 구하는 궁극의 자리라면 한글도 읽지 못하는 어린아이에겐 불가능한 것이다.

먼저 글이란 기본을 익히고 그다음에 그에 맞는 학습을 한 다음 나아갈 수 있는 것이기 때문이다.

마찬가지로 초심자에겐 차제가 있고 순서와 방식이 있는 것이다. 선과 악은 존재하며, 예뻐하고 미워함도 있고, 좋고 싫음도 있는 것이다.

이제 시작하면서 초심에서 그런 것이 없다고 생각한다면 이 사람은 수행으로 얻을 것이 별로 없을 것이다.

수행은 내면을 맑히는 것이다. 그것은 자신을 찾는 일이며, 자신이란 무한한 영의 세계에서 온 진아眞我를 바로 보아 가는 일이다. 그리고 그가 주인인 것을 찾는 과정인 것이다.

이러한 과정에선 선과 악의 개념이 분명히 있다. 옳고 그름도 분명해야 하고, 좋고 싫음도 분명한 것이다. 초심은 자신의 의사를 분명히 밝혀야 하며 자신의 내면 역시 그러해야 헤쳐 나갈 수 있는 것이다.

결국, 초심이란 그동안 잊고 살았고 보지 못했던 것을 보고 느끼는 것부터 시작이다. 나라는 영의 세계와 우주에 존재하는 무한한 영들의 세계를 느끼고 알고 이해하는 과정에서 시작하는 것이다.

이 세계는 선악이 존재하며 미추가 존재한다. 내가 의사를 분명해 밝혀야 할 때는 분명히 밝혀야 한다. 그냥 물에 물 탄 행동으론 장애의 벽을 넘을 수는 없는 것이다. 앞에서 '세 번 물어보아야 한다'는 의미도 이것과 무관하지 않다. 나의 의사를 분명히 밝히고 상대방의 의사를 분명히 확인하고 그러고 다음으로 넘어가야 한다는 것이다.

그리고 수행자는 강해야 한다. 강한 사람이 수행도 잘한다. 절에 모셔

놓은 나한상을 보면 마치 시정잡배처럼 우락부락하게 생겼다. 상호가 험상 굳다는 것은 성격도 모가 난다는 의미이다. 즉 나쁘게 말하면 더럽고, 좋게 말하면 강하다는 뜻이다.

이는 수행을 상징적으로 나타낸 것이라고 본다. 강한 사람이라야 한다. 외모가 그렇다는 것이 아니라 내면이 그러해야 한다. 강한 사람이 아니면 헤쳐 나가기 어렵다는 의미이다.

신세계로 나아간다는 것은 죽음도 두려워하지 않아야 한다. 목숨까지도 내놓을 각오로 임해야 한다는 것이다.

혜가스님의 「단비斷臂」가 있지 않은가!

업보를 맑히기 위해 백팔 참회를 한다거나 삼천 배를 한다. 더 신심이 있다면 만 배를 하는 이도 있는데, 이처럼 몸을 수고롭게 해서 본질에 나아가는 것도 하나의 방법일 수 있지만 권하고 싶은 방법은 아니라 생각한다. 몸을 수고롭게 하는 것이라면 우리가 일상 살아가는 것 모두가 다 고통을 동반한 방법이며, 농사를 짓거나 힘든 일을 한다면 더더욱 고통을 동반한다.

불전에 나아가 기도를 하는 것에 의미를 둔다면 부처란 내 마음 맑히면 내가 곧 부처인데, 살아 있는 내 부처는 내버려두고 다른 부처를 찾아가 부처를 구한다는 것은 부처가 우리에게 말하고자 하는 참의미를 보지 못하는 행동이다. 부처가 위대한 것은 중생이 모두 불성을 가진 존재이며, 그 불성을 찾아 맑히면 모두가 부처이며, 그 부처는 내 안에 오롯이 존재해 있다는 것을 가르쳐 준 것이다.

내가 부처인데 어디에서 부처를 구한단 말인가?

물론 이러한 행위가 부처를 구하는 행동이란 것은 알지만, 그것이 꼭 옳은 방법이 아닐 수도 있다는 것이다. 안으로 관조해 보아야 하는 마음이 밖으로 돈다면 마치 손가락을 오인해 달을 삼는 것은 아닐까?

또 다른 방법으로 참선 수행을 한다. 수행자인 승려뿐만 아니라 제가 신도인 청신사淸信士, 청신녀淸信女들도 사찰에 거하며 선방이라 이름 짓고 삼삼오오 모여 앉아 좌선을 한다. 승려들과 똑같이 바리공양도 하고 시간 맞추어 방선하며, 포행布行도 한다.

나름으로 열심히 최선을 다해 수행한다.

이러한 좌선수행에서 부처를 구하고 해탈을 구한다.

부처를 보려면 몸에 묻은 억겁의 때를 닦지 않으면 안 된다. 마음속은 때 국물이 줄줄 흐르는데 엉덩이 방바닥에 눌러 앉힌다고 수행이 되며, 번뇌 망상이 머릿속에 가득한데 몸뚱이 가만 놓아둔다고 해서 수행이 되겠는가?

업장을 녹인다고 말하는데 이렇게 몸뚱이를 가만두거나 괴롭히면 업장이 녹는 것일까? 수행의 방법이 이처럼 고통을 주는 것만이 옳은 것인가? 그래야 번뇌 망상이 없어지며 업장이 녹는 것인가?

남악회양南嶽懷讓선사는 당唐나라 의봉儀鳳 2년(서기 677년)에 금주金州에서 태어났다. 15세에 형주荊州 옥천사玉泉寺 홍경율사弘景律師를 은사로 출가하여 사미계를 받았다.

도반道伴인 탄연坦然스님과 선학에 조예가 높은 숭산崇山 혜안국사惠安國師를 찾아갔다.

탄연과 함께 혜안국사에게 예배하고 무릎 꿇고 물었다.

"스님께 도를 구하러 왔는데 가르쳐 주십시오."

"기특한 납자들이구나. 물어보아라."

"어떤 것이 조사가 서쪽으로부터 온 뜻입니까如何 是 祖師西來意?"

혜안국사가 다시 회양에게 물었다.

"어찌하여 너 자신의 자기 뜻을 묻지 아니하고 하필 달마조사가 서쪽에서 온 뜻을 묻는가何不問 自己意 如何是 問他 祖師西來?"

"바로 은밀한 작용을 관찰할 것이니라當觀作 密作用."

탄연이 물었다.

"어떤 것이 은밀한 작용입니까如何是 密作用?"

이 말을 들은 국사는 눈을 껌벅껌벅해 보인다.

탄연은 이것을 보고 즉시 깨닫고 일어나 절을 하는 것이었다.

그러나 회양은 알쏭달쏭할 뿐 도저히 알 수가 없었다. 다시 물을 수도 없고 해서 혜안국사가 계신 숭산을 물러 나왔다.

도반 탄연은 깨달음을 얻고 기뻐 어쩔 줄을 모르고 있었지만 회양은 도무지 알 수가 없었다.

탄연 도반과 작별을 하고 육조六曹 혜능선사慧能禪師가 계신 조계산을 찾아가 선사를 뵈었다.

"어디서 왔는가?"

"숭산에서 오는 길입니다."

"무슨 물건이 이렇게 왔는가甚麼物 如此來?"

하고 물으시는데 눈앞이 깜깜할 뿐 도무지 대답을 할 수가 없었다. 망연부지茫然不知해서 답을 하지 못하고 육조스님의 시봉을 하면서 온갖 궂은일을 하며 8년간을 쉬지 않고 '이 물건은 무엇인고是甚麼?'하는 '이뭣고 화두'를 들고 참구參究하였다.

낮에는 채전에 나가 밭일을 하고 있을 때도 이뭣고를 놓지 않았고, 밤에는 뒷방에 방석을 깔고 좌선을 했다. 밤낮으로 오직 이뭣고 공안으로 일관했다.

본래 모든 것은 때가 있는 것이다. 벼가 익지 않으면 벨 수 없는 것, 때가 되면 자연 심기心機가 일전하고 허공이 쪼개져 내리고 대지가 갈라지며 천지가 하나의 공한 것을 보는 경지에 이르게 되는 것이다.

몸은 구만리장천에 떠 있는 듯 가볍고, 내면의 영체는 수정처럼 영롱하여 한 티끌도 받아드리지 않는 경계를 보게 된다. 그뿐만 아니라 천지가 나기 전 본래 한 물건도 없는 天地未生前 本無一物 경계도 활연히 나타나게 되는 것이다.

깨달음이란 말로 표현하는 것은 아니다. 그 희열 그 감동이란 언어도단言語道斷이다. 어찌 말로 표현한단 말인가?

깨달음의 기쁨 희열은 참으로 대단한 것이다.

육조스님을 찾아뵙고 절을 했다.

"8년 전 스님께 답하지 못했던 것을 이제야 알았습니다."

"무엇을 어떻게 깨달았다는 말인가?"

"그때 스님께서 무슨 물건이 이렇게 왔는가 하고 물으셨는데 설사 한 물건이라 해도 맞지 않습니다."

"그것은 그렇다 하고 이제도 닦아 증득할 것이 있겠는가還可修證否?"

"수증은 없지 않겠으나 그 자리를 다시 더럽히지 않겠습니다."

"잘 깨달았느니라. 더럽히지 않는 것은 모든 부처님이 호념護念하는 바라. 네가 이러하거늘 나도 그러하니라."

육조께서 인가하시고 적자로 삼으셨다.

남악南嶽 회양懷讓선사의 「마전작경磨塼作鏡」이 있다.

당唐 개원년開元年에 마조도일馬祖道一 스님이 전법원傳法院에 주석하시면서 날마다 좌선을 하고 있었다.

회양선사는 마조도일 스님이 장차 도인이 될 법기法器임을 알아보고 그를 시험하고자 했다.

하루는 벽돌 한 장을 손에 들고 정법원 앞에 나아가서 커다란 돌멩이를 밑에 놓고 바위등 위에서 벽돌을 서걱서걱 갈고 있었다.

이를 이상하게 본 도일스님이 좌선을 하다말고 회양선사에게 물었다.

"그 벽돌을 갈아서 무엇에 쓰시려 하십니까?"

"거울을 만들려고 가는 것일세."

"벽돌을 갈아 가지고 거울이 될 수 있는 것입니까?"

"자네는 좌선을 하고 있으니 좌선을 해서 무엇을 얻고자 함인가?"

"부처를 이루어 보고자 함입니다."

"좌선을 해서 부처가 될 수 있다고 생각하는 것과 내가 벽돌을 갈아 거울을 만들려고 하는 것은 같은 이치일세."

"그러면 어찌하면 좋겠습니까?"

"내가 비유로 일러줌세. 사람이 소에게 수레를 끌게 할 때 수레가 가지 않으면 수레를 때려야 옳은가? 아니면 소를 때려야 옳은가?"

"그야 당연히 소를 때려야지요."

"그렇다면 자네는 지금 좌선만 하고 앉아 있으니 좌선을 배우는 것인가, 좌불坐佛을 배우는 것인가? 만약 좌선을 배운다면 선은 좌와坐臥가 아닌 것이요, 만약 좌불을 배운다면 부처는 정定 상相이 아닌 것이니 무주법無住法에는 취取하고 버릴捨 것이 없네. 자네가 좌불을 본뜬다면 곧 살불殺佛이 될 것이요, 만약 앉아서 견디기만 집착한다면 이치를 통달하지 못할 것이니 어찌할 것인가?"

마조도일 스님이 가만히 듣고 보니 감로수를 마신 듯 가슴에 시원해지며 찜통더위 속에 한줄기 시원한 바람이라. 가슴에 와닿는 것이다.

일어나 큰절로 예를 갖추고 다시 여쭈었다.

"어떻게 마음을 써야 무상삼매無相三昧에 합하오리까?"

"네가 심지법문心地法門을 배우며 선연의 씨앗을 땅에 뿌리는 것과 같으리니 내가 법요法要를 설하리라. 비유하면 하늘에서 내리는 큰비와 같아서 너와 인연이 합하면 마땅히 큰 도를 보리라."

"도는 색상이 아닌데 어찌 볼 수 있겠습니까?"

"심지心地의 법안法眼만 갖추면 능히 보리라. 무상삼매無相三昧도 또한 그러하니라."

"혹 도를 보는데 성괴成壞가 있습니까?"

"만약 성괴취산成壞聚散으로 도를 보는 자는 도가 아닌 것이다."

심지합제종 心地合諸種
우택실개맹 遇澤悉皆萌
삼매화무상 三昧華無相
하괴득하성 何壞得何成

심지에 모든 씨앗이 뿌렸으니
비를 만나면 모두 싹이 돋으리라.
삼매의 꽃은 모습이 없으니
무엇이 무너지고 무엇을 이루겠는가.

마조 도일선사는 남악회양선사의 이 법문을 듣고 개오開悟해 심지心地
를 깨달아 알게 되었다고 한다.
그리고 회양선사의 인가認可를 받고 정식 제자가 되었다.

이처럼 몰록 깨닫는다는 것은 업연이 잘 닦인 소수 인연 있는 사람이
나가는 길이며, 또한 거울을 닦은 후에 나아가는 길이다. 지금은 샘을 치
고 거울을 닦고 진아眞我를 만나고 나의 소소한 영을 보는 것이 먼저인
것이다.
본래 갖추어진 그릇으로 왔다면 가르쳐 주지 않아도 아는 것이다. 육
조 혜능스님이 나무지게를 지고 가다가 "응당 머무는 바 없는 마음을 내
라. 응무소주應無所住 이생기심以生起心."이라 읊으며 지나가는 스님의 말
을 듣고 마음이 열리어 그것이 무슨 뜻인가를 묻게 되고, 이것이 계기가
되어 출가하게 된다. 또한, 70년대 한 어린 소년은 길을 걷다가 녹음기에
서 흘러나오는 『반야심경』의 "형색이 있는 것은 곧 형색이 없는 것이요,
형식이 없는 것은 곧 형색이 있는 것이다. 수受, 상相, 행行 식識 또한 그러
하다."

색즉시공 色卽是空

공즉시색 空卽是色
수상행식 受相行識
역부여시 亦復如示

라는 구절을 듣는 순간 그것이 무슨 말인지는 몰랐지만, 환희심이 일어 일주일 동안 먹지 않아도 즐거웠고, 잠을 자지 않아도 즐거웠다. 배가 고프지도 않았고, 누가 험담하고 모욕해도 그냥 즐거웠다고 한다.

이것이 무엇인가 궁금해서 출가하게 되었다고 한다.

이런 분들은 상지上知인 것이다. 본래 큰 그릇이며, 맑은 그릇이라 그냥 한번 들으면 그것의 실체를 간파해 아는 것이다.

그러나 보통의 범인은 백 번 천 번, 아니 평생을 들어도 알지 못한다.

이처럼 탁한 그릇이며 업보로 가득한 사람을 중생이라 말하는데, 중생이라면 당연히 제업齊業이 먼저인 것이다. 아무리 들어도 보아도 모르면서 손까지 더럽다면 영원히 벗어날 수 없는 것이다.

손을 닦지도 않은 사람이 베풀려는 마음만 앞서면 공덕과는 무관하다고 앞서 말했다. 손이 더러운 사람은 손을 씻는 것이 보시며, 공덕이다. 또한, 수행의 시작인 것이다.

공덕의 길을 가르치는 이 역시 수행자의 본질적인 것을 제쳐놓고 궁극의 자리인 해탈의 과果만을 역설한다. 결국, 우리 눈에 가시는 뽑지 않고 저 멀리 청산이 어떻다는 말에만 빠져 있는 것이다. 눈에 가시를 뽑지 않아 아무것도 보지 못하면서 마치 다 보고 다 듣고 아는 것처럼 허세를 부린다.

문제는 모두가 다 그러하다는 것이다. 모두가 청산에 빠져 있다. 청산

이야기 속에서 무엇을 찾으려고만 한다. 그곳에 길이 있다고 믿고 있다.

가르치는 이 역시 개안開眼해서 청산을 보는 방법을 말하지 않고 청산의 경치만을 말하고 있는 것이다.

달은 손가락에 없다. 달을 손가락으로 가르치는 것은 달을 보라는 것이지, 손가락을 보라는 것이 아니다. 그러면서도 손가락에서 눈을 떼지 못하고 있는 것이다.

본래 수행이란 오롯이 가는 것이다. 무소뿔처럼 그렇게 가는 것이다. 그것이 수행이며, 수행자의 모습이다. 이 오롯이 가는 세계는 우리가 영위하는 3차원이 아니라 5차원 세계서부터 시작되는 것이다.

앞서 대자연의 세계는 48차원이라고 언급했었다. 우리가 아는 세계는 3차원이 전부이고, 알려고 노력하는 세계가 4차원이다. 수행을 한다는 것 역시 그러하다. 차원이 존재한다. 내가 설명하는 이 지면이 3차원이라면 업보를 닦고 손을 씻고 자신을 찾는 이야기와 영의 세계를 알아가고 맑히는 것이 3차원과 4차원의 중간세계 쯤에 해당한다.

여기에서 깨끗한 손으로 음식을 만드는 것부터는 4차원의 세계이다.

자신의 영을 바로 보고 찾으며, 보정 받고 숙생의 업연을 알아 맑히고 닦는 것이 4차원의 세계이며, 이제 그러한 업보에서 벗어나 오롯이 나로서 무소뿔처럼 가는 수행이 5차원이다. 그러한 다음 6차원 이상의 세계는 언어로 표현되는 세계가 아니라 마음으로 보고, 마음으로 듣는 세계이다. 불교에서 말하는 언어도단의 세계인 것이다. 쳐다만 보아도 알고 소리만 들어도 아는 세계인 것이다.

굳이 표현한다면 '심기心機가 일전하고 허공이 쪼개져 내리며, 대지가 갈라져 천지가 하나의 공한 것을 보는 경지며 몸이 구만리장천에 떠 있는 듯 가볍고 내면의 영체는 수정처럼 영롱하여 한 티끌도 받아드리지 않는 경지'에 도달한 다음 나아가는 경지인 것이다. 이것이 천지가 나기 전 본래 한 물건도 없는 天地未生前 本無一物 경계인 것이다. 손짓 하나가 공덕이요 발걸음 한 걸음이 공덕이다. 정과 부정이 없으며 모두 하나 되는 세계이다. 내가 우주이며, 내가 대자연인 세계이다. 보면 알고 보지 않아도 안다. 들으면 알고 듣지 않아도 안다. 그냥 보이며 그냥 들리는 세계인 것이다.

즉 무소뿔처럼 오롯이 가는 것은 업보가 소멸된 다음의 일이다. 공덕의 길을 가는 것도 당연히 업보가 소멸된 다음의 일이다. 대자연으로 동화되어 내가 대자연이요, 대자연이 나인 경계 오롯이 하나가 되는 경계가 5차원의 모습이다.

깨끗한 손으로 무엇을 집어 들어도 깨끗함 그대로인 삶, 손동작 하나, 발걸음 하나, 눈길에 스쳐보는 것 하나까지도 오롯이 공덕이 되는 삶이 5차원의 삶이다. 이것을 대자연의 삶이라 한다.

이곳은 마음의 세계이다. 설명을 하지 않아도 알며, 설명을 하지 않아도 본다. 설명을 하지 않아도 깨달아 가는 세계인 것이다. 마음으로 보고 마음으로 듣는 세계이다.

앞서 스님이 어렸을 때 말을 하지 않았다고 한 것이 아마도 이 4차원과 5차원의 중간쯤 세계에 수년간 머물렀다고 본다.

생각을 바꾸는 계기가 된 이야기가 있다.

좀 민망하지만 도움이 될까 싶어 풀어본다.

우연한 기회에 아는 스님이 계시는 한 사찰을 찾아 삼칠일 기도를 할 기회가 있었다.

하루에 삼천 배 하기로 마음을 정하고 마지막 회향 날에는 기본적인 욕구만 해결하고 나머지 시간은 절을 해보기로 작심으로 기도를 시작했다. 하루에 삼천 배씩 기도를 시작한 지 스무날의 시간이 흘러 마지막 날이 되었다.

'오늘은 먹고 화장실 가는 시간 빼고는 절해 봐야지.' 뭐 그런 다짐으로 새벽 예불 시간부터 절을 시작했다. 물론 다음 날 아침 예불 시간을 회향 시간으로 정했다. 내 딴에는 정말로 열심히 했는데 하루에 만 배는 못한 것 같았다. 아마 팔천 몇백 배쯤 한 것으로 기억한다. 뭐 그 이야기를 하려는 것이 아니라 그다음 이야기를 하려는 것이다.

새벽 4시 스님의 아침 도량석 소리가 들려왔다.

"똑 똑 또르르르."

이제는 기도를 끝내야지 하면서 마지막 절을 하고 일어서려는 순간 내 앞에는 아무것도 존재하지 않는 신천지가 나타난 것이다. 법당도 없고, 나도 없고, 절도 없고, 불상도 없었다. 마치 텅 비어버린 공간, 아무것도 존재하지 않는 허허로운 공간에 나 홀로 서 있는 것이었다.

내가 존재한다는 생각은 분명히 들었지만 내 몸이 보이는 것은 아니었다. 그러나 소리는 분명하게 들렸다. 마치 비행기를 타고 구름 위를 날다가 나 혼자 비행기에서 내려 구름 위에 서 있는 기분이랄까? 굳이 표현하자면 그런 기분이었다. 그런데 분명한 것은 의식은 또렷하다는 것이다. 밖에서 도량을 돌며 목탁을 두드리는 염불 소리가 맑고 청아하게 들려왔다.

구름을 발아래 밟고 서서 창공을 바라보는 기분이란 참으로 감동이다.

아마도 내가 살면서 느껴본 자유 행복감 성취감 뭐 그런 류의 감정으로 빗댈 수 있는 즐거움이 아니었다.

말 그대로 신천지였다.

스님의 도량석 시간이 아마도 길어야 십오 분 정도이었을 것이다. 이 짧은 시간이 마치 며칠이 지난 듯 느껴졌다. 그러나 시간이 지루하다는 느낌은 전혀 없었다. 참으로 즐겁고 황홀한 시간이라 표현하는 것이 옳을 듯하다.

도량석이 끝나가고 있었다. 이제 잠시 후면 스님이 법당으로 들어와 종성을 할 것이라 생각이 머릿속에 떠오르자 순간이동이라도 한 듯 현실로 돌아와 있었다.

눈을 돌려보니 촛대에서 촛불은 펄럭이고 있었다. 법당이 보이고 불상이 보였다.

참으로 짧은 시간 긴 여행이었다.

이것은 첫 번째 경험이었다.

지금 돌이켜 생각해 보면 그땐 수행이 좀 부족한 터라 아마도 공空의 세계를 잠시 본 것 같다.

두 번째 생각이 바뀌게 된 것은 『천수경』을 보면서다. 지금도 이 경은 좋아하는데 중간쯤 가면 이런 구절이 있다.

죄무자성 종심기 罪無自性 從心起,
심약멸시 죄역망 心若滅時 罪亦亡,
죄망심멸 양구공 罪亡心滅 兩具空,
시즉명위 진참회 是則名爲 眞懺悔,

그다음 구절이 참회진언… 하고 이어진다.

번역해 보면 이런 말이다.

"죄라는 것은 자성이 없어 마음을 따라 일어나는 것

마음에 담아 두지 않으면 죄 또한 없는 것이라.

죄도 없고 마음도 없다면

이것이 참다운 참회이다."

평소에 가끔 주절거리는 구절이고, 그냥 읊조리는 것이 다반사였다.

아마도 모든 불자가 다 그럴 것이다.

어느 봄날 다스한 햇살을 받으며 평상에 앉아 봄 경치에 취해 있었다.

순간 이 구절이 머릿속에 떠올랐다.

'죄무자성…'

글귀가 지금까지 내가 알고 있던 것과 전혀 다른 의미로 머릿속에 각인되며 눈앞에 나타났다.

마치 거대한 보자기가 하늘에서 내려와 온 세상을 덮는 듯, 글의 의미가 무한 공간에 가득히 내려앉았다. 황금색 광채가 가득한 무형의 기가 하나의 보자기가 되어 온 세상을 감싸안듯 덮어 버렸다. 산과 바위에도 황금색이 가득 달라붙었고, 들판과 나무도 노랗게 물들어 있었다. 온통 황금색으로 도배되어 있었다.

손등을 쳐다보았다.

또한, 노랗게 물들어 있었다.

시선을 조금 올려 소매 깃을 보았다.

이 또한 노란 황금색으로 보였다.

세상이 한 가지 색이었다. 온통 하나의 색이 되어 있었다.

그때 그 순간을 달리 무어라 표현할 방법이 없다.

또 다른 하나의 세계가 열리었다.

그날 이후 책을 보는 방법이 많이 변하게 되었다. 지금까지 수박 겉핥기식 책 보기였다면 글의 의미가 노력하지 않아도 그냥 보였다. 글자는 잘 모를지라도 글 내용은 머릿속에 정리가 되었다. 그뿐만 아니라 물건을 보더라도 예전과는 전혀 다른 새로운 모습으로 보였다. 뭐랄까? 한 꺼풀 벗겨진 세상이랄까, 열린 세상이랄까? 좀 더 정확히 표현하자면 세상이 참으로 넓고 맑아져 있었다. 그뿐만 아니라 일상의 사물을 봄에 있어서도 마치 속이 비어 있는 듯했고, 그의 생각이 보이는 듯했다. 그가 아무 말 않지만 느낌으로 보이는 듯했다.

그냥 보였다. 보려고 노력하지 않아도 그냥 보이는 것이다.

죄라고 말하는 것이나 공덕이라 말하는 것이 본래 존재하지 않는 것이다. 본래가 없는 것이다. 이 모든 것은 마음의 작위로 마음에서 만들어 낸 환영이며, 관습 덩어리인 것이다. 오직 중생 자신이 스스로 옭아맨 것일 뿐이다.

진실로 마음이 존재하지 않는다면 죄라 말하는 것이 본래가 없는 것이다. 마음이 없는데 담길 죄가 어디에 있겠는가? 본래 담을 그릇도 담길 물건도 없거늘 무엇을 참회한단 말인가?

'죄라는 것은 자성이 없어 마음을 따라 일어나는 것, 마음이 멸해 없다면 죄라고 말하는 것 또한 없는 것, 마음도 없고 죄도 없다면 이것이 참

된 참회인 것이다.'

이 마음이 진실로 참회진언인 것이다.

이러한 계기로 나름 세상을 보는데 상당히 새로운 시야가 열렸다고 생각했는데 그럼에도 불구하고 가슴 한편에선 무언가 보이지 않는 앙금이 있다고 할까? 그 무언가가 늘 미진해 보였다.

아직 마음속엔 표현할 수 없는 무언가 앙금이 아직 남아 있었다. 마치 물속을 헤엄치고 있는데 숨을 쉬려 수면 위로 떠오르려 하면 얇은 얼음막이 가로막고 있어 숨을 쉴 수 없다고 할까? 마치 수면 위에 얇은 천막이 드리워있어 찢으려 해도 도무지 찢을 수가 없는 것 같은 느낌으로 한동안 살아야 했다.

아마도 몇 년은 그러했던 것 같다.

어느 날 『삼매경』 「여래장품」을 보게 되었다. 앞서 잠시 언급한 구절이다.

요견식위상 了見識爲常.
시식상적멸 是識常寂滅
적멸역적멸 寂滅亦寂滅.

깨달아 마치고 보면 의식은 항상 존재한다. 이 의식은 항상 적멸한 것이다. 적멸하고 또 적멸한 모습으로….

이 구절을 보는데 마치 머릿속에서 100만 볼트의 전기가 합선된 듯 섬광이 번쩍이며 하얗게 녹아내리는 것이었다. 완전히 녹아내려 아무것도 존재하지 않았다. 이것이 계기가 되어 생각이 또 한 번 바뀌게 되었다.

결국, 세 번 생각이 바뀐 것이다.

그때의 심정을 담아 평생 처음으로 시 한 소절을 지어 봤다.

쑥스럽지만 지면에 옮겨 본다. 그저 헛소리라 생각하고 한번 봐 주시길
바란다.

　　　구구민민멸객진 久久悶悶滅客塵.
　　　미향유미실구미 美香乳糜失口味.
　　　홀파각념광화만 忽破覺念光華滿.
　　　가가문리무무생 呵呵門裏無無生.

우리가 잘 아는 혜가스님의 「단비구법斷臂求法」의 일화가 있다.

신광神光이란 젊은 스님이 계셨는데 학문에 정통한 교학승으로, 유교
는 물론 도교에 이르기까지 모르는 것이 없었고, 「제자백가서諸子百家書」
도 두루 섭렵한 학문의 거장이었다. 숭산 소림에 달마스님이 계신다는
말을 듣고 찾아가 보기로 한다.

신광이 큰절을 세 번 하고 여쭈었다.

"소승은 신광입니다. 스님을 뵙고자 불원천리 찾아왔습니다."

"…."

"어찌 말씀이 없으십니까?"

"…."

신광은 이것저것을 물었지만, 달마께서는 도무지 말이 없었다. 참으로
답답했다.

이 스님이 구 년 전 양무제와 대화한 내용을 모르는 사람이 없는데 왜 벙어리 흉내를 내는 것인가?

몇 달을 시봉하며 같아 살았지만, 한마디 말도 없었다.

눈치를 보아 짬짬이 자신 이야기를 하면 듣는 것인지, 듣지 않는 것인지 도무지 표정이 없었다.

어느덧 여름이 가고 겨울이 되었다.

신광은 곰곰이 생각을 했다. 옛 구도자들은 도를 구하기 위해 자신을 잊었다고 爲法忘軀 했는데 내가 정성이 부족한 것인가?

밖에는 눈이 내리고 있었다.

구도의 일념으로 내리는 눈을 맞으며 서 있었다. 점점 눈발은 거세지고 시간이 지나자 눈이 허리춤에까지 차올랐다.

깨달음을 위해 모든 것을 버렸다. 삶이란 윤회를 벗지 못하면 고해일 뿐이다. 생로병사가 고해이다. 고해에서 육신이란 고깃덩어리에 지나지 않는 것이다. 이것에 얽매인다는 것은 참나를 보는 데 방해일 뿐인 것이다.

그냥 버렸다.

몸은 얼음이 되어 갔지만, 마음은 참으로 편안했다.

이때 우레와 같은 소리가 들려왔다.

"네가 오래 눈 위에 서 있는 것은 무엇을 구하자는 것인가?"

달마스님의 일성이었다.

신광은 달마스님의 우레 같은 소리에 감격하며 대답했다.

"오직 원하옵건대 자비를 베푸시어 감로법을 들려주시옵소서."

"과거의 모든 부처님은 도를 얻기 위해 온갖 고난을 참으셨거늘 너는 어찌 조그마한 만심慢心으로 도를 구하려 하는가."

참으로 옳은 말이다. 모든 것을 버리지 않으면 아무것도 얻지 못하는 것이 구도의 세계인 것이다.

신광은 허리춤에서 계도를 뽑아 선뜻 왼팔을 잘라 달마스님에게 올리려 하는데 눈 속에서 난데없이 파초 잎이 불쑥 솟아올라 신광의 잘린 팔을 받쳐 드는 것이었다.

신광은 파초 잎에 잘린 팔을 감싸 달마스님에게 올렸다.

이것을 본 달마께서 신광의 결기와 용단의 신심을 가상히 여기었다.

"상고로 모든 부처님께서 위법망구의 신심을 잃지 않으셨거늘 그대 또한 그러하니 그대는 도를 얻을 자격이 있다."

이렇게 말씀하시며 파초 잎에 쌓인 잘린 팔을 들어 신광의 왼팔에 가져다 대자 감쪽같이 붙는 것이었다. 그리고 이름을 혜가慧可라 지어주었다.

혜가스님이 물었다.

"모든 부처님의 법인을 가히 얻어들을 수 있는 것이옵니까?"

"모든 부처님은 스스로 깨달아 얻으신 것이라 사람을 쫓아 얻은 것이 아니니라."

"그렇다면 제가 혼자 구하는 방법을 일러 주십시오."

"밖으로 모든 인연을 쉬고 外息諸緣

안으로 허덕이는 마음이 없어서 內心無喘

마음이 움직이지 않는 벽과 같아야 心如墻壁

가히 도에 들어갈 수 있는 것이다 可以入道."

"이것을 듣고 나니 불안하고 더욱 마음이 편하지 않습니다. 저에게 편안함을 주소서…"

"마음이 편하지 않다고 하니 어떤 마음이 편하지 않은 것인가? 편하지 않은 마음을 가져오너라."

"아무리 마음을 찾아도 찾을 수가 없습니다."

"그렇다면 내가 너에게 편안함을 주었느니라."

혜가스님은 이 말씀을 듣고 언하에 활연히 깨달음을 얻었다.

달마께서 말씀하시었다.

"네가 공에 떨어진 것은 아닌가?"

"…"

"어찌하여 그런 줄 아는가? 다시 한 번 일러 보거라."

"이 경계는 또렷이 스스로 깨달아 알지언정 언어로 표현할 수 없습니다了了常知 言之不可及."

"바로 그 자리가 열반묘심涅槃妙心이니라. 너도 그러하고, 나도 그러하니라."

달마께서 혜가를 인가하셨다.

깨달으면 모든 것이 끝난다고 생각하는 것은 옳지 않다. 우리의 일상은 순간순간 작은 깨달음의 연속이며, 그러한 깨달음이 모이고 모여 지금의 내 모습을 만든 것이다. 하나의 깨달음이 있다면 좀 더 진보된 열린 생각으로 살게 되지만, 그를 통해 모든 것이 종식되는 것은 아니다. 또한, 그러한 깨달음이란 것들이 그리 큰 것이 아니므로 차원의 벽을 넘지 못한 것일 뿐이다.

해탈이라 말하는 것은 말 그대로 벗어난 것이다. 하나의 깨달음을 통해 그동안 보지 못했던 것을 보게 되고, 그 마치 열린 시야가 되는 것을 말한다.

업보에서 벗어나 참 나를 본다는 것 역시 해탈이다. 우리가 일상에서 얻는 해탈보다 좀 큰 것으로 여기에 이르면 세상을 보는 안목도 달라지고, 차원의 벽도 넘을 수 있다. 그렇다 해서 중생의 업보가 모든 것이 종식되는 것은 아니다.

달리 말하면 성불했다고 해서 모든 것이 끝나는 것이 아니란 것이다. 손에 묻은 오물을 씻었다면 이제부터 깨끗한 음식을 만드는 일이 남은 것이다. 중생의 업보를 보고 벗어났다면 이제 4차원의 경계에서 5차원 6차원 그 이상의 경지로 나아가야 하기 때문이다.

해탈이란 새로운 세계로 첫발을 내딛는 것을 말한다. 이제부터 수행자로 새로 태어나는 것이다. 참 수행자로 새로이 태어나는 것이 해탈인 것이다. 그 이상의 세계는 언어로 표현되는 것은 아닐 것이다.

앞의 이야기로 돌아가 본다. 죄란 본래가 없는 것이다. 본래가 없는 것에 우리는 모양을 그리고 옷을 입혀 이름을 지어 부른다. 관습이란 옷을 입히고 지식이란 색을 덧칠해 아름답게 미화한다.

마치 당연한 것처럼 여기지만 사실 그것은 이름이 그러할 뿐 본질에서도 그러한 것은 아니다. 그냥 이름이 그렇게 존재하는 것뿐이다.

마치 그 이름이 실체인 것처럼 착각해 실체인 것처럼 오인하지만 사실 그것 또한 이름만 그러한 것일 뿐 본질이 그러한 것은 아니란 사실이다.

공덕이란 것도 다르지 않다. 공덕이라 이름하는 것 역시 죄라 이름하는 것과 다르지 않다. 그 이름을 오인해 실체로 착각해 보는 것에 지나지 않는 것이다. 비행기 타고 가다 구름 위에 내린다면 그곳엔 아무것도 존재하지 않는 것이다. 그냥 구름 위에 서 있는 느낌만이 존재할 것이다. 언어로 표현한다는 것은 본래 무한한 공간을 인위적으로 이름 짓고 또 모양을 만들어 놓고 이것에 얽매여 벗어나지 못하는 것일 뿐이다. 죄라, 공덕이라 말하는 것도 본래가 그러한 것이다. 본래 존재하지 않는 것에 우린 이름을 붙이고 옷을 입히고 화장하고 분장을 시킨다.

그렇게 만들어진 허수아비를 실체로 생각해 이렇게 살아야 한다며 자신을 다잡는다. 그리고 이 잣대로 나를 재고 세상을 재고 남을 잰다.

『육조단경』에 보면 이런 구절이 있다. 사품장군이었던 혜명스님이 홍인스님의 의발을 받아 산을 넘는 혜능스님을 쫓아온다. 더 이상 달아나는 것이 어렵다고 생각한 혜능스님이 스승 홍인스님의 의발을 바윗등에 내려놓고 몸을 피하는데 스승의 의발을 발견한 혜명스님이 신수 사형을 위해 스승의 의발을 들고 내려가려 했으나 의발이 바위에 붙어 꿈쩍도 않는 것이었다. 여기서 스승의 의발의 주인이 혜능스님임을 직감하고 그 자리에서 무릎 꿇어 합장하고 혜능스님에게 법을 묻게 된다.

혜능스님의 가르침은 "불사선不思善 불사악不思惡하라", "착한 것도 생각하지 말고 악한 것도 생각하지 마라." 단 두 마디였다. 이 두 마디 법문에서 혜명스님은 깨달음을 얻게 되고 육조혜능스님의 첫 제자가 된다. 선이란 것도, 악이란 것도 생각하지 마라. 선하다고 말하는 것, 악하다고 말하는 것 모두는 인간의 관념이며, 작위作爲일 뿐이다. 모양과 형상이 존재하는 유위법有爲法이며, 관념이 만들어 낸 부산물일 뿐이다. 진실에서 보면 하나의 허깨비인 것이다. 아침 햇살에 비친 이슬이며, 따스한 봄

날에 내린 흰 눈이다. 환이며 화인 것이다.

진실로 해탈법이란 작위 이전의 존재이다. 함이 있는 논리로 찾을 수 있는 것이 아니다. 함이 있다는 것은 사량思量이 있음이고, 관념이 있다는 것이다. 그것은 세상에 가득한 그냥 그런 설이며, 이즘이며, 논리일 뿐이다. 해탈은 논리 이전의 존재이며, 언어도단인 것이다.

죄라고 말하는 것, 그것은 인간이 만들어 놓은 논리이며, 인간이 만들어 놓은 관념의 틀에 지나지 않는다. 그렇기에 본성에서 보면 죄는 본래 없는 것이다. 본래 없는 것에 모양을 만들어 화장을 하고 죄라는 옷을 입혀 놓고 이름을 지어주고 나서 자리를 하나 만들어 준 것에 지나지 않는다. 그렇기에 본질에서 보면 죄의 자성은 존재하지 않는다. 참회할 것도 버려야 할 것도 없는 것이다.

혜능스님의 "불사선 불사악하라,"라는 말과 같은 말이며,『반야심경』에 "색즉시공色卽是空 공즉시색空卽是色"이란 구절과 같은 말이다. 또한,『삼매경』에 "일체연법一切緣法 혹심망견惑心妄見 현본불생現本不生 연본무연본무緣本無" 즉 "일체의 인연법은 의혹의 마음에서 만들어 낸 망년된 생각이다. 의혹의 마음을 일으키지 않으면 인연이란 본래 없는 것이다."라 하는 구절과도 같은 맥락의 말이다.

표현이 다르고 모양이 달라 보이지만 본질에서 보면 일체가 같지 않음이 없고 다르지 않음이 없는 것이다. 언어의 끝에 무엇이 존재하는 것은 아니기 때문이다. 말끝에서 무엇을 찾는다면 그것은 영원히 얻지 못할 것이다. 경전이란 것 역시 말이다. 결국, 대화이며, 소통인 것이다.

이것이 참다운 참회며, 참다운 속죄이며 회향인 것이다.

돌이켜 보면 안다고 생각했던 것은 머리로, 지식으로, 관념으로 안다는 것이지, 가슴으로 아는 것은 아니라는 사실이다. 많이 알려고 이 책, 저 책을 뒤적이며 이 구절, 저 구절 암기하기에 바빴었다. 마치 하나라도 더 주워 담아야 내 지식이 된다는 생각과 아는 것이 힘이라는 막연한 동경이 지금의 나를 만들어 온 것이다. 무언가로 가득 채워야 그것이 나인 것이라 생각했었다.

그런 것이 아니라고 부정하지만 내면은 그러했다.

앞서 허심청법이라 말했다. 비우고 들어라. 비워진 그릇이 아니면 담을 수 없다고 말했다. 그러나 나는 지금까지 비우고 살지 못했던 것이다. 비운다는 것이 상대의 이야기를 상대방의 입장에서 이해하려고 노력하면 되는 것으로 알았고, 버린다는 것을 내 것을 모두 버리고 여과 없이 액면 그대로 받아들이면 되는 것으로 알았다. 그냥 순순히 받아드리는 것, 저항 없이 받아 담는 것이 허심청법이라 생각했다.

사실 비운다는 것은 그런 것과는 사뭇 다른 것이다. 그것은 비우는 것이 아니라 비우려 노력하는 것이며, 버린 것이 아니라 버리려 발버둥 치는 것일 뿐이다. 그것을 마치 비운 것이며, 버린 것이라 착각하고 있었다는 것이다.

결국, 이러한 모든 행동은 흉내 내기에 불과한 것이다. 달을 가리키면 나는 손가락만 쳐다보고 있었다. 그것도 뚫어지게 쳐다만 보고 있는 것이다.

뚫어지게 손가락만 쳐다보면서 나는 지금 달을 보고 있는 것이라 생각하며 달은 이렇게 생긴 것이라 생각했다. 손가락을 오인해 달이라 본 것이다.

달을 가리키면 달을 봐야지 손만 보고 있는가?

관념이 생겨나는 것은 생존을 위한 것이며, 옳고 그름을 말하는 것도 사회라는 질서를 유지하기 위해서 필요한 것이다. 도덕이라 말하고 정직하다고 말하는 것도 따지고 보면 그러하다. 이렇게 살아야 한다고 표본을 제시하며 본받아서 훌륭한 위인이 되라는 것도 따지고 보면 관념에 지나지 않는 것이다.

위대한 위인의 삶이나 옹졸한 졸부의 삶이나 얻고 얻지 못하는 삶들이 모두 다 관념이 만들어 놓은 결과물이다. 옳고 옳지 않다고 생각하는 것 역시 그러하며, 알고 알지 못함 역시 그러하다.

본래 존재하지 않는 것이다. 죄라고 말하는 것. 그것은 존재하지 않는다. 마음에 담는 순간 죄이다. 윤회라는 것도 이와 같다. 마음에 담는 순간 윤회인 것이다. 담지 않으면 되는 것을 무엇에 쓰려고 그리 주워 담아 놓고 무겁다고 땀을 뻘뻘 흘리며 살아가는가?

참으로 부질없는 짓이다. 참으로 허망한 것이다.

제4부

생각, 생각을
바꾸어야 한다

아랫돌 빼서 윗돌 쌓는 경제

✍ 한 가지 이야기에 너무 몰입했던 것 같다.

좀 천천히 쉬어가며 현실에 좀 가까운 이야기를 해 보기로 한다.

내가 주워들은 경제를 언급해 보면 이러하다.

17세기 금세공업자가 무거운 금을 들고 다닐 수 없다고 여겨 영수증을 써준 것이 지폐의 시작이 되었다고 한다.

그런데 금을 보관하고 영수증을 발행받은 모든 사람이 다 금을 찾아가지 않는다는 것에 착안하여 보관하고 있는 금보다 많은 액수의 영수증을 써주기 시작했고, 자신이 금은 안전하게 보관하고 있다는 사실에 대하여 일정액의 돈을 받기 시작했다.

이것이 보관료라는 이자였다.

결국, 돈 한 푼 안 들이고 돈 버는 장사, 이것이 은행의 전신이며, 지금의 은행이다.

가령 내가 은행에서 1억을 대출받았다. 은행 창구를 찾아가 담당자를 만나고 내가 일 억을 빌렸다고 하지만 실제로 만들어진 것은 동전 하나, 지폐 한 장 없다. 또한, 무엇 하나 옮겨 가지도 않는다. 내가 받은 것도 없다. 다만 모니터 상에서 내 계좌로 '일 억' 하고 숫자만 찍힌다. 그것이 일억이란 돈을 내가 빌린 것이고, 나는 그 순간 일 억을 갚을 의무와 그에 합당한 이자를 매달 꼬박꼬박 내야만 한다.

미국은 보조 대여금 보유제라는 것이 있다고 한다. 이게 무슨 말인가 하면 은행이 고객에게 대출을 하면 그 금액의 9배를 금고에 보관한다는 것이다. 즉 내가 일억을 빌렸다면 일억에 대한 10%를 제외한 구천만 원을 다시 금고에 넣고 이는 새로운 수입으로 간주해 대출을 해 줄 수 있다는 것이다.

계속 이러한 시스템을 가동한다면 내가 차용한 일억이란 돈이 은행의 금고에는 9억이 되는 것이다.

이것이 파생상품의 원리다.

결국, 금고에는 일억 원 상당의 금밖에 없으면서 고객에게는 9억 원어치의 금이 있다고 영수증을 발행해 이자를 챙기는 수법의 은행장사인 것이다.

10%대의 자산이면 우량은행인 것만 보아도 알 수 있지 않은가?

그리고 이들은 정치보다도 지위가 높다. 우리가 파산하면 단돈 천 원도 그냥 주는 것이 없다. 그러나 은행이 망하려 하면 공적자금이라고 쏟아붓는다. 국민이 뭐라건 말건 상관하지 않는다. 무슨 놈의 논리가 그러한가?

이것이 내가 아는 자본주의 기본경제이다. 우리가 추구하는 경제란 시간이 흐를수록 겉은 화려해 가지만 속은 텅 비어 가는 모순적인 유통 구조인 것이다.

우리 경제란 다수의 이익이 우선이 아니고, 소수의 이익이 우선인 유통이 경제이다. 그 소수를 위해 다수는 돈 통에 빠져 살아간다.

결국, 그들의 먹잇감에 지나지 않을 뿐인데 말이다.

그래서 난 이러한 경제논리로 미래를 만들 수 없다고 본다. 더군다나 우리 주위에 산재해 있는 숱한 모순들 일일이 열거할 수 없을 만큼 많다.

사바란 욕망이 우선 되는 세계를 말하고, 유리 세계란 불국정토를 말한다. 우리가 사는 세계는 욕망의 산물로 내 마음속에 일어나는 모든 욕망의 망념들이 세상 어딘가에 그대로 존재한다. 달리 말하면 인간의 욕망은 모두 같다는 의미이다. 사바란 그런 의미다. 욕망이 지배하는 세계이다.

불국정토는 유리 세계이다. 유리란 보석을 이르는 말이지만 동시에 투명하고 맑은 세계, 유리와 같은 세계를 이르는 말이다.

속내가 훤히 보이는 삶, 내 속도, 네 속도 감출 것이 없는 삶, 보이는 것 그대로가 속내인 맛보기의 삶이 곧 유리 세계인 것이다.

졸보기, 돋보기가 아닌 맛보기의 삶이 유리 세계인 것이다.

맛보기의 삶이란 결코 멀리 존재하는 세계가 아닌 것이다. 내 속에 있고, 네 속에도 있다. 그냥 있는 그대로 보여주는 것이 맛보기인 것이다. 숨기고 속이고 갈무릴 것이 없다면 그것이 유리 세계인 것이다. 우리가 욕망이란 벽을 만들고 철조망을 둘러치지 않았다면 바로 그가 유리 세계이다.

맛보기의 삶이 자연이며, 맛보기 생각이 자연이다. 자연스럽다는 것은 욕망의 울만 걷어 내면 바로 보이는 세계인 것이다.

바로 그가 꿈의 세계인 유리 세계이며, 대자연의 삶인 것이다.

그런데 인간들은 스스로 만들어 놓은 욕망을 허물지를 못한다. 그가 나를 지켜 줄 것이라는 환상을 버리지 못하고 있다. 남들이 다 그러하니까 나 또한 그러해야 한다는 생각을 내려놓지 못한다.

마치 우화에 등장하는 꼬리 잘린 여우처럼 말이다.

슬프게도
보고 싶은 것만 본다

✎ 우리 머릿속은 온통 생각들로 가득하다. 관념이며 채색지가 된 것이다. 공자가 삼십에 뜻을 세우고立志, 사십이면 유혹에 넘어가지 않으며不惑, 오십이면 천명을 안다知天命고 했다. 이를 뒤집어 해석해 보면 이런 말이 된다. 삼십이 되면 이미 주관이 확고해 남의 말을 안 듣게 되고, 마흔 살이 되면 자신만의 기준이 정립된다. 무슨 말을 해도 절대 흔들림 없이 고집대로 간다. 쉰 살이 되면 이미 자신이 만든 세계에 자신만의 깨달음을 이룬 터라 그냥 그렇게 살다 죽는 것밖에는 없다는 것이 된다.

이처럼 우리가 바뀐다는 것은 사실 불가능하다. 늘 변화를 바라지만 기실 아무것도 변하지 못한다. 오히려 변하려 하면 두려움이 앞서 도망치기 바쁘다.

버린다는 것도 그러하다. 마음속으로 버린다고 수없이 말하면서 머릿속에는 계속 집어넣는 것이다. 그러면서도 나는 버렸고, 비웠다고 말한다.

무얼 비운 것일까? 아무것도 비운 것은 없다. 그냥 가득 담고 "나는 다 비웠어."라고 말한다.

관념의 버림이다. 생각만 비운 것이다. 생각 속에서 모든 것을 버렸다고 생각하지만, 그것은 버렸다는 관념을 버린 것일 뿐 진실로 비워진 것은 아무것도 없는 것이다. 생각의 허상 속에서 또 하나의 생각의 허상을 버린 것에 불과한 것이다.

흔히 남들에게 속으며 산다고 말한다. 그러나 사실은 늘 자신에게 속고 사는 것이다. 내면 깊은 곳에 오물을 잔뜩 쌓아 놓고 그 위에 예쁜 포장 덮개를 씌운다. 그러고 나서 난 다 버리고 비웠다고 외쳐댄다.

사람은 보고 싶은 것만 본다고 했다.

처음엔 남에게 그렇게 말하지만, 그것이 반복되면 될수록 자신도 세뇌되어 나중엔 자신도 그렇다고 믿는 것이다.

아주 무서운 환청이며, 환각이다.

오래전에 지인이 다단계 사무실에 일주일만 출근해 주면 어떻겠느냐는 부탁 때문에 난생처음 간 적이 있다.

첫날은 뭐 저런 미친놈들이 다 있는가 싶었다. 말도 안 되는 소리를 주절거리는 것이 도무지 상식 이하였다.

그래도 간곡한 부탁이라 다음 날 또 갔다. 무슨 말인가는 잘 모르겠지만 그럴 수도 있겠다는 생각이 들었다.

삼 일째 되는 날은 지금까지 말도 안 되는 것이라 여기던 것들이 가능할 수도 있다고 생각이 드는 것이었다.

처음엔 미친 소리로 들렸고, 다음엔 가능할 수도 있다는 생각이 왜 들었을까를 곰곰이 따져보았다. 결론은 욕심이다. 돈을 벌 수 있다는 욕심을 계속적으로 부추기고 나도 모르게 점점 세뇌 되어 가고 있는 것이었다.

결국은 자신이 여기에 중독되어 버리고 마는 것이다. 세뇌되어 버린 것이다.

결국, 인간의 약점은 그가 가장 갖고 싶은 것을 부추기는 것이다.

사람이 그가 가자고 싶은 것을 앞에 두게 되면 오감이 마비되어 그 이외에는 아무것도 보이지 않는 것이다. 눈이 멀어 버리는 것이다.

예쁜 여자에 눈이 멀고, 멋진 남자에 눈이 먼다. 황금에 눈이 멀고, 욕망에 눈이 먼다. 사랑에 눈이 멀고 소유와 집착에 눈이 먼다.

순간 미쳐 버리는 것이다.

흔히 사기당했다고 말한다.

사기의 기본은 욕심 욕망을 자극하는 것이다. 그가 원하는 욕망을 자극하면 그냥 앞뒤 안 돌아보고 홀딱 빠져 버리는 것이다.

그것이 욕망이란 함정이다.

앞에서 물에 물결이 일어나는 것은 물이 물결을 만들어 낼 가능성을 가졌기 때문이라고 말했다. 사기꾼 저놈이 물결을 일으키는 원흉이 아니라 내가 물결을 만들어 내는 나쁜 놈인 것이다. 나를 미치게 만든 저가 나쁜 것이 아니라 그것이 멋있고 예쁘게 보인 내가 모순된 것이다.

미친다. 미쳐 버렸다. 미칠 것 같다. 미쳐 버리고 싶다는 것이 자신은 아니라고 항변할지는 모르겠지만, 내면에 그를 원하는 강력한 욕구가 살아 숨 쉬고 있다는 의미이다. 결국, 그가 나를 미치게 만드는 것이 아니라 내가 나를 미치게 만드는 것일 뿐이다.

　수행이란 것도 이와 다르지 않다. 자신의 내면을 추스르지 않으면 결국 욕심덩어리만 남게 되고 온통 욕심으로 도배를 한다. 그러고 나서 난 진리며 정의라 한다.

　우리가 조심하지 않으면 빠질 수밖에 없는 모순덩어리가 바로 이것인 것이다.

　밖에서 생겨난 상처는 눈에 보이는 것으로 치유하기 쉽지만, 내면의 상처는 눈에 보이지 않으니 치유가 어렵고 힘들다. 시간도 많이 걸릴 수밖에 없다.

　불행하게도 우리 모두는 여기에서 벗어나지 못하고 살아간다는 사실이다.

나가는 병과
들어오는 병이 있다

✎ 사람에게 생겨나는 병이란 크게 두 종류가 있다. 정의를 내린다면 들어오는 병과 나가는 병이 있다.

몸에 병이 생겼다는 것은 몸속에서 전쟁이 났다는 이야기가 된다.

먼저 들어오는 병이란 밖에서 적이 쳐들어와 내 몸을 점령하겠다고 전쟁을 일으킨 것으로 적군을 섬멸하기 위한 전쟁이며, 나를 지키기 위한 전쟁을 말한다.

반하여 나가는 병이란 몸 안에 숨어 있던 적들이 궁지에 몰려 내란을 일으킨 것으로, 몸속에 숨어 있던 적들이 도망을 치기 위한 싸움으로 내부에서 생겨난 혼란을 말한다.

즉 몸이 아프다는 것은 같지만, 이 둘의 대처 방법은 다르다고 할 수 있다.

외적이 쳐들어오는 병이라면 당연히 약이란 성벽을 쌓고 성문을 굳게 닫아걸어 적군을 제압하는 것이 옳으나 내부의 적이 내란을 일으킨 것이라면 성문을 닫아걸기보다는 성문을 열어 그들이 도망칠 기회를 줌만 못한 것이다.

즉 외부에서 들어오는 병이라면 약을 먹어 치료함이 옳으나 내부에서 생겨난 병이라면 약을 먹는 것보다는 그냥 가만히 있는 것이 낫다는 이야기이다.

아이들이 태어나면서 시작되는 것이 예방접종이다. 무슨 병들이 그리 많은지 아마도 수십 가지 약들이 주삿바늘을 통해 예방접종이란 이름으로 몸속으로 들어온다.

약이라고 말하지만 사실 약이 아니라 병균들이다. 지구상에 존재하는 아주 저질이며, 악질인 병들 종자만 모아서 이놈들의 힘을 좀 빼고는 몸 안에 주입하는 것이다. 즉 악질의 병원균을 힘을 좀 빼고 나서 얼떨떨하게 만든 후 링에 집어넣고 싸움을 붙이는 것이다.

건강하다는 것은 체력이 좋은 것으로 충분히 적을 만나 싸울 수 있는 최상의 컨디션을 가지고 있는 상태이다. 그동안 스파링도 간간이 해서 탄탄한 상태이다. 어릿하고 비리비리한 놈 링에 올려놓고 일방적으로 두들겨 패서 KO패시킨다. 완전히 반 죽여 놓는다. 그리고 한판 붙어 보니까 할 만하다고 날을 세운다. 별것 아닌 상대라고 말한다. 다음에도 저런 놈은 얼마든지 쉽게 상대할 수 있다고 장담한다.

이것이 우리가 아는 예방접종 이론이다.

내가 수십 종의 예방 백신을 맞았다는 것은 내가 수십 번 물렁한 적을 상대로 링에서 뛰었고 이겼다는 것이다. 그런데 이놈들이 비록 나에게 저 꼬랑지를 내리고 있지만, 완전히 죽은 것은 아니라는 것이다. 이놈들은 아주 비리비리하지만 내 몸속 한구석에서 늘 '기회만 생기면' 하고 칼을 갈고 있다는 것이다.

무슨 이야기냐 하면 우리가 건강할 때는 잘 모르고 살아가지만 늘 건강한 것이 아니라 어떤 이유에서 몸이 쇠약해진다면 그동안 스파링 상대 정도로 여겼던 이놈들이 살아나고 불식간에 힘을 길러 날 공격해 쓰러뜨릴 수 있다는 것이다.

우리가 산다는 것은 늘 적과 동침하고 있는 것이다.

조심스레 말하자면 예방접종은 참으로 위험한 것이다.

병이 나면 고쳐야 한다.

약이란 성벽이며, 방어진지와 같은 것이다. 외부에서 오는 적이라면 당연히 그러해야 적을 물리치며 승리할 수 있는 것이다.

그러나 내부의 적이라면 상황은 달라진다.

내부에서 적이 들고일어났는데 성벽을 쌓고 진지를 구축한다는 것은 오히려 적의 퇴로를 차단하는 것으로 그들에게 결사항쟁의 빌미만 제공하는 것이다. 이러한 상황이라면 그냥 문을 열어두어 그들이 도망갈 길을 터줌만 갖지 못한 것이다.

정리해 보면 이런 말이다.

병이 났을 때 약을 먹는다는 것은 밖에서 안으로 들어오는 병에는 효험이 있지만, 안에서 생겨난 병에는 약을 먹지 않음만 못하다는 것이다.

그러나 우리는 아프다는 것은 모두 외적이 쳐들어오는 것으로 간주한다. 그리고 약을 먹는다. 외적 내적인지가 중요하지 않다.

수행이란 것도 그러하다.

수행이란 것은 외적을 막는 것도 중요하지만, 내란을 막는 것도 굉장히 중요하다. 무슨 말이냐 하면 수행의 기본이 내면을 맑히고 나아가 가족과 이웃을 나라를 맑히고 밝히는 것이라고 말했다. 그러한 과정에서 몸이 아프거나 심지어 죽을 것처럼 아플 때도 있다.

이는 나라는 존재 '참나眞我'가 그동안 오물에 쌓여 자신이 누구인지 모르고 살다가 어느 날 갑자기 깨어나 주인의 자리로 돌아가려 하자 그동안 마치 자신이 주인인 듯 살아온 내 假我가 자신의 자리를 빼앗기지 않으려 시작된 싸움인 것이다.

나와 나의 싸움으로 내란이 일어난 것이다.

이때도 외적이 쳐들어오는 거나 진배없는 대혈전이고, 몇 날 며칠을 계속될 수도 있다. 죽지는 않겠지만 죽을 듯 아플 수 있다. 이때 약 먹으면 안 된다는 것이다. 그것은 적을 돕는 행위가 된다.

만약 이런 상황에서 약을 먹는다면 병은 더 심해진다. 이틀에 나을 병이 열흘 간다는 것이다. 그냥 가만히 기다리는 것이 최선이다. 가만히 두면 그냥 낫는다. 가만히 있는 것이 약인 것이다.

내면 정화과정에서 이런 일이 한 번에 마무리되지는 않는다. 업이 많다면 몇 번 반복해 아플 수도 있다는 것이다. 그러한 행위를 통해 서서히 내면의 부정함이 맑혀지고 좀 더 깨끗한 나로 다가서게 되는 것이다.

그런데 불행하게도 세상 사람들은 적을 상대함에 있어 성벽 쌓는 일에 골몰한다. 꼭 수행자만이 아니라 보통 사람들도 진화를 위해 이처럼 두 종류의 병을 앓고 있는 것이다. 다만 자신이 모르고 의사가 모를 뿐인 것이다.

수행은 한다는 것도 그냥 가만히 앉아만 있으면 되는 줄 안다. 그 모습 속에는 헤아릴 수 없는 번뇌와 피비린내 나는 전쟁을 치르며 순간순간 죽음과 대면하며 칼날을 밟고 서 있는 듯 살아간다는 것은 모른다.

　나를 찾고 알아 간다는 것은 전쟁이다. 그동안 마치 주인인 듯 살아온 또 다른 나에게 있어 죽음의 시간이기 때문이다. 결국, 희생이 없이 이루어지는 것은 아무것도 없다. 우리가 사는 세계란 모두에게 다 좋은 것이 없듯 누군가 이득을 보면 누군가는 손해를 본다. 정치를 한다면 소수의 사람이 좀 손해를 본다 해도 많은 사람이 이득을 본다면 그것이 옳은 일이 될 것이다. 그러나 그것이 진아眞我를 찾는 수행이라면, 바르게 살고 정직하고 맑고 밝게 사는 것이 목표라 한다면 진실이 이득을 보는 것이 옳은 것이 될 것이다.

부부란
안과 밖이다

✎ 앞서 세상이 나로부터 시작된 것이라 말했다. 내가 세상의 주인이라 한다면 그 내가 최초로 만들어 낸 첫 작품이 부부가 된다. 부부란 나에게서 우리가 태어난 최초의 작은 울타리이자 작은 우주인 것이다. '나'에서 처음으로 우리란 가족이 생겨났고, 누군가의 자식이 되고 누군가의 아버지가 된 출발점인 것이다.

결혼을 달리 말해 연을 맺는다고 말한다. 한 남자와 한 여자가 서로 인연을 맺어 가정을 꾸미고 아이를 낳고 누군가의 어머니, 아버지가 되는 것이다.

이것은 새로운 또 하나의 우주가 태어난 것이다.

우주의 주인인 부부 이야기를 해 보자.

자기 부인을 남에게 소개할 때 "제 아내입니다."라고 말하거나 "제 안사람입니다."라고 말한다. 아내가 남편을 소개할 때엔 "제 남편입니다."

라 말하거나 "제 바깥양반입니다."라 소개한다. 아내를 옛사람은 '내자內子'라 부르기도 했다. 부인을 안쪽에 있는 사람이란 의미에서 아내라 말하고, 바깥쪽에 있는 사람이란 의미에서 바깥양반이라 표현했다.

즉 우리 조상들은 부부를 안과 밖으로 본 것이다.

하나의 개인과 개인으로 살았다면 각각 온전한 하나로 존재하겠지만, 부부로 산다는 것은 온전한 하나와 하나로 존재하는 것이 아니라 안쪽인 아내와 밖인 남편으로 각각 절반이 되어 존재하는 것으로 아내나 남편 한쪽만으로는 온전히 하나가 될 수 없는 것이다. 서로가 절반이 되어 그 역할을 온전히 다할 때 비로소 부부란 이름으로 하나가 되는 것이다.

난 가끔 결혼하는 사람을 보면 이런 말을 한다.

"남편인 자네가 이 여인을 아내로 선택한 것이니 그 책임은 자네가 져야 하는 것이다. 반대로 아내인 자네가 이 남자를 남편으로 선택한 것이니 그 책임 또한 아내인 자네가 져야 하는 것이다." 내가 너란 여자를 아내로 선택하고 다른 곳에 눈을 돌리거나 외도를 한다면 너란 여자를 배신하는 것이 아니라 내가 한 선택을 배신하는 것으로, 결국 너 자신을 배신하는 것이 된다. 반대로 아내가 되려는 자네 역시 내가 너란 남편을 선택해 놓고 또 다른 것에 눈을 돌린다거나 다른 남자 품에 안긴다면 네가 날 배신하는 것이 아니라 너 자신을 배신하는 것이 되는 것이다.

인생을 살면서 너를 배신하는 것은 있을 수 있고 용서할 수 있으나 나를 배신하는 것은 용서할 수 없는 것이다.

자신의 선택에 대한 신뢰는 자산에 대한 최소한의 예의인 것이다.

최소한 인생에서 나를 배신하지 말고 살아야 사람답게 사는 것이라 말한다.

"백지장도 맞들면 가볍다."라는 속담이 있다. 그런데 사실은 백지장은 맞들면 찢어지기 쉽다. 그 가벼운 것을 혼자 들면 간단하지만 둘이 든다면 상대방과 호흡을 잘 맞추지 않으면 그냥 찢어져 버리고 만다.

이처럼 부부란 백지장을 맞들고 가는 관계이라고 생각한다.

늘 조심하지 않으면 안 되는 것이다.

지금까지 각각이 온전한 하나로 살다가 안과 밖이란 새로운 절반이 되어 삶을 시작하는 것이 결혼인 것이다. 서로가 절반을 양보한 삶으로 다시 태어나는 것이 부부인 것이다.

부부가 다툰다는 것은 각각이 온전히 하나란 인식을 버리지 않아서 그런 것이다.

하나란 완전한 수이다. 무슨 말이냐 하면 내가 혼자 있다면 그냥 하나이다. 즉 내가 무언가를 결정하고 무언가를 이루었다면 그냥 온전히 내가 이룬 것이다. 그런데 부부란 반으로서 각각의 반이 합해야 비로소 하나가 만들어지는 것이다.

즉 부부로 살면서 무언가 잘 풀리지 않는다면 각각 절반의 역할을 잘못 했다는 뜻으로 온전한 하나가 되지 못했다는 것을 의미한다.

난 아내를 '카페'와 '찜질방' 같은 존재가 되어야 한다고 생각한다. 그러한 아내라면 반의 역할은 충분히 다했다고 본다.

안쪽이란 조용하고 아늑한 곳 편안하며 따뜻한 곳이다. 아내란 가족의 안쪽이다. 무슨 말이냐 하면 바깥쪽은 모진 바람을 견뎌야 하는 곳이다. 당연히 춥고 배고프고 늘 불안하다. 언제 비가 올지, 바람이 불지, 눈보라가 몰아칠지 모른다. 바깥 울타리의 역할이란 안쪽의 비바람과 눈보라를 막아주고 추위와 더위를 막아주는 튼실한 외벽이다.

이처럼 바깥의 추위에 떨고 비바람에 시달리다가 지친 몸을 뉘려고 안으로 찾아든다. 쉬고 싶고 또 쉬어야 한다. 그래야 내일 또 추위와 싸우고 비바람과 싸울 수 있기 때문이다. 그래서 찾아든 안이 따뜻하기는커녕 찬바람만 쌩쌩 분다면 언 몸을 녹이러 들어왔다가 더 얼어 버린다. 쉬고 싶어 찾아든 안에서 오히려 밤새 꽁꽁 언 몸으로 추위에 떨다가 아침이라고 밥 한술도 얻어먹지 못하고 다시 추위와 비바람과 싸우러 밖으로 나간다. 무슨 체력으로 버티겠는가? 하루하루 시간이 갈수록 체력은 고갈되고 쇠약해 가는 것이 당연한 일이다.

그리고 어느 날 한계에 다다른다. 더 이상 버틸 힘도 용기도 체력도 모두 고갈되어 버린 것이다. 결국, 바깥 울타리가 무너지고 마는 것이다.

죽거나 아니면 사업에 실패하게 된다.

이처럼 추위에 떨고 휴식을 위해 찾아온 안이 카페 같아 따스한 차 한 잔으로 언 몸을 녹이고 찜질방 같아 후끈한 열기에 땀을 쭉 뺀다면 그냥 밖의 모든 추위와 아픔을 잊고 편안한 휴식을 가질 수 있다. 자연스레 기를 충전하고 힘을 얻어 활기찬 모습으로 내일 다시 추위와 비바람과 싸우러 나갈 수 있는 것이다.

쉴 곳이 없어 단 하루도 쉬어보지 못한 사람이 어떻게 성공할 수 있겠는가? 성공을 한다면 오히려 이상한 것이다. 참으로 불행한 삶이다.

그러나 따스하게 안에서 충분히 휴식을 취한 바깥사람이라면 밖에서 싸움에 질 이유가 없다. 진다면 오히려 이상한 것이다. 원기가 충만한 사람이 성공하지 못한다면 오히려 이상한 것이다.

요즘 보면 채워지지 않아 공허한 사람이 생각보다 많다. 그러한 공허의 절반은 역할 부재에서 시작한다. 남편의 공허함은 아내의 몫이며, 아내의 공허함은 남편의 몫이 된다.

그것이 무엇이든 간에 쉴 곳이 없었고 바람막이가 되어 주질 못했다는 것이다. 네가 나에게 이럴 수 있느냐며 질타하기에 앞서 내가 반으로서의 역할은 충실했는가 되돌아보는 것이 옳은 것이다.

그런데 사실 바깥 울타리는 좀 부실해도 큰 문제가 되지는 않는다. 안의 울타리면 튼실하다면 별것 아닐 수 있다. 반대로 밖의 울타리가 아무리 튼실해도 안의 울타리가 빈약하다면 이것은 참으로 큰 문제가 된다.

건축에 비해 본다면 아무리 화려한 집이라 해도 내장재가 부실하면 안이 춥다. 그러나 겉은 좀 부실해 보여도 내장재의 단열이 우수하다면 실내는 따스한 것이다.

그래서 난 아내가 남편을 만든다고 생각한다. 반쪽의 바깥이 온전해지느냐 그렇지 못하느냐는 안쪽 반의 몫이다.

아내와 어머니란 존재는 남편과 자식에게 쉴 수 있는 공간이며, 쉬어 가는 공간이 되어야 하는 것이다.

이것이 아내의 일이고, 어머니의 일인 것이다.

마치 하늘이 지구를 감싸고 있듯 어머니와 아내의 몫은 참으로 큰 것이다. 한 남자의 운명과 한 아이의 미래를 책임지는 중요한 자리가 안인 것이다.

지인들에게 농담 섞인 어투로 "아들을 잘못 기르면 내 집 망하지만, 딸을 잘못 기르면 남의 집 망친다. 내 집 망치는 것은 내가 내 자식 잘못 길렀으니 당연한 것이지만, 내가 자식을 잘못 길러 남의 집 망친다면 그것은 진정한 범죄 행위다."라고 가끔 말한다.

아들보다 딸을 잘 길러야 한다. 이것이 남에게 베푸는 보시인 것이다.

아내란 밖의 추위를 녹이는 공간이며, 어머니란 자식의 아픔을 어루만

지는 천사인 것이다.

밥그릇은
들고 다니는 것이 아니다

✎ 내 지론은 아이를 가르침에 있어 절대 밥그릇 들고 다니며 먹이지 않는다는 것이다. 밥상에 차려 놓고 "밥 먹어라." 일러 주면 그만인 것을 특히 극성인 엄마를 보면 밥그릇 들고 따라 다닌다. 마치 그렇게 먹이지 않으면 아이가 굶어 죽기라도 할 듯 그것이 엄마의 본분인양 행동한다. 그리고 사랑이라고 여긴다.

그것은 오히려 아이에게 나쁜 버릇을 가르치는 것이다. 밥상을 차려 놓으면 당연히 와서 먹는 것인데 그렇게 하지 않아도 엄마가 밥을 먹여 줄 것이란 여지를 남긴 것이다.

종교도 다르지 않다. 종교宗敎란 최고의 가르침이란 의미를 담고 있다. 음식에 빗대면 최고로 맛난 음식이다. 최고의 성찬을 차려 놓았으면 당연히 와 먹게 돼 있다. 배가 고프고 향기로운 밥 내음이 난다면 당연히 찾아와 밥상에 앉을 것이고 밥을 주면 되는 것이다.

그런데 밥그릇을 들고 다니며 먹어 보라고 입에 억지로 퍼 넣는다. 마치 자신의 밥만이 이 세상에 가장 맛있는 밥이라며, 내 것 말고는 마귀고 사탄이라며 자랑을 늘어놓는다.

이게 자식 잘못 가르치는 것이다. 그것이 아니라면 그가 들고 다니는 밥이 맛이 없는 가짜인 것이다.

법회 날 절에 가보면 큰스님이 법문을 한다.

그런데 법문은 꼭 법상에 앉아서 한다. 왜 그런지 아는가?

본래 법은 서 있는 사람에게는 설하지 않는다. 서 있다는 것은 준비가 되지 않았다는 의미고, 준비가 안 되어 있는 사람은 진리를 설해도 알아듣지 못한다는 의미이다. 달리 말해 아직 익지 않았고 인연이 아니란 것이다.

그래서 법을 듣는 사람도 앉아서 듣는 것이다. 앉아 있는 사람에게 서서 법을 설한다는 것은 법을 설하는 것이 아니라 파는 것이다. 장사꾼들을 보면 앉아서 물건 파는 사람은 없다. 손님이 서 있고 파는 이가 앉아 있다면 사고 싶은 마음이 생기질 않는 것이다. 법이나 진리란 준비된 사람에게 전해주는 것이지 장사꾼처럼 파는 물건이 아닌 것이다.

그래서 서 있는 사람에게 법을 설하지 않으며, 동시에 서서 법을 설하지 않는 것이다.

요즘은 서서 파는 사람이 대부분이다. 서서 팔고 나는 앉아서 사면 그만이다. 사는 사람은 바쁠 것 하나 없다. 너 아니면 다른 사람에게 사면 그만이다.

진리가 서서 파는 물건이 되어버린 것이다. 서서 팔아야 할 정도로 천박한 것이라면 진리가 아닌 것이다. 서서 팔아야 할 정도의 물건이라면 별 가치 없는 것이다. 그냥 상인이 팔고 있는 허접한 일용품에 지나지 않는 것이다.

최고의 가르침이란 종교가 이래서는 안 된다. 서서 파는 물건이 되어서는 안 되는 것이다.

우리 조상들도 지식을 전함에 있어서도 파는 짓은 안 했다. 지식이란 양날의 칼임을 잘 알았던 선조들은 그를 통해 세상이 더러워질까 염려해서 늘 앉아서 주고 앉아서 받았다.

서양이라면 음의 나라이기에 앉아서 줄 수 없다. 진리란 성스러운 것이며 고차원의 양의 기운이기에 음의 기운을 담아 줄 수 없는 것이다. 그들이라면 당연히 서서 주고, 서서 받아야 하는 것이다. 그들의 세례의식만 보아도 서서 주고 서서 받는다. 물론 자신을 낮춘다는 의미에서 무릎은 굽히지만 말이다.

이런 이야기를 하는 것은 생각을 바꾸어 보자는 것이다.

그리고 작은 것 하나에도 감사하는 마음을 갖고 보는 것과 돈 몇 푼 주고 산 것쯤으로 보는 것의 결과는 하늘과 땅이란 것이다.

내 이야기도 그러하다. 세상에 흔한 것쯤으로 생각하고 보는 것과 겸허한 마음으로 보는 것의 결과는 하늘과 땅의 차이라 생각한다.

내가 불교를 말하지만 내가 말하는 수행 과정은 경전에 없는 이야기들이다. 궁극의 해탈이란 본질에서 본다면 동일한 것이 되겠지만 엮어가는 길은 같지 않다. 즉 서울에 가는 길이 좀 다른 것이다. 가는 길이 좀 다르지만, 궁극은 서울에 가는 것이 목적이고, 모두 다 같이 좀 더 쉽고 빠르게 가자는 것이 목적이다.

남의 이야기를 주절거리며 지식을 자랑하자는 것이 아니라 내 이야기를 하기 위해 남의 이야기를 빌려왔을 뿐이다. 불교를 전혀 모르는 사람의 눈에는 불교의 한 모습으로 보일지 모르지만, 불교를 잘 아는 사람의 눈에는 전혀 불교다운 구석이 하나도 없는 사이비로 보일 것이다.

아마도 온전히 이단이며, 사이비일 것이다.

난 개인적으로 사이비似而非란 말을 좋아한다. '같아 보이나 다른 것.' 이것이 사이비이다. 사이비란 새로운 장르이다. 같은 것만 존재한다면 바람직한 사회는 아니다. 독재국가에서 세뇌에 의한 집단망상이 아니라면 불가한 일이다. 새로운 학설이 생겨나고 새로운 논제가 등장하지 않는다면 그것은 썩은 물에 불과하며 썩은 땅에 불과한 것으로 미래는 없다고 본다.

한 알의 밀알이 싹이 튼다는 것은 밀알에서 전혀 새로운 싹이란 물질이 생겨난 것이다. 전혀 새로운 장르인 것이다. 밀알에서 싹이 나왔지만, 전혀 밀알다운 구석이 하나도 없는 새로운 물질이 생겨난 것이다. 이것이 '같아 보이나 다른 것'이다. 산고로 시름하며 밀알의 몸을 헤집고 나왔고, 밀알의 모습을 전혀 닮지 않은 또 다른 생명체인 초록의 새싹이 생겨난 것이다. 그가 바로 사이비라 생각한다.

그러나 밀알의 영양분으로 새싹이 되어 밀알을 비집고 나온 것이다. 밀알이 없었다면 당연히 새싹도 없는 것이다.

오롯이 혼자만 존재한다면 그것은 진리라 이름 지을 수 없다. 왜냐하면, 사바에선 그런 진리가 없기 때문이다.

밀알이 밀알로만 존재한다면 그것도 옳지 않다. 때론 절구를 만나 짓이겨지고 가루가 되어야 음식으로 새로 태어나게 되고 그래야 사람들에게 생명을 주게 된다. 때론 낱알로 남의 배 속에 들어야 날짐승과 들짐승의 생명을 이어줄 수 있는 것이다.

변화가 없다면 그것은 새로운 것이 아니다. 만약에 새싹이란 변화의 물질인 사이비가 없다면 가을을 기대할 수 있겠는가?

사이비란 배척의 대상이 아니라 새로운 장르이다. 그리고 우리가 추구해야 할 새 분야인 것이다.

우리 머릿속에 있는 사이비란 군사정권 시절 미풍양속의 보존보다는 먹을거리가 먼저이던 시절에 미신타파로 몰아간 단어로 우리의 뇌 속에 사이비란 사기꾼 정도로 잘못 각인돼 있을 뿐이다. 결국, 위정자들의 놀음에 놀아난 것이다. 물론 그 당시 상황으로 그것이 옳았는지는 모르겠지만, 이제는 그러한 모순을 깨지 않으면 안 된다고 생각한다. 사이비란 마치 위험한 존재로 각인된 것부터 타파하지 않으면 안 되는 것이다.

아침에 떠오르면 태양,
낮에는 해라 부른다

✎ 본래 사람은 선에서 오기 때문에 영이 맑고 깨끗해 티끌 하나 없는 순백의 존재라 한다. 가끔 갓난아이들이 태양을 바라보는 모습을 보았을 것이다. 눈 하나 깜박이지 않고 그냥 응시하는 것을 부모는 아이 눈 상한다고 이내 햇볕을 가려주곤 했다.

요즘은 실내 생활이 대부분이고 아이를 데려 나올 새면 뭘 그리 두른 것이 많은지 아이가 해를 보려 해도 볼 기회가 없을 것이나 예전에는 아이를 함지박이나 소쿠리에 담아 밭머리에 두고 일하는 것이 다반사이다 보니 자연스럽게 태양을 바라보게 되었을 것이다.

우리가 아는 상식이란 과학에선 태양을 정면으로 보면 눈이 상한다고 가르친다. 마치 그러면 큰일 나는 것처럼 호들갑을 떤다. 본래 태양은 생명체의 근원으로 무한한 에너지원이자 에너지 그 자체이다.

서양 학자도 태양에너지에서 토러스를 발견했다고 한다. 이는 지구 자기장 같은 원리로 에너지의 무한운동을 말한다.

수행자에게 있어서도 태양이란 깨달음 대상이다. 불은 사악함을 태워 버리는 멸사의 의미와 모든 것을 용해시켜 새로움을 창조한다는 의미를 담고 있다. 또한, 불의 자리는 깨달음을 찾아가는 한 과정을 상징하는 단어이기도 하다. 깨달은 이를 부처라 부르고, 불이라 부른다.

본래 사람은 선에서 오고 우주에서 온 존재이다. 그러한 본능이 살아 있는 영유아기는 태양을 바라다봄이 자연스럽다. 자연스럽게 태양을 바라다 볼 수 있는 것이다. 그러다가 세속에 물들어가는 나이가 되고 교육이란 것을 받게 되면서부터 태양은 두려운 존재로 바뀌는 것이다.

갓난아이가 아니라 해도 가끔 영이 맑고 깨끗한 사람은 태양을 바라볼 수 있다. 또한, 그런다고 눈이 상하는 것도 아니다.

우리는 성인이 되어간다는 것은 점점 본질과 멀어지고 있는 것이다. 교육이란 참의미는 본질을 가르쳐 좀 더 자연과 동화된 사람으로 돌아가 자연과 조화를 이루어 살자는 것이 아니라 안 된다는 규칙으로 잔뜩 도배한 우리에 가두어 놓고 이를 벗어나면 통제 불능자로 몰아 격리 시키려 한다.

본래 천부의 것이 교육이란 알음알이 때문에 자신도 모르는 사이 잃어버린 것이다.

먹는 음식만 해도 그러하다. 자연스럽지 못한 유전자 조작된 먹거리를 먹고 산다. 한 아름 되는 배추 씨를 받아 다음 해 심으면 당연히 한 아름 되는 것을 수확해야 한다. 그게 자연스러운 것이다. 그런데 다음 해 씨앗을 심어 보면 아예 배추 구실도 못하는 것이 나오고 만다. 쌀과 과일로 시작해 각종 채소까지 우리가 먹는 모든 음식이 그렇게 만들어진다. 씨앗 생산하는 공장들이 농민을 볼모로 잡기 위해 한 해가 지나면 생산할 수 없게 유전자를 조작해 판매한다고 한다. 결국, 소수집단의 이익을 위해 다수의 농민은 볼모로 잡혔고, 이를 먹고 사는 우리 모두는 그들의 노예가 된 것이다. 그들이 만들어 낸 물건이 아니면 먹을 수 없게 길들고 사육되어 가고 있는 것이다.

이처럼 유전자를 조작해서 만든 것이 비록 겉은 화려해 보인다 해도 자연스러운 것은 아니다. 씨앗을 남기지 못하는 것이 어찌 자연이라 말할 수 있는가?

아마도 사람들이 이처럼 씨앗도 못 만드는 음식만 먹다 보니 자기 씨앗의 수가 줄어 가는 것은 아닌가 생각한다.

가축이라 기르는 동물도 마찬가지다. 우리에 가두어 놓고 살만 찌운다. 그 살 속에는 미량의 영양소와 다량의 스트레스도 같이 담겨있다. 이를 먹는다는 것은 그 생명체의 스트레스라는 독소까지도 같이 내가 흡수하는 것으로 이러한 일상이 반복될수록 나날이 심성이 사악해지는 것이라 생각한다.

사람이란 자연의 한 부분으로 자연스러워야 한다. 그러나 자신도 모르는 사이 부정함에 빠져 버린다. 의도했던 것이 아니라 그렇게 흘러간다.

중독된 것이다. 관념에 중독되고 음식에 중독되고 인간 사회에 중독되고 있는 것이다. 그러므로 우리 본래 것을 잃어 가고 무엇을 잃었는지도 모르는 사이 모두를 잃어가고 있는 것이다.

수행자들이 태양을 부를 때 금환이라 한다. 태양을 바라보면 그런 모습이다. 아주 노란 황금색의 반지가 우주 공간에서 무한의 오로라를 만들어 내고 있기 때문이다. 마치 오색영롱한 하나의 원이 되어 달려오기도 하고, 수십 수백의 원이 되어 꽃이으로 오기도 한다.

황금 쟁반에 영롱한 구슬을 담아 놓은 듯 보이기도 하고, 수만 수십만 개의 화살이 되어 가슴을 찔러 오기도 한다. 잠시 그러함에 심취해 있으면 이내 몸이 뜨겁게 달아오르며 기가 충만해 옴을 느끼게 된다. 천하를 얻은 듯 불끈 힘이 솟고 지구라도 들 수 있을 듯 용기가 솟음친다.

불의 자리가 사악함을 태워 버리는 자리이듯 몸에 기생하는 수많은 벌레가 마구 타들어 가고 깨끗한 신체로 새롭게 태어나는 듯하다.

마음을 열고 본다면 새로운 감각이 살아나며, 새로운 색채가 보일 것이다. 우리가 아는 어떤 색보다 아름다운 색이 보일 것이고, 우리가 아는 어떤 소리보다 아름다운 소리가 들릴 것이다. 따스한 봄날 잔디밭에 앉으면 잔디가 자라나는 소리가 보일 것이고, 숲길을 거닐면 꽃잎이 피고 지는 소리가 보일 것이다. 새싹이 자라나는 소리, 새들이 지저귀는 소리가 보일 것이다.

대자연의 신비로움에 감격할 것이며, 태양이 있다는 사실에 감사할 것이다.

나와 네가 다르지 않고 우리가 다르지 않다. 뛰어가는 망아지나 무심히 날고 있는 비둘기가 다르지 않고 한자리에서 잎사귀를 피우고 열매를 맺는 나무나 들판에서 익어가는 곡식이 다르지 않은 것이다.

우리가 살아 간다는 것은 누군가의 희생으로 이루어진다. 아무 생각 없이 먹는 푸성귀 하나라 해도 인간을 위해 종을 이어온 것이 아니다. 그럼에도 우리는 그들을 매일 도살한다.

아무런 거리낌 없이 참깨와 들깨를 마구 압착해 기름을 짜고 그들의 지방을 뜨거운 프라이팬에 담아 연일 화탕지옥을 만들어 낸다. 지글지글 타오르는 씨앗의 지방에 푸성귀라 이름 지은 나물을 넣고 사정없이 볶아댄다. 데친다며 물을 펄펄 끓여 팔을 자르고 목을 비틀어 거해지옥을 만든다. 생채기 난 상처에 소금을 뿌려 절임을 하고 난도질을 해댄다. 이도 모자라 염장을 하고 푹 삭혀 혜를 만들어댄다. 뭐 발효식품이라나….

채식이 몸에 좋다며 그들에게 곱게 생을 마칠 아량을 베풀 생각은 꿈에도 없다.

건강에 좋다고 야단법석을 떨며 당연하다는 듯 먹어댄다.

난 보잘것없는 농부이다. 아직은 왕초보에서 벗어나지 못했지만, 농사를 위해 모종을 기르고 잡초를 제거하며 정성을 다해 기른다. 내가 기르는 씨앗의 모종과 내가 별로 다르지 않다고 생각한다.

이른 봄날 어린 모종에게 찬물을 준 적이 있다. 차가운 물이 얼마나 싫었던지 모두가 잎사귀를 말아 버리는 것이었다. 마치 내가 찬물에 샤워하면 추워서 떨 듯 그들도 찬물에 추워 몸을 움츠리고 있었다.

다음 날 미지근한 물을 주었다. 어제와 다르게 그들은 움츠리지 않았다. 나와 그가 무엇이 다른가? 난 동물, 그는 식물이란 것만 빼면 무엇이 다른가? 따스한 것 좋아하고, 추운 것 싫어하는 마음은 같지 않은가? 굳이 표현을 빌지 않는다 해도 자연은 모두가 하나인 것이다. 푸성귀 하나라 해도 우리가 함부로 대할 수 없는 소중하고 고귀한 존재들인 것이다.

그래서 내 지론은 대자연은 꼭 필요한 만큼 수용해야 한다는 것이다. 꼭 필요하지 않다면 나뭇잎 하나 따 버리는 것도 살생이며, 이유 없이 밟고 지나간 풀 한 포기도 살생이다. 소 잡는 것, 돼지 잡고 닭 잡는 것만 살생이 아니다. 말 한마디도 살의가 있다면 살생이요, 표정 하나에도 살의를 담으면 살생이 되는 것이다.

자연스럽게 살아야 한다. 겸허하고 미안함을 담고 살아야 한다. 푸성귀 하나에 감사하며 미안하며 고마움을 담아야 한다. 그래야 자연이 좀 더 가까워질 것이고, 그들의 소중함과 고귀함이 느껴질 것이라 생각한다.

이것이 우리가 빛을 보아야 하는 이유라고 생각한다. 빛이란 생명이요, 길이다. 우주 만유의 시작이며, 나를 비추어 볼 수 있는 거울이다. 인간이 만들어 놓은 삶의 방식이란 우리를 만들어 우리를 가두는 역할일 뿐 자연에 가까이 가려는 것과는 사뭇 멀다.

사람의 본질은 자연이고, 자연은 곧 나의 고향이다. 진실이라, 진리라 말하는 것도 자연이며, 자연에 좀 더 가까이 가려는 노력이다. 결국, 참진리란 자연의 모습을 담지 않으면 안 된다는 것이다.

'빛 본다'는 말의 의미를 아는가? '빛지다.' 빛을 등진 것이다. 당연히 춥고 배고픈 삶이다. 물론 학자들이 말하는 빛과 빚은 다른 것이다. 그러나 그 어원은 하나라 본다. 본래가 같은 언어에 논리를 만들고 편을 갈라 마치 그것이 본래 모습인 것처럼 만들어 놓은 것이 학자들이다. 우리는 그들이 만들어 놓은 것에 좀 다르게 말하면 문법에 맞지 않는다고 힐난당하고 글을 모르느니 무식하다느니 하는 편견에 매도당한다.

하는 일이 잘 안 되다가 어느 날 잘 풀릴 때 이제야 빛을 보는 것이다. 우리의 인생에서 빛을 보고 살지 못한다면 결국 불운한 삶이다. 이제는 빛을 볼 때가 되지 않았는가? 그대의 삶에서 빛을 볼 시간인 것이다. 두려움을 거두고 관념을 깨야 한다.

그러면 우릴 또 다른 세계로 안내할 것이다. 태양 아래 모든 삶이 새롭게 다가올 것이다. 빛은 우리의 스승이며, 자애로운 어머니이다. 그리고 대자연인 것이다.

새로움으로 안내할 것이며, 보지 못했던 세계로 나아가게 해 줄 것이다.

빛의 세계로….

칠요 십기 七要十忌

✍ 끝으로 『격암유록』에 수록된 「칠요십기」를 살펴보기로 한다.

'칠요십기'란 사람이 살아가면서 일곱 가지 꼭 지켜야 하는 것과 열 가지 하지 말아야 하는 것을 말하는데, 수행이란 것도 그러하고 살아가는 것도 해야 할 일과 하지 말아야 하는 일이 있게 마련이다.

칠요란 일곱 가지 꼭 해야 할 일을 말하는 것이고, 십기란 열 가지 하지 말아야 할 일을 말한다.

즉 삶이란 것이나 수행이란 것도 기본을 무시하고 이루어지는 것이 없다는 말이 된다. 마음속 욕망을 조금만 벗어 놓으면 바로 진실이 보이는 것이다.

그리고 자연스러워지는 것이다.

▶ 칠요七要.

一曰 天心, 二曰 石皮之衣, 三曰 石皮巾, 四曰 草日十花, 五曰 力勤農, 六曰 匕之人, 七曰 一小重力.

"첫째, 하늘의 마음을 알아야 한다.

둘째, 돌에 닳은 가죽옷을 입은 것처럼 검소한 의복을 입어야 한다.

셋째, 돌에 닳은 가죽 두건을 쓴 것처럼 명예나 권세에 집착하지 말아야 한다.

넷째, 풀들이 때가 되면 꽃을 피우듯 대자연을 사랑하고 소중하게 여겨야 한다.

다섯째, 힘써 노력해 살아야 한다.

여섯째, 비수를 품은 마음으로 사람을 대하지 말아야 한다.

일곱째, 작은 것을 가지고 마치 큰 것을 가진 것처럼 허세를 부리지 말아야 한다."

▶ 십기十忌.

一曰 立心, 二曰 一牛兩尾心, 三曰 賣心, 四曰 過欲, 五曰 貪利, 六曰 爭鬪, 七曰 怠惰, 八曰 輕妄, 九曰 密居, 十曰 錢禾刀.

첫째, 마음을 세워야 한다.

둘째, 소가 꼬리를 좌우로 흔들 듯 두 마음을 가지면 안 된다.

셋째, 양심을 팔지 말라.

넷째, 지나친 욕심을 갖지 말라.

다섯째, 이익을 탐하지 말라.

여섯째, 남과 다투지 말라.

일곱째, 게으르게 살지 말라.

여덟째, 경거망동하지 말라.

아홉째, 은밀한 곳에 앉아 모해할 마음을 갖지 말라.

열째, 금전으로 이득을 구하지 말라."

사람이 곧 하늘이라 한다. 사람답게 산다는 것은 대자연의 원칙에 벗어나선 안 되는 것이다. 대자연의 법이란 곧 사람답게 사는 것을 말하고, 사람답게 사는 것은 작은 것에 감사하며, 검소하고 겸손하며 은밀한 곳에 앉아 남을 해칠 마음을 품지 말아야 한다. 그리고 돈으로 이득을 구하는 짓도 하지 말아야 하는 것이다.

옛 선인들은 이러한 마음을 담고 사는 이를 군자라 부른다.

우리 삶이란 이득이 있다면 한없이 선량하지만, 이득이 주어지지 않는다면 냉담하기 이를 때 없어진다. 소인배인 것이다. 소인배에서 벗어나 군자가 되는 것이야말로 수행이며, 대자연이 인간이란 종에게 요구하는 최소한의 예의일 것이다. 자연스럽게 살아야 한다고 앞서 말했다. 자연스러움이란 본분의 예의를 지킬 때 가능한 것이라 생각한다. 사람에게 주어진 예의, 어쩌면 우리의 미래를 열어가는 열쇠가 이것부터 갖추어야 하는지도 모를 일이다.

글이라고 내놓기가 참으로 부끄러웠다. 사실 무슨 말을 어떻게 해야 할지도 잘 모르겠고, 내가 이런 말을 하면 읽는 분이 어찌 받아드릴지도 의심스러웠다.

　고민을 접고 그래도 책이라고 엮어보았다.

　비록 얄팍한 지식 쪼가리가 될지라도 이를 통해 좀 더 진실에 가까이 가는 분이 있으리라 생각하며 대덕 여러분께 고개 숙여 감사한다.

　사실 첨단과학이 나날이 발전하고 우주선이 떠다니는 21세기에 이런 이야기가 과연 세상에 도움이 될까 싶어 수없이 망설였다. 그러나 인간들이 추구하는 첨단이란 것이 궁극의 인류구제와는 상당히 멀어 보였다. 시간이 갈수록 점점 날카로워지는 세상과 그 속에서 도태되지 않으려 발버둥 치는 사람들을 볼 때 '과연 이것이 참사람이 살아야 하는 길인가?' 하고 생각했다. 살아남기 위해 매일같이 거짓말을 해야 하고, 그러한 거짓말이 쌓이고 쌓여 이젠 자신조차 지금 거짓말을 하고 있다는 사실을 망각하는 세상을 살면서 난 누구인가 고민을 많이 했다.

더욱이나 요즘 젊은이가 이 글을 읽는다면 과연 어떤 모습으로 비칠까 하는 두려움도 많았다. 그러나 그들이 우리의 미래라 생각하며, 또한 그들에게 우리의 미래가 달려 있다고 생각해 조금이나마 도움이 될까 하는 생각으로 시작하게 되었다.

이 보잘것없는 글을 통해 인연이 있는 분이라면 지금까지 자신이 겪어보지 않은 또 다른 이야기를 통해 자신을 관조하는 계기로 삼을 것을 믿어 의심하지 않는다. 본래 사람이란 새로운 것에 관대한 것 같으나 사실은 그렇지 않다는 것이다. 모두가 부정하면 진실을 따져보기 전에 부정하고, 모두가 인정하면 또한 그러할 뿐이란 것이다. 군중심리에 잘 휘둘리는 것이다. 옳고 그름의 문제가 아니라 남들에게 어떻게 보이는지가 중요한 것이다. 모두가 옳다고 하면 그것은 그냥 옳은 것이 된다. 왜냐하면, 따돌림받기 싫기 때문이다. 무리에서 뒤처지기 싫은 것이다.

그러나 진신은 모두가 옳다고 여기는 것에 있는 것은 아니라 생각한다.

생각을 좀 바꾸어 어떤 것이 진실인가, 무엇이 옳은가 하는 문제를 자신에게 반문하며 하나씩 알아가는 것이 좀 더 진실에 가까워지는 것이라 여긴다.

만약 불교 신자가 이 글을 읽게 된다면 사찰에서 듣고 배워온 가르침과 조금 다르기 때문에 무척 당황스러울 것이다. 좀 극단적으로 사이비 종교 교리쯤으로 생각해 책장을 덮어 버리려 할지도 모른다. 그러나 지금까지 먹어 온 음식 맛과 다르다 해서 배척한다는 것은 스스로 옹졸함을 나타내는 것이라 생각한다.

'불경도 무수히 많은 방편으로 어떻게 하면 좀 쉽게 알아들을 수 있을까?' 고민한 것이 팔만사천 권의 경전이 탄생된 것이라 생각한다.

또한, 알 수 없는 수많은 문제만 제시하고 한 번도 접하지 않은 이야기를 늘어놓으며 답을 던지지 않았다. 나름 고민한 결과이다. 정답이란 님의 마음속에서 찾아보면 분명히 있을 것이라 믿기 때문이다. 밖에서 구하는 정답은 없다고 여긴다. 남의 손과 입을 통해 얻은 정답이란 내 것이 아니라 그의 것일 뿐이다. 그러한 답안을 버리고 곰삭이고 또 곰삭인다면 분명히 나만의 알맹이를 찾게 될 것이라 생각한다. 설령 그렇지 못한다 해도 독자 스스로 한 번쯤 자신을 되돌아보는 계기가 될 것이라 믿어 의심치 않는 바이다.

읽어 주신 여러분께 진심을 감사하며 업보를 벗어나 해탈의 길을 열어가는 또 한 명의 수행자가 되었으면 하는 간절한 바람이다.

세상 사람 모두가 업보에서 벗어나 손끝에 고정된 시선을 거두고 휘영청 밝은 달을 보시길 간절히 바랄 뿐이다.